新商科"互联网+"应用型本科物流管理专业系列教材

物流企业管理

肖 蘅◎主编

钱俊兵 赵 耕◎副主编

电子工业出版社.
Publishing House of Electronics Industry
北京·BEIJING

内 容 简 介

本书以物流企业的管理思想和原理为主要理论框架,从物流、物流企业的基本概念开始,结合物流企业管理实践,综合研究物流企业经营管理的全过程,对物流企业的组织管理、战略管理、作业管理、设施设备管理、财务管理、人力资源管理、信息管理、现代化管理进行了专门的研究。本书最大的特点是在内容编排上,每章都设有引例、知识链接、视野拓展、课后习题、任务实训,以调动学生学习的积极性,更好地掌握理论知识和方法。

本书既可作为普通高等院校、高职高专院校物流专业的教学用书,也可作为物流企业、物流管理部门和物流咨询机构的职工培训用书。

未经许可,不得以任何方式复制或抄袭本书之部分或全部内容。
版权所有,侵权必究。

图书在版编目(CIP)数据

物流企业管理 / 肖蘅主编. —北京:电子工业出版社,2022.3
ISBN 978-7-121-42760-2

Ⅰ. ①物… Ⅱ. ①肖… Ⅲ. ①物流企业—企业管理—高等学校—教材 Ⅳ. ①F253

中国版本图书馆 CIP 数据核字(2022)第 014811 号

责任编辑:袁桂春
印　　刷:北京虎彩文化传播有限公司
装　　订:北京虎彩文化传播有限公司
出版发行:电子工业出版社
　　　　　北京市海淀区万寿路 173 信箱　邮编　100036
开　　本:787×1092　1/16　印张:13.5　字数:337 千字
版　　次:2022 年 3 月第 1 版
印　　次:2025 年 1 月第 5 次印刷
定　　价:49.80 元

凡所购买电子工业出版社图书有缺损问题,请向购买书店调换。若书店售缺,请与本社发行部联系,联系及邮购电话:(010)88254888,88258888。
质量投诉请发邮件至 zlts@phei.com.cn,盗版侵权举报请发邮件至 dbqq@phei.com.cn。
本书咨询联系方式:(010)88254199,sjb@phei.com.cn。

前　　言

随着全球经济一体化的迅速发展，社会生产、商品流通、物资流通及其管理方式不断发生着变化，现代物流已经成为一个国家、地区或企业综合竞争力的重要标志之一，甚至被誉为"第三方利润源泉"。对物流企业而言，既有巨大的市场需求，又面临企业间激烈的竞争，既有机遇，又有挑战，如何提高企业自身的竞争力成为物流企业生存和发展的重要内容。基于以上背景，本书从物流、物流企业的概念入手，以物流企业的管理思想和原理为主要理论框架，结合物流企业管理实践，综合研究物流企业经营管理的主要过程。

物流企业管理更多地来源于实践，如何让没有任何实践经验的学生或有相对丰富经验的从业人员高效地学习是作者一直以来思考的问题。作者认为，从"课堂灌输式"向"参与式"转变是物流企业管理教学的核心方式。本书在内容编排上，每章都设有引例、理论知识、知识链接、视野拓展、课后习题、任务实训，以调动学生学习的积极性。引例中设计 1~2 个开放式问题，这些问题尽量贴近学生的认知范畴，以激发学生的学习兴趣，引导学生带着问题学习接下来的理论知识。文中穿插的知识链接、视野拓展可以进一步增加知识的趣味性，牢牢吸引学生的注意力。任务实训以实用而富有启发性的问题为主线，吸引学生认真讨论实际问题，帮助学生理解和整合所学理论知识，找到解决问题的思路和方法，同时引导学生提出更多有价值或有趣的问题。此外，本书试图为案例教学和理论教学的有机结合提供一条有效的途径，避免理论教学中忽视案例或案例教学中忽视理论的问题，有助于解决管理类教学中的案例讨论与理论学习相脱节的问题。

本书由肖蘅担任主编，钱俊兵、赵耕担任副主编。其中，肖蘅编写第 1、4、5、6 章；钱俊兵编写第 7、8、9、10 章；赵耕编写第 2、3 章。肖蘅负责全书的策划和统稿。隋东旭对书稿做了细致的审校工作。

本书在编写过程中，直接或间接地借鉴了国内外大量的论著、教材等，在此对所引用文献资料的作者表示诚挚的感谢。

由于编者水平有限，加之编写时间仓促，书中难免有疏漏或不妥之处，恳请有关专家和广大读者批评指正（邮箱：xiaoheng_i@163.com）。

肖　蘅

目　录

第 1 章　物流企业管理概述 ········· 1
1.1　物流与物流管理 ····················· 2
1.2　物流企业 ······························· 6
1.3　物流企业管理的内涵 ··············· 9
课后习题 ···································· 12
任务实训 ···································· 14

第 2 章　物流企业管理的基本原理 ······ 16
2.1　管理与管理者 ······················ 17
2.2　基本管理理论 ······················ 21
2.3　物流企业管理的基本职能 ········ 27
课后习题 ···································· 29
任务实训 ···································· 31

第 3 章　物流企业的组织管理 ········ 33
3.1　物流企业的组织工作 ············· 34
3.2　物流企业的组织结构 ············· 37
3.3　物流企业的组织设计 ············· 42
3.4　物流企业的组织文化 ············· 48
课后习题 ···································· 53
任务实训 ···································· 54

第 4 章　物流企业的战略管理 ········ 57
4.1　物流企业的战略管理概述 ········ 58
4.2　物流企业的战略环境分析 ········ 63
4.3　物流企业的战略选择 ············· 69
4.4　物流企业的战略实施与控制 ····· 72
课后习题 ···································· 74

任务实训 ···································· 76

第 5 章　物流企业的作业管理 ········ 78
5.1　物流企业的作业管理概述 ········ 79
5.2　物流企业的采购管理 ············· 81
5.3　物流企业的营销管理 ············· 86
5.4　物流企业的运输管理 ············· 91
5.5　物流企业的仓储管理 ············· 96
5.6　物流企业的流通加工管理 ········ 99
课后习题 ·································· 102
任务实训 ·································· 103

第 6 章　物流企业的设施设备管理 ····· 106
6.1　物流企业的设施设备管理
　　 概述 ······························· 107
6.2　物流企业设施设备的选择
　　 与评价 ···························· 110
6.3　物流企业设施设备的使用、
　　 维护和修理 ······················ 114
6.4　物流设施设备的改造与更新 ···· 118
课后习题 ·································· 122
任务实训 ·································· 123

第 7 章　物流企业的财务管理 ······· 125
7.1　物流企业的财务管理概述 ······ 126
7.2　物流企业的筹资管理 ············ 130
7.3　物流企业的投资管理 ············ 135
7.4　物流企业的成本管理 ············ 139

7.5 物流企业的财务分析……………142
课后习题………………………………147
任务实训………………………………148

第8章 物流企业的人力资源管理……150
8.1 物流企业人力资源规划概述……151
8.2 物流企业员工的招聘和录用……154
8.3 物流企业员工的培训……………158
8.4 物流企业员工的绩效评估………161
8.5 物流企业员工的薪酬管理………163
课后习题………………………………167
任务实训………………………………168

第9章 物流企业的信息管理………171
9.1 物流企业信息管理概述…………172

9.2 物流企业的信息管理系统………175
9.3 物流企业信息管理的经济
　　效益分析………………………180
课后习题………………………………185
任务实训………………………………186

第10章 物流企业的现代化管理……189
10.1 物流企业的观念现代化…………190
10.2 物流企业的结构现代化…………192
10.3 物流企业的技术现代化…………195
10.4 物流企业的管理现代化…………200
课后习题………………………………203
任务实训………………………………204

参考文献………………………………207

第 1 章 物流企业管理概述

学习目标

- 了解物流与物流管理的含义、作用、分类。
- 了解物流企业的含义、类型等。
- 了解物流企业管理的定义和特征、目标和方法。

引例

"双11"的盛况

据国家邮政局监测数据显示，2020年11月1日—11月11日，全国邮政、快递企业共处理快件39.65亿件，11月11日当天共处理快件6.75亿件，同比增长26.16%，再创历史新高。其中，中通快递在"双11"期间订单量高达8.2亿件，业务量突破7.6亿件，中通快递的运货量突破3.1万吨；韵达快递在"双11"当天揽件量突破1亿件；圆通速递在"双11"当天揽件量突破1亿件。物流配送时效也不断刷新纪录。其中，京东"双11"第一单用时6分钟送达，乡镇最快一单15分钟送达。在"千县万镇24小时达"计划的推动下，2020年"双11"期间，京东物流93%的自营订单实现24小时送达，在全国范围内，92%的区县和83%的乡镇消费者也可以享受24小时送达服务。达达集团旗下本地即时配送平台达达快送在2020年11月11日10:00—11:00期间配送单量超110万单，突破同期1小时配送单量峰值纪录，这意味着平均每秒就有306个达达快送骑士配送的订单被用户收取。

辩证与思考：
为什么快递数量增加了，物流配送时效却变快了呢？

答案解析：
物流企业运用现代管理理论，结合智慧物流，对物流企业平台进行升级，利用大数据预测拥堵线路，再加上机器人仓库、全自动分拣等高科技手段，助力物流配送时效提升。

物流是社会流通领域的重要组成部分，可以实现商品的空间运输和时间移动。物流企业是现代经济活动中的重要组织，在供货商与零售业者之间扮演着集货、理货、库存、配送等角色。物流企业管理不仅是物流产业发展的关键支撑，而且在完善经营、降低成本、减少损失、提高经济效益、提升物流服务品质等方面发挥着越来越重要的作用。

1.1 物流与物流管理

物流作为国民经济的重要组成部分，与人们的生活密不可分。人们对物流的认识逐步加深，并形成规范，对物流管理的认识也在逐步加深，并逐步运用到实际生产当中。

1.1.1 物流概述

根据国家标准《物流术语》（GB/T 18354—2021），物流（Logistics）是指使物品从供应地向接收地的实体流动过程。物流根据实际需要，将运输、储存、装卸、搬运、包装、流通加工、配送、信息处理等基本功能实施有机结合。其中，物流中的"物"是指经济与社会活动中实体流动的物质资料，它是具备物质实体特点和可以进行物理性位移的那一部分物质资料；"流"是物理性运动，这种运动有其限定的含义，即相对于地球而发生的物理性运动，称为"位移"。"流"的范围可以是地理性的大范围，也可以是在同一地域、同一环境中的小范围。"物"和"流"的组合，是一种建立在自然运动基础上的高级运动形式。

物流同人类文明一样，有着悠久的历史，物流早就存在于人类简单的贸易活动之中。物流的产生与发展不仅与社会经济和生产力的发展水平有关，同时也与科学技术发展水平有关。物流的发展大体经历了萌芽和初级、快速发展、合理化和现代化4个阶段，如表1-1所示。

表 1-1 物流的 4 个发展阶段

时 间	发展阶段	阶 段 特 征
20世纪初至50年代	萌芽和初级	储存与运输分离，各自独立经营
20世纪60—70年代	快速发展	• 信息交换采用电话方式 • 通过产品本身的标记实现产品跟踪 • 信息处理的硬件平台是小型计算机 • 企业一般都使用自己开发的软件
20世纪70—80年代	合理化	• 物流管理内容从企业内部延伸到企业外部 • 物流管理重点已经转移到物流的战略上 • 电子数据交换、准时制生产等技术不断涌现并被普遍应用
20世纪90年代以来	现代化	• 物流系统实现信息化、标准化和无纸化 • 在运输链上实现组装的方式使库存量实现极小化 • 产品跟踪应用射频标识技术 • 信息交换采用电子数据交换系统 • 信息处理应用互联网和物流服务方提供的软件

> **§ 知识链接 1-1**
>
> **物流成为企业的第三方利润源**
>
> 在生产力相对落后、社会产品供不应求的历史阶段，由于市场上商品匮乏，企业无论生产多少产品都能销售出去。因此，企业大力进行设备更新改造，扩大生产能力，增加产品数量，降低生产成本，以创造企业剩余价值，即"第一利润"。
>
> 当产品充斥市场，转为供大于求、销售遭遇困难时，也就是第一利润达到一定极限，很难持续发展时，企业便采取扩大销售的办法寻求新的利润源泉。在人力领域，最初依靠廉价劳动力，其后则是依靠科技进步提高劳动生产率，降低人力消耗或采用机械化来降低劳动耗用，从而降低成本、增加加润，这就是"第二利润"。
>
> 然而，在上述两种利润潜力越来越小、利润开拓越来越困难的情况下，人们发现物流不仅可以帮助企业扩大销售，而且是一个很好的新利润增长源泉。这正是物流冰山所具备的巨大利润空间，也称为"第三利润"。

1.1.2 物流的作用和分类

1. 物流的作用

（1）服务商流

服务商流主要体现为在商流活动中，商品的所有权在购销合同签订的那一刻，便由供方转移到需方，而商品实体并没有因此而移动，除了非实物交割的期货交易，一般的商流都必须伴随相应的物流过程，即按照需方的需要将商品实体由供方以适当的方式、途径向需方转移。在整个流通过程中，物流实际上是以商流的后继者和服务者的姿态出现的。

（2）保障生产

保障生产主要体现为整个生产过程是从原材料采购开始的，此时要求有相应的物流活动，将所采购的原材料输送到位。在生产的各工艺流程之间，也需要原材料、半成品的物流过程，实现生产的流动性。整个生产过程实际上就是系列化的物流活动。

（3）方便生活

方便生活主要体现为在生活中的每个环节，都有物流的存在。通过国际间的运输，可以让世界名牌服饰出现在不同肤色的人身上；通过先进的储藏技术，可以让新鲜的果蔬在任何季节摆放在人们的餐桌上；搬家公司周到的服务，可以让人们轻松地乔迁新居；多种形式的行李托运业务，可以让人们在旅途中享受舒适和乐趣。

2. 物流的分类

物流在社会经济领域无处不在，对于各个领域的物流，虽然其基本要素都相同，但由于物流对象不同、物流目的不同、物流范围不同，从而形成了不同的物流类型。目前，人们对物流的分类还没有统一的标准，主要是按研究范围、规模和业务活动性质进行分类，如图 1-1 所示。

（1）按研究范围分

按研究范围不同，可以将物流划分为宏观物流、中观物流和微观物流。

① 宏观物流。宏观物流是社会再生产总体的物流。它是从经济社会总体的角度来认

识和研究物流的。从空间位置来讲，宏观物流一般是指大的空间范围内的物流。例如，一个国家的国民经济物流，称为国内物流或社会物流；国与国之间在贸易过程中所产生的物流，称为国际物流。

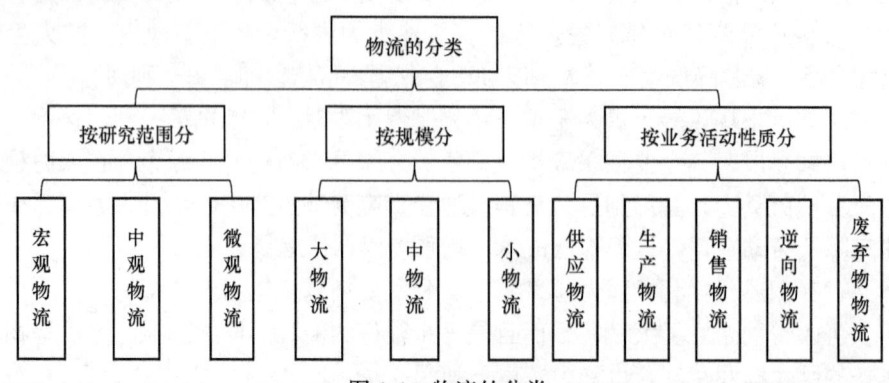

图1-1 物流的分类

② 中观物流。中观物流是区域性社会再生产过程中的物流。它是从区域经济社会的角度来认识和研究物流的。从空间位置来讲，一般是指较大的空间范围内的物流。例如，一个国家的经济区的物流，称为特定经济区物流；一个国家的城市经济社会的物流，称为城市物流。

③ 微观物流。微观物流带有局部性，一个生产企业的物流、物流的某一具体职能、某一具体物流实务、某种物质资料的物流问题、在一个小地域空间发生的具体的物流活动等，都属于微观物流。微观物流的最大特点表现为具体性、实务性和局部性。

（2）按规模分

按规模不同（物流量的大小和所涉及因素的多少），可将物流划分为大物流、中物流和小物流。

① 大物流。大物流又称社会物流。它与宏观物流相一致，涉及的因素不仅较多、复杂，而且涉及的面较广，受到经济社会各方面因素的影响。大物流也就是社会再生产全过程的物流。

② 中物流。中物流主要指物流超出企业范围，但物流路线明确，业务活动清晰，所涉及的因素不是很复杂，物流量也不是很大的一类物流。例如，物质资料从生产厂商直接运送到消费者手中的物流；从供货商、流通仓库运送到生产厂商的物流；从生产厂商运送到流通仓库的物流，等等。

③ 小物流。小物流是指物流量较少，所涉及的因素带有局部性且可控性较强的物流。例如，企业内部各工序、各生产阶段（车间）之间，以及它们与企业仓库之间的物流；港口、车站、码头等各种运输工具之间，以及它们与仓库之间的物流，等等。

（3）按业务活动性质分

按业务活动性质分，是指按微观物流所从事业务的属性来划分。也就是说，这些物流活动主要是为了完成企业特定的工作任务，如供应、生产、销售等。因此，可将物流划分为供应物流、生产物流、销售物流、逆向物流和废弃物物流。

① 供应物流。供应物流是指为下游客户提供原材料、零部件或其他物料时所发生的

物流。也可以说，供应物流是指企业（包括生产企业和流通企业）的物质资料从生产者或中间商的供应开始，到企业购进来投入生产前的物流。

② 生产物流。生产物流是指企业生产过程中的原材料、在制品、半成品、产成品等产生的物流活动，也就是物质资料从投入生产的第一道工序开始，到半成品、成品或可出售制品入库整个生产过程中产生的物流活动，包括流通过程中带有生产性的劳务所产生的物流活动，如包装、流通加工等过程中的物流活动。例如，汽车生产物流中生产线上产生的物流活动。

③ 销售物流。销售物流是指企业在出售商品过程中所发生的物流活动。也就是说，销售物流是指在企业成品库、流通仓库或工厂分发销售过程中所产生的物流活动，包括生产厂商的直接销售和流通企业的销售。

④ 逆向物流。逆向物流是指物品从供应链下游向上游运动的过程中所引发的物流活动，也称为反向物流。逆向物流包括生产消费过程和生活消费过程中的可再利用物品在回收过程中所产生的物流活动。例如，在货物运输和搬运过程中所使用的包装容器、废旧装载工具、工业生产中产生的边角余料、废旧钢材等在回收过程中所发生的物流活动等。

⑤ 废弃物物流。废弃物物流是指将经济活动或人们生活中失去原有使用价值的物品，根据实际需要进行收集、分类、加工、包装、搬运、存储等，并分送到专门场所进行处理时所产生的物流。废弃物物流也是逆向物流的一种。

1.1.3 物流管理概述

物流管理（Logistics Management）是指在社会再生产过程中，根据物质资料实体流动的规律，应用管理的基本原理和科学方法，对物流活动进行计划、组织、指挥、协调、控制和监督，使各项物流活动实现最佳的协调与配合，从而降低物流成本，提高物流效率和经济效益。现代物流管理是建立在系统论、信息论和控制论基础上的，其实质是服务。

物流管理包括3个方面的内容：对物流活动要素的管理、对物流系统要素的管理和对物流活动中具体职能的管理。其中，对物流活动要素的管理是指对运输、存储、装卸、搬运、包装、配送、流通加工等物流活动要素的管理；对物流系统要素的管理是指对人、财、物等系统要素的管理；对物流活动中具体职能的管理是指对计划、组织、协调、控制等职能的管理。

1.1.4 物流管理的作用和分类

1. 物流管理的作用

物流管理是物流正常有效运行的保障，主要体现在以下3个方面。

① 做好保障服务工作，保证生产、生活的正常进行。物流是为生产、生活提供物资的，一个有物流系统的有效管理要保质保量地、及时地将物资供应到生产、生活的需求点。

② 节省费用、降低成本。物流是物质资料实体的流动活动，这种流动活动需要用车、用人、占库，并且费钱、费事、费时间，这些都是物流成本。有效的物流管理要在保障供应、保证生产和生活顺利进行的前提下，做到费用最省、成本最低。

③ 保护社会环境。物流活动的开展可能会给社会环境带来一定的破坏，如造成交通紧张、噪声增大、污染加重。有效的物流管理不但应当保障供应，保证生产和生活的正常进行，节省成本，还应当不污染环境，不造成环境恶化，不破坏生态平衡。

2. 物流管理的分类

（1）宏观物流管理与微观物流管理

宏观物流管理立足于整体的政府行为和行业管理范畴，政府和行业协会对社会整体物流制定发展规划和战略，通过各种制度建设、组织协调、监督和服务等行为，管理物流行业，以促进物流行业的发展。微观物流管理是指消费者、生产者企业对所从事的实际的、具体的物流活动进行的管理活动。

（2）社会物流管理和企业物流管理

社会物流管理是指由专业的物流承担者对物流配送中心、包装、装卸搬运、运输、储存保管、流通加工及配送所进行的有目的、有计划的一系列管理活动。企业物流管理是从企业角度研究与之有关的物流管理活动。

（3）国际物流管理和区域物流管理

国际物流管理是指物流活动涉及两个或两个以上的国家（地区）时所涉及的物流管理活动。区域物流管理是指一个国家范围内的物流管理活动。

（4）一般物流管理和特殊物流管理

一般物流管理是指针对物流活动的共同点，对一般性物流活动进行的物流管理。特殊物流管理是指在遵循一般物流规律的基础上，针对特殊应用领域、特殊管理方式、特殊劳动对象、特殊机械装备特点进行的物流管理。

1.2 物流企业

随着全球"物流热"的一再升温，国际知名航运企业、货代企业、空运企业等纷纷向物流企业转变，促进了物流业的发展壮大，也加剧了物流企业间的竞争。

1.2.1 物流企业概述

1. 物流企业的定义

物流企业（Logistics Enterprise）是指至少从事运输（含运输代理、货物快递）或仓储一种经营业务，并能够按照客户的物流需求对运输、储存、装卸搬运、包装、流通加工和配送等基本功能进行组织和管理，具有与自身业务相适应的信息管理系统，实行独立核算、独立承担民事责任的经济组织。

> **视野拓展 1-1**
>
> **顺丰速运**
>
> 顺丰速运诞生于广东顺德，是一家主要经营国际、国内快递业务的港资快递企业。初期业务是顺德与香港之间的即日速递业务，随着客户需求的增加，顺丰速运

的服务网络先是延伸至中山、番禺、江门和佛山,继而扩张到华中、西南、华北和华东地区。经过多年发展,顺丰速运已经成为国内最大的综合物流服务商、全球第四大快递公司。顺丰速运通过"内生孵化+并购整合"方式,快速延伸至快运、冷运、同城、供应链等领域,搭建了完整的一体化综合物流服务体系;不仅能够提供配送端的高质量物流服务,还能围绕客户产业链上下游延伸,为客户提供贯穿采购、生产、流通、销售、售后的一体化供应链解决方案。

2. 物流企业的基本特征

（1）盈利性

盈利性是指物流企业必须以盈利为经营目标,通过市场竞争,以自己经营的成果确保企业的长期生存与发展。

（2）流通性

流通性是指物流企业主要属于流通性行业领域,伴随着商流、资金流和信息流,从事实体商品的流通工作。

（3）专业性

专业性是指伴随着工商企业的发展和企业内部物流需求的增加,企业内部物流从企业中脱离出来,成为社会性、专业化的物流企业。

（4）服务性

服务性是指物流的本质是提供服务,物流企业可以提供简单、专门、单一的服务,也可以提供面向行业的服务。

（5）合法性

合法性是指物流企业的成立要合法,物流企业的作业流程要规范化,物流企业管理要法制化。

3. 物流企业的职能

物流企业是物流服务的供应商,其职能是为顾客提供完整的、以供应链组织协调为核心的整套服务。为此,现代物流企业的基本职能已突破传统的仓储、运输等,提供以满足客户需求为核心,以资源优化配置为目标,以信息技术为支撑,以专业化服务为保证的整体物流解决方案。总体来说,物流企业有以下几项职能。

（1）满足客户对物流服务的综合需求

物流企业存在的目的就是满足客户的各种物流服务需求。现代物流企业不仅是生产企业的原料库、成品库和运输商,而且是最终用户和服务的供应者。它以现代信息技术为支撑,将传统的仓储运输服务提升到一个新水平,同时开展配送、流通加工、物流系统优化、企业资源整合、物流信息系统规划和实施等深层次服务。

（2）降低运营成本

仓储运输是形成企业成本的主要内容,也是影响企业利润的主要因素。现代物流企业的主要职能之一,就是通过为客户提供专业化物流服务,优化客户物流系统,降低客户库存,缩短运输、配送周期,帮助客户提高运营效率,降低运营成本。

（3）实现物流功能整合

物流功能整合是对各种物流功能性活动进行重组和协调，使其形成完整的物流系统，以提高系统的整体效率，实现系统的整体效益。物流企业在整个供应链中具有承上启下的作用，通过物流企业可以将生产企业、流通企业和最终用户联系起来，实现物流、商流和信息流的统一。另外，物流企业也可以通过专业化服务，整合客户所需要的各种物流活动，实现物流的功能最佳、成本最低、效率最高。

（4）提升客户竞争力

物流企业为客户提供系统、有效的专业化物流服务，并与客户的业务系统实现完美的集成，可以使客户把优势资源集中在具有竞争力的核心业务上，提升客户竞争力。

1.2.2 物流企业的类型

1. 按国家标准分类

根据国家标准《物流企业分类与评估指标》（GB/T 19680—2013），应按以下原则对物流企业进行分类：一是符合物流企业的定义，二是将业务相近的物流企业合并为同一类型，三是将传统、单项服务功能与物流服务功能相结合。据此，可将物流企业分为运输型物流企业、仓储型物流企业和综合型物流企业。

（1）运输型物流企业

运输型物流企业的特点和基本要求是：以从事运输业务为主，具备一定规模；可为客户提供运输服务及其他增值服务；自有一定数量的运输工具和设备；具备信息服务功能，应用信息系统可对运输货物进行状态查询、监控。

（2）仓储型物流企业

仓储型物流企业的特点和基本要求是：以从事仓储业务为主，具备一定规模；可为客户提供分拨、配送、流通加工等服务及其他增值服务；自有一定规模的仓储设施、设备，自有或租用必要的货物运输工具；具备信息服务功能，应用信息系统可对仓储货物进行状态查询、监控。

（3）综合型物流企业

综合型物流企业的特点和基本要求是：从事多种物流服务业务，可以为客户提供运输、仓储、货运代理、配送、流通加工、信息服务等多种物流服务，具备一定规模；可为客户制定系统化的物流解决方案；可为客户提供综合物流服务及其他增值服务；自有或租用必要的运输工具、仓储设施及相关设备；具有一定市场覆盖面的货物集散、分拨、配送网络；具备信息服务功能，应用信息系统可对物流服务全过程进行状态查询、监控。

2. 按其他方式分类

除按国家标准《物流企业分类与评估指标》（GB/T 19680—2013）分类外，物流企业还可以按所有制、所有制实现形式、经营规模、业务类型和提供的服务项目进行分类。

（1）按所有制分类

物流企业按照所有制不同可分为公有制物流企业和非公有制物流企业。其中，公有制物流企业不仅包括国有物流企业和集体所有制物流企业，还包括混合所有制物流企业中的国有与集体成分；非公有制物流企业包括私营物流企业、混合所有制物流企业。

(2) 按所有制实现形式分类

物流企业按照所有制实现形式不同可分为国有独资有限责任公司、股份有限公司、有限责任公司、集体所有制企业、股份合作制企业和三资企业等类别。

(3) 按经营规模分类

物流企业按经营规模不同可分为大型物流企业集团、中型物流企业和小型物流企业。

(4) 按业务类型分类

物流企业按业务类型不同可分为运输型、仓储型、配送型、速递型、代理服务型、综合服务型物流企业，以及将来可能出现的其他类型物流企业。

(5) 按提供的服务项目分类

物流企业按提供的服务项目不同可分为功能型、综合型和服务技术型物流企业。其中，功能型物流企业是指以提供相对固定、单纯的功能性物流服务为主的经济组织，该类企业在物流市场上的比重最大；综合型物流企业是指能为客户提供一体化物流服务的经济组织，这类企业往往与大型制造企业、零售企业和商贸企业建立了合作伙伴关系，以契约的方式承接这些企业的物流外包业务，能够为客户提供量身定做的物流服务；服务技术型物流企业是指提供管理咨询和信息服务等物流支持服务的企业，这类企业包括物流软件开发企业、物流信息技术服务企业、物流方案设计和咨询企业等。

1.2.3 物流企业的评估

物流企业的评估参照国家标准《物流企业分类与评估指标》(GB/T 19680—2013)的要求，依据其等级评估原则，使用其评估实施主体，运用其评估指标进行评估。其中，等级评估原则是能够全面、系统地反映物流企业的服务能力，对于具备一定服务水平的3种类型的物流企业，按照不同的评估指标分为AAAAA、AAAA、AAA、AA、A 5个等级。AAAAA级评级最高，依次降低。物流企业的评估工作可由全国性物流行业组织设立评估机构组织实施，实施时可根据国家标准《物流企业分类与评估指标》(GB/T 19680—2013)制定实施细则。评估指标因区分运输型物流企业、仓储型物流企业、综合型物流企业3类而有所不同。

1.3 物流企业管理的内涵

物流企业同其他企业一样，通过为社会提供相应的商品或服务，实现价值增值。同样，物流企业要想如其所愿地实现价值增值，就需要进行管理。

1.3.1 物流企业管理的定义与特征

1. 物流企业管理的定义

物流企业管理（Logistics Enterprise Management）是指根据商品流通的客观规律要求，应用管理的基本原则和方法，使物流企业能够以最小的投入，为社会提供最优质的物流服务，实现最大经济效益的活动过程。

物流企业管理的定义包含以下几层含义：①物流企业管理是物流企业的有组织行为；②物流企业管理是提高客户服务效率的手段；③物流企业管理是为了谋求物流的总成本最低，或者在既定的物流总成本约束下使客户服务水平最高；④物流企业管理最基本的要素活动是围绕仓储和运输的物流服务管理；⑤物流企业管理的最终目的是实现物流企业的经济效益与社会效益的统一。

2．物流企业管理的特征

（1）目的性

物流企业是专门从事与商品流通有关的各种经济活动的经济组织。经营是物流企业一切活动的中心，管理是为经营服务的。物流企业管理的目的是不断提高流通效率，争取最佳的经济效益，保证自身的稳定和发展。物流企业管理者的职责是不断通过管理活动来引导和激励组织成员为实现企业目标而努力。

（2）组织性

物流企业是为了实现一定的经济目标和其他目标而将人、财、物等要素融合在一起的一个人造组织。为了保证物流企业组织中各要素的合理配置，使物流企业协调运转，实现物流企业的目标，需要在物流企业中实施管理。而物流企业的组织架构就是物流企业管理的载体，有效的管理活动必须通过高效率的组织来实现。

（3）人本性

物流企业管理的人本性是指在企业管理过程中应当以人为中心，把理解人、尊重人、调动人的积极性放在首位，把人作为管理的重要对象和企业最重要的资源，这样才能协调好其他要素，实现高水平的管理。

"人本性"主要体现在管理的创新性和艺术性两个方面。管理的创新性是指管理本身是一种不断变革、不断创新的社会活动，面临着动态变化的环境，企业要在管理中不断寻求创新，以适应快速变化的环境，在激烈的竞争中获得生存。管理的艺术性是指在掌握一定的企业管理理论和方法的基础上，灵活应用相关知识和技能，以提高企业管理的效率。企业管理的艺术性强调的是管理人员必须在管理实践中发挥积极性、主动性和创造性，因地制宜地将企业管理知识与具体管理活动相结合，只有这样才能进行有效的管理。

1.3.2 物流企业管理的目标

（1）使物流管理目标系统化

物流企业管理的目标是实现综合平衡，以达到整个物流系统的高效，从而使物流管理目标实现整体最佳，即系统化。物流系统是由各个相关要素有机结合而成的、提供高质量物流服务的整体，主要包括硬件系统、作业系统、管理系统、信息系统。其中，硬件系统主要由基础设施、运输工具和物流中心组成；作业系统就是在运输、保管、配送、装卸、包装、流通加工等作业中，引入各种技术，以实现自动化和效率化，同时使各功能之间顺利地联结起来；管理系统包括管理组织、规章制度、业务流程、评价指标、经营活动、管理活动；信息系统在企业活动中和其他功能（如采购、生产、销售系统）有机地联系起来，使订货到发货的信息活动更加完满，从而提高物流作业系统的效率。

（2）使物流综合费用最小化

物流企业管理的目标是实现物流综合费用最小。物流目标一经确定，就必须设计一个物流系统，以便以最低成本达到目标。物流系统总分销成本一般由下列各项构成：系统的总运输成本、系统的总固定仓储成本、系统的总可变存储成本、系统中由于平均交货延误所损失销售量的总成本。选择物流系统时，应考虑所规划的各个不同系统的总成本，然后从中选出总分销成本最低的系统。在物流企业经营过程中，要力求在达到顾客服务目标的前提下，通过管理实现物流过程的合理化和物流作业的高效化，以实现物流综合费用最小化。

（3）使物流配送合理化

物流企业管理的目标是实现物流配送的合理化，主要包括物流的批量化和配送的短路化。通常，大多数顾客要求频繁地订货预约，迅速交货。企业在接受订货时，因为要尽可能地使发货的批量最大，所以往往采取最低限额订购制，以期降低成本。例如，大型超市和百货商店从制造商或批发商那里进货，把向各个店铺个别交货的商品由中间区域设置的配送中心集约起来，再大批量地送往各店铺，并按照顾客的订货量，采用减价供货制。同时，物流企业提供配送服务，使商品从制造商直接递达零售商店，合理的配送路线缩短了商品移动的距离，降低了库存量。

（4）使物流管理过程信息化

物流企业管理的目标是实现物流管理过程的信息化。现代物流企业所提供的个性化服务必须建立在电子信息技术基础之上，个性化的物流服务，需要具备能实现信息快速交换的电子数据交换（Electronic Data Interchange，EDI）技术、能实现资金快速支付的电子资金转账（Electronic Funds Transfer，EFT）技术、能实现信息快速输入的条形码技术、能实现网上交易的电子商务技术。在物流企业活动中，应用信息技术控制生产和销售，控制运营成本，降低物流成本，推进物流信息的系统化，实现从订货到发货的信息处理。重视信息技术是现代物流企业在激烈的市场竞争中获胜的法宝，准确而及时的信息是正确决策和行动的前提条件。

（5）使物流作业自动化

物流企业管理的目标是实现物流作业的自动化。现代物流企业在作业系统中引进了各种机械化、自动化技术。在运输方面，有利用托盘、集装箱发展起来的单位载荷制，以及提高货物分拣机械化水平的技术；在保管方面，高层货架仓库发展为自动化仓库，大大地提高了保管的效率。物流作业的自动化极大地提高了物流管理的效率。

视野拓展 1-2

沃尔玛的 6 种配送中心

沃尔玛公司一共有 6 种配送中心。

① "干货"配送中心。这种配送中心主要用于生鲜食品以外的日用商品的进货、分装、储存和配送。该公司目前这种类型的配送中心数量最多。

② 食品配送中心。一些不易变质的饮料等，以及易变质的生鲜食品等，需要使用专门的冷藏仓储和运输设施，直接送货到店。

③ 山姆会员店。这种配送中心批零结合，有 1/3 的会员是小零售商，配送商品的内容和方式与其他配送中心不同，使用独立的配送中心。山姆会员店 1983 年才开始建立，数量不多。考虑到第三方配送中心的服务费用较高，沃尔玛公司正在逐渐用山姆会员店取代第三方配送中心。

④ 服装配送中心。这种配送中心不直接送货到店，而是将商品分送到其他配送中心。

⑤ 进口商品配送中心。这种配送中心为整个公司服务，主要作用是大量进口商品以降低进价，再根据要货情况将商品送往其他配送中心。

⑥ 退货配送中心。这种配送中心接收店铺因各种原因退回的商品，其中一部分退给供应商，一部分送往折扣商店，一部分就地处理，其收益主要来自出售包装箱的收入和供应商支付的手续费。

1.3.3 物流企业管理的方法

物流企业管理的方法是多种多样的，传统的、最常用的、带有普遍性的方法可归纳为 3 类，即经济方法、行政方法和法律方法。

（1）经济方法

经济方法是运用经济手段，特别是经济杠杆，引导物流企业经济活动、执行管理职能的方法。其实质是正确观测物质利益原则，从物质利益方面调节各利益主体的经济关系，调动各方面的积极性，使各利益主体从物质利益上主动关心企业的经营成果，提高各利益主体的劳动效率和物流企业的经济效益。物流企业是自主盈亏、自负盈亏、自我发展、自我约束的独立的商品实体经营者，有自身独立的经济利益。特别是供应链上的连接更加需要运用经济方法，这是物流企业的特征要求的。

（2）行政方法

行政方法是依靠领导机构的权威，运用行政命令、指示等手段，采取令行禁止的方式执行管理职能的方法。行政方法是管理物流企业经营的必要方法，其作用是统一目标、统一行动，保证经营目标和任务的完成，还能运用行政命令形式，保证物流企业的经营方向及在紧急情况下迅速排除阻力等。

（3）法律方法

法律方法是运用经济立法和经济司法的手段，执行管理职能的一类方法。运用法律方法管理物流企业的生产经营活动可以保证物流企业的合法权益，禁止违法行为，起到维护经济秩序的作用。物流企业一般会受到我国企业法规、商品流通法规等部分法规的制约，还会受到物流企业内部规章制度的制约，以保证物流企业经营活动的有序进行。

课后习题

一、判断题

1．物流是指物品从供应地向接收地的实体流动过程。　　　　　　　　　　　　（　　）

2．逆向物流也称为反向物流。　　　　　　　　　　　　　　　　　（　　）
3．物流管理可以减少环境污染、保障生态平衡。　　　　　　　　　（　　）
4．物流企业按照经营规模可分为大型、中型和小型物流企业。　　　（　　）
5．经济方法是物流企业管理的唯一方法。　　　　　　　　　　　　（　　）

二、单项选择题

1．20世纪60—70年代是物流发展的（　　）阶段。
　　A．萌芽和初级　　B．快速发展　　C．合理化　　D．现代化
2．（　　）不属于物流的作用。
　　A．服务商流　　B．保障生产　　C．方便生活　　D．实现目标
3．按物流规模的大小，可将物流分为（　　）。
　　A．大物流　　B．中物流　　C．小物流　　D．以上都是
4．（　　）物流企业是以从事仓储业务为主，具备一定规模，可为客户提供分拨、配送、流通加工等服务的物流企业。
　　A．运输型　　B．仓储型　　C．综合型　　D．加工型
5．物流根据实际需要，将运输、储存、装卸、搬运、（　　）、流通加工、配送、信息处理等基本功能实施有机结合。
　　A．包装　　B．生产　　C．订货　　D．出货

三、多项选择题

1．物流的基本活动有哪些？（　　）
　　A．运输　　B．包装　　C．流通加工　　D．信息处理
2．按照物流研究范围不同，可将物流分为（　　）。
　　A．宏观物流　　B．中观物流　　C．微观物流　　D．供应物流
3．按照物流业务活动的性质不同，可将物流分为（　　）。
　　A．供应物流　　B．生产物流　　C．销售物流　　D．逆向物流
4．以下属于物流企业特征的有（　　）。
　　A．盈利性　　B．流动性　　C．专业性　　D．服务性
5．物流企业管理的方法有（　　）。
　　A．经济方法　　B．法律方法　　C．行政方法　　D．数学方法

四、简答题

1．物流的含义是什么？
2．物流的分类有哪些？
3．企业为什么要重视物流管理？
4．物流企业管理的特征是什么？
5．物流企业管理的目标是什么？

任务实训

1. 实训目的
理解物流、物流企业、物流企业管理的含义，分析现实中物流企业的发展历程。

2. 背景材料

美的公司物流完善之路的启示

从20世纪90年代末期开始，价格大战把家电业带入困境，利润不断下降，甚至出现大额亏损。在这种情况下，各家电企业纷纷采取措施进行自救。由于能够大幅降低成本，物流成为很多家电企业的"救命稻草"。其中比较典型的有两种类型：一种以海尔公司为代表，通过成立物流中心，进行事业部层面的供应链整合来提高物流效率；另一种以美的公司为代表，通过第三方物流的专业化管理来降低物流成本。

美的公司上市以后，为了满足消费者对产品差异化的需求和愿意支付的价格，并确立自己在接近饱和的中国家电业生存空间中的独特地位，用5年"三大步"进行了一场"低成本差异一体化"的物流完善之路。

第一步：1998—1999年，整合内部资源，成立虚拟物流中心。虚拟物流中心的组织定位是：行政上隶属集团，业务上服务于事业部。虚拟物流中心的主要工作是：进行本部和外部仓库的全面整合，并合理设计全国的仓储网络；与第三方物流公司进行集中的业务联系，在不改变已签订的物流合同的前提下，统一开展与第三方物流公司的业务；实现统一标准管理，即物流业务流程和规范的标准化，包括制定流程、规章、职责等。

第二步：2000—2001年，建立第三方物流公司——安得物流公司。安得物流公司的业务是建立自己的仓储平台和网络平台。美的公司把各个事业部原先分散的仓储资源整合起来交给安得物流公司，使安得物流公司在全国建立了比较健全的仓储网络。安得物流公司还掌管美的公司家电事业部的全部运输业务和空调事业部1/3的运输业务，使美的公司总部的物流工作量大大减少，工作内容趋向监督、管理。

第三步：2002年11月，美的公司在广州成立了新公司——安得供应链技术有限公司，并将公司定位为"为客户提供高端服务"的第四方物流，这在国内物流业尚属首家。开创时代的第四方物流标志着美的公司将以高效、高质、低成本和先进的信息技术支持提供全方位最佳的客户物流服务。

2002年年中，安得物流公司利用自主开发的信息系统，使美的公司在全国范围内实现了产销信息的共享。美的公司把原有的100多个仓库精简为8个区域仓，在8小时内可以运到的地方全靠配送。这样一来，美的公司流通环节的成本降低了15%~20%。同时，从市场一线到工厂生产的信息传递链大大缩短，各事业部更加有效地实现了订单生产，减少了生产环节不必要的浪费。靠制造环节降低成本，以物流增加收入，是分享"第三利润"的共赢过程。

3. 实训任务
① 美的公司体现了哪些现代物流的特征？

② 美的物流与海尔物流相比，有哪些特点？
③ 美的物流在完善过程中，有哪些经验值得借鉴？

4. 实训步骤

（1）个人阅读/小组分组

老师督促学生进行个人阅读，并让其在课前完成。建议 3～5 人一组，老师监督分组情况和任务进度。针对学生的特点，在课堂上老师再花费 5～10 分钟对案例学习要点及相关背景进行简单的陈述。

（2）案例开场白

美的公司体现了哪些现代物流的特征？

（3）小组讨论/报告

该步骤主要在课堂上进行，持续 20～30 分钟。主要围绕实训任务中的 3 个问题展开，学生也可自行增加感兴趣的部分。小组报告的内容应尽可能是小组成员达成共识的内容，对于未达成共识的内容可以单独提出讨论。每个小组将讨论要点的关键词按小组抄写在黑板上的指定位置并进行简要报告，便于课堂上的互动。

（4）师生互动

该步骤主要在课堂上进行，持续 30～40 分钟。老师针对学生的报告和问题与学生互动，同时带领学生对本章关键知识点进行回顾，并了解学生还有哪些问题或困惑，激发学生的学习兴趣，使学生自觉在课后进一步查询相关资料并进行系统的回顾与总结。

（5）课后作业

根据课堂讨论，要求每位学生进一步回顾本章知识点，以小组为单位形成正式的实训报告。报告要观点鲜明、思路清晰、逻辑严密、论证翔实。

（6）考核

老师根据学生的课堂表现和实训报告质量，评定实训成绩。

第 2 章 物流企业管理的基本原理

学习目标

- 掌握管理的含义、管理环境,管理者的含义、分类、技能要求及角色类型。
- 了解古典管理理论、行为科学理论、现代管理理论及管理理论的新发展。
- 掌握物流企业管理的计划、组织、领导和控制职能。

引 例

如何选择合适的运输方式

某物流公司首次承揽 3 个集装箱运输业务,时间紧、任务重。从上海到大连,走铁路 1 200 公里,走公路 1 500 公里,走水路 1 000 公里。该物流公司自有 10 辆 10 吨普通卡车和一个自动化立体仓库。该物流公司联系了附近一家联运公司,后者虽无集装箱卡车,但有专业人才和货代经验,只是要价比较高。至于零星集装箱安排落实车皮和船舱,该物流公司心中实在没底。请问,该物流公司究竟是自己买集装箱卡车自己运输,还是请铁路部门或航运公司安排运输,抑或是拒绝该项业务?

辩证与思考:

该公司如何选择才能保障该项运输业务的顺利完成?

答案解析:

该公司需要在充分调研市场行情的情况下,积极发挥管理的计划、组织、领导和控制职能,依据企业管理目标,确定最优方案。

管理是人类生产、生活中普遍存在的社会现象。凡是一个由两人及两人以上组成的、有一定活动目的的集体,都离不开管理。物流企业是在社会化大生产条件下,从事实体流通活动的营利性组织。作为一个独立经营的生态有机体,物流企业与其他类型的企业一样,在管理中遵循管理的基本原理。

2.1 管理与管理者

随着科技的不断进步，管理对组织发展的作用越来越受到各界的重视。管理是一切有组织的活动必不可少的组成部分，任何管理工作的实施都离不开管理者的努力。

2.1.1 管理

1. 管理的含义

管理广泛存在于社会生活的各个领域、各个方面，是人类社会最重要的活动。自从人类开始形成群体以实现个人无法实现的目标以来，管理就成为协调个人努力必不可少的因素。这种群体实际上就是人类社会普遍存在的"组织"。企业是组织，医院、学校和其他事业单位等也是组织。任何一个组织都有其基本的使命和目标。例如，企业的使命和目标是满足用户的需要；医院的使命和目标是治病救人；学校的使命和目标是培育人才。为了完成使命和目标，组织需要开展业务活动，如企业组织生产、医院实施诊治、学校开展教学等。组织通过对自身所拥有的人、财、物等资源的综合运用来开展业务活动，继而实现组织目标，这种综合运用就是管理。

管理是伴随着组织的出现而产生的，是保证业务活动实现组织目标的手段，是协作劳动的必然产物。凡是需要通过集体努力来实现个人无法实现的目标的活动，就一定需要管理。管理的重要性伴随着组织规模的扩大和业务活动的复杂化而日益明显。

本书认为，管理就是组织中的管理者在特定的环境下，对组织所拥有的资源进行有效的计划、组织、领导和控制，以达到组织既定目标的过程。

这个定义可以从以下几个层面理解：①管理的主体是组织中各级各类管理者；②管理的约束是特定的组织内外部环境，任何组织都存在于一定的内外部环境之中，并受到环境的约束；③管理的对象是组织所拥有的资源，包括人力资源、物力资源、资本资源、技术资源、信息资源等，其基本对象是人；④管理的目的是实现组织目标，并且讲求效率和效果。

> **§知识链接2-1**
>
> **效率和效果**
>
> 效率和效果是两个不同的概念。效率涉及的只是活动的方式，与资源利用相关，只有高低之分而无好坏之别。效果则涉及活动的目标和结果，不仅有高低之分，而且可以在好坏两个方向上表现出明显的差别。简单地说，效率是指正确地做事，效果则是指做正确的事。

2. 管理的本质

管理不同于生产、科研、教学、治疗等具体的业务活动，它具有一定的特殊性。首先，管理是独立进行的，有别于业务工作，又为业务工作提供服务的活动。其次，管理不是独立存在的，管理和业务并存于一个组织之中，以保证组织目标的圆满实现。最后，从事管理的人并不是绝对不可以做一些业务工作。因此，管理的本质就是从事管理工作的人通过他人并使他人与自己一起实现组织的目标。

3. 管理的性质

管理的性质包括二重性、普遍性、科学性和艺术性。

（1）管理的二重性

一方面，管理是由许多人进行协作劳动产生的，是由生产社会化引起的，是有效的组织共同劳动所必需的，因此具有与生产力、社会化大生产相联系的自然属性；另一方面，管理又是在一定的生产关系条件下进行的，因此具有与生产关系、社会制度相联系的社会属性。

（2）管理的普遍性

一方面，不同类型的组织的管理活动基本上是一样的，不管是营利性组织还是非营利性组织，大型组织还是小型组织，尽管差异确实存在，但共性远远超过差异；另一方面，组织中不同层级的管理活动在本质上是相同或类似的，无论是基层管理者还是高层管理者，他们同样都在履行着计划、组织、领导和控制职能，只不过从事各项职能的程度和重点有所区别而已。

（3）管理的科学性和艺术性

管理的科学性表现为经过近一个世纪的研究、探索和总结，已经逐渐形成了一套比较完整的、反映管理过程的客观规律的理论知识体系，为指导管理实践提供了基本的原理、原则和方法。管理的艺术性强调了管理的实践性，没有实践则无所谓艺术。管理工作和其他各种技艺一样，都要利用经过整理的基本知识，并根据实际情况创造性地、灵活地运用，这样才能取得预期的成效。

4. 管理的环境

管理的环境，是指存在于一个组织外部的影响组织业绩的各种力量和条件因素的总和。根据各种因素对组织业绩影响程度的不同，可将这些因素分为一般环境因素和任务环境因素。

（1）一般环境因素

一般环境因素是指可对组织的活动产生影响的大环境因素，包括经济因素、技术因素、社会文化因素、政治和法律因素、国际关系因素等。一般环境因素不涉及某个具体的组织，对组织的影响不是直接的，但会对组织产生重大的间接影响，任何组织的运转、管理都必须充分考虑这些因素。

（2）任务环境因素

任务环境因素是指对某一具体组织的组织目标的实现有直接影响的具体因素，包括资源供应者、竞争对手、顾客（服务对象）、政府机构、利益集团等。任务环境因素仅涉及某个具体的组织，不同的组织有不同的任务环境，而且能够直接增加或减少组织的效益。绝大多数组织都非常重视其任务环境因素。

2.1.2 管理者

1．管理者与操作者

管理者是相对操作者而言的。在现代社会，存在形形色色的组织，任何组织都是由一群人组成的，根据这群人在组织中的地位和作用不同，可以简单地将他们划分成两类：管理者和操作者。

管理者是指在组织中指挥他人完成具体任务的人，如企业的经理、医院的院长、学校的校长等。有时也包括组织中各职能部门内具有一定管理权的一般管理人员。

操作者是指在组织中直接从事具体业务，且对他人工作不承担监督职责的人，如企业的员工、医院的医生、学校的教师等。他们的任务就是做好组织分派的具体操作性事务。

2．管理者的分类

（1）按管理者在组织中所处地位分类

按照管理者在组织中所处的地位不同，可将其分为高层管理者、中层管理者和基层管理者，如图 2-1 所示。高层管理者对组织负有全面责任，主要侧重于制定有关组织的大政方针，沟通组织与外界的交往联系；中层管理者的主要职责是贯彻高层管理者所制定的大政方针，指挥基层管理者的活动；基层管理者的主要职责是直接指挥和监督现场作业人员，保证完成上级下达的各项计划和指令。

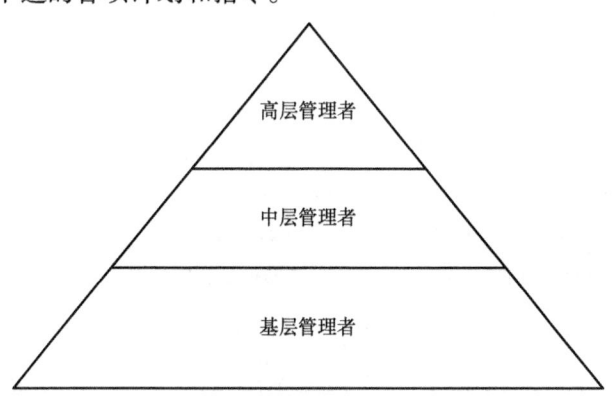

图 2-1　按管理者在组织中所处地位分类

（2）按管理者从事工作的领域分类

按照管理者从事工作领域的不同，可将管理者分为综合管理者和专业管理者。综合管理者是指负责管理整个组织或组织中某一部分的全部活动的人；专业管理者的管理活动仅涉及组织中的某类职能，如生产、营销、人事、财务等。

3．管理者的技能

管理者必须具备一定的技能，才能在不同的环境中扮演好自己的角色。一般而言，管理者应当具备 3 种基本技能，即概念技能、人际技能和技术技能。

（1）概念技能

概念技能是指洞察既定环境复杂程度的能力和减少这种复杂性的能力，即在复杂多变的环境中纵观全局,辨清各种要素,抓住问题的实质,权衡利弊和风险程度,从而做出正确的决策的能力。在实际中,越是高层的管理者越需要具备概念技能。

(2)人际技能

人际技能是指与人共事、激励或指导组织中的各类员工或群体的能力,主要包括表达能力、协调能力和激励能力。在实际中,人际技能是所有高层、中层、基层管理者必须掌握的基本技能。

(3)技术技能

技术技能是指使用技术完成组织任务的能力,即从事自己管理范围内的工作所需的技术和方法,也称专业技术能力。在实际中,技术技能对基层管理者特别重要。

以上3种管理者技能,所有的管理者都应具备,只不过不同层级的管理者对这3种管理技能有不同的需求,如图2-2所示。

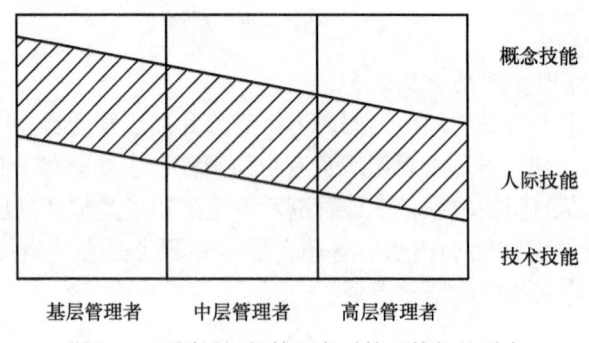

图 2-2 不同层级的管理者对管理技能的需求

4.管理者的角色

管理者的角色是指特定的管理行为范畴。20 世纪 60 年代,加拿大管理学家亨利·明茨伯格(Henry Mintzberg)在分析了 5 位总经理的工作内容之后提出了管理者角色论,即管理者扮演着 10 种不同但高度相关的角色。这 10 种角色可以进一步划分为 3 个方面:人际关系方面、信息传递方面和决策制定方面,如表 2-1 所示。

表 2-1 明茨伯格的管理者角色论

人际关系方面	信息传递方面	决策制定方面
挂名首脑	监听者	企业家
领导者	传播者	混乱驾驭者
联系人	发言人	资源分配者
		谈判者

(1)人际关系方面

人际关系方面包含的挂名首脑、领导者、联系人 3 个角色是所有管理者都要履行的礼仪性和象征性义务,如表 2-2 所示。当工厂领班带领一群学生参观工厂时,他就在扮演挂名首脑的角色。所有的管理者都要扮演领导者角色。联系人角色的任务主要是与提供信息的来源接触。

表 2-2 人际关系方面的角色

角色	描述	活动
挂名首脑	象征性的首脑,必须履行许多法律性的或社会性的例行义务	迎接来访,签署法律文件
领导者	负责激励和动员下属,担负人员配备、培训和交往的职责	从事有下级参与的活动
联系人	维护自行发展起来的外部接触和联系网络,向人们提供恩惠和信息	发感谢信,从事有外部人员参加的活动

（2）信息传递方面

信息传递方面包含监听者、传播者、发言人 3 个角色,是指所有的管理者在某种程度上,都从外部的组织或机构接受和收集信息,如表 2-3 所示。

表 2-3 信息传递方面的角色

角色	描述	活动
监听者	寻求和获取各种特定的信息;作为组织内部和外部信息的神经中枢	阅读杂志,与他人谈话
传播者	将从外部人员和下级那里获得的信息传递给组织的其他成员	举行信息交流会,打电话
发言人	向外界发布有关组织的计划、政策、行动、结果等信息	举行董事会,向媒体发布信息

（3）决策制定方面

决策制定方面包含企业家、混乱驾驭者、资源分配者和谈判者 4 个角色,如表 2-4 所示。

表 2-4 决策制定方面的角色

角色	描述	活动
企业家	寻求组织和环境的机会,制定改进方案以发起变革,监督某些方案的策划	制定战略,检查会议决议的执行情况,开发新项目
混乱驾驭者	当组织面临重大的、意外的动乱时,负责采取补救行动	制定战略,检查陷入混乱和危机的时期
资源分配者	分配组织的各种资源,批准所有重要的组织决策	调度、询问、授权,从事涉及预算的各种活动
谈判者	在主要的谈判中作为组织的代表	参与工会,进行合同谈判

2.2 基本管理理论

自从有了人类活动,就有了管理。古希腊学者苏格拉底明确提出了"管理具有普遍性"这一观点。中世纪的欧洲出现了早期的生产流水线和复式记账法。西方工业革命以后,要求机器大工业的管理必须采用新的科学方法,从而零星出现了一些有价值的管理思想和管理技术,但未成体系,管理还没有真正形成一门独立的学科。到19世纪末20世纪初,伴随着市场经济、工业生产、产品竞争的发展,管理理论开始产生,先后出现了古典管理理论、行为科学理论、现代管理理论,并迎来了管理理论的新发展。

2.2.1 古典管理理论

古典管理理论产生于19世纪末20世纪初,主要包括美国弗雷德里克·温斯洛·泰勒(Frederic Winslow Taylor)创建的科学管理理论、法国亨利·法约尔(Henri Fayol)创建的一般管理理论和德国马克斯·韦伯(Max Weber)创建的行政组织理论,由此形成了比较系统的管理理论。

1. 科学管理理论

科学管理理论诞生于19世纪末,是由美国工程师泰勒在工业企业中进行了一系列研究和实验的基础上提出来的。科学管理理论的提出,标志着管理学作为一门学科正式出现。泰勒亦被西方誉为"科学管理之父"。

(1) 科学管理理论的指导思想

科学管理理论主要关心的是提高企业组织下级作业层的效率问题。泰勒提出了4项原则:对工人操作的每个动作进行科学研究,用以替代以前的老经验;科学地选拔和培训工人,使他们获得更大的成就;雇主与工人密切合作,共同完成生产任务;明确职能划分,将管理人员和工人的工作分开。

> **视野拓展 2-1**
>
> **搬铁块实验和铁铲实验**
>
> (1) 搬铁块实验:作业方法的标准化
>
> 1898年,伯利恒钢铁厂的原材料是由一组记日工搬运的,工人每天挣1.15美元的标准工资,每天搬运的铁块重量有12~13吨。泰勒从75名工人中挑中了一个叫施密特的人,要求这个人按照标准的工作方法开展工作。施密特开始工作后,第一天很轻松就搬了47.5吨,拿到了1.85美元的工资。渐渐地,其他工人也按照这种方法来搬运,劳动生产率提高了很多。采用计件工资制后,工人每天的搬运量都达到了47.5吨,工资也提高到1.85美元/天。
>
> (2) 铁铲实验:工具的标准化
>
> 泰勒发现工厂中的工人们都是自带铁铲,这些铁铲大小不一,任何工作都用同一个铁铲。经过研究,泰勒发现,当铁铲的负荷量为21磅时,工人的工作效率最高,故应统一准备几种大小不同的铁铲,以备在不同工作中使用。

(2) 科学管理理论的主要内容

科学管理理论包括8项主要内容:①制定科学的工作定额;②为每项工作挑选"一流

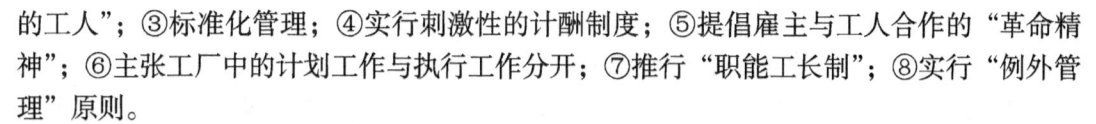

的工人"；③标准化管理；④实行刺激性的计酬制度；⑤提倡雇主与工人合作的"革命精神"；⑥主张工厂中的计划工作与执行工作分开；⑦推行"职能工长制"；⑧实行"例外管理"原则。

（3）对科学管理理论的评价

科学管理理论既为管理思想的发展做出了贡献，也存在若干难以避免的局限。其贡献是：强调以科学方法代替传统经验；强调了时间对管理的巨大作用；研究了一系列有助于提高管理效率的技术和方法。局限是：对工人的认识不足，忽视了人的能动作用；内容局限于工厂的车间一级，仅解决了具体作业的效率问题，而忽视了组织作为一个整体进行有效管理的问题。

2．一般管理理论

一般管理理论正式形成于 20 世纪初，法国的亨利·法约尔在其出版的名著《工业管理与一般管理》（*Administration Industrielle Et Générale*）中提出了该理论。

（1）一般管理理论的主要内容

一般管理理论的主要内容可以概括为 3 句话：企业的 6 种基本活动，管理的 5 项职能，管理的 14 项原则。

① 企业的 6 种基本活动包括技术活动、商业活动、财务活动、安全活动、会计活动和管理活动。在这 6 项活动中，管理活动是核心，其余 5 项活动也需要管理。

② 管理的 5 项职能包括计划职能、组织职能、指挥职能、协调职能和控制职能。

③ 管理的 14 项原则包括劳动分工、权力与责任、严明的纪律、统一指挥、统一领导、个人利益服从整体利益、人员的报酬、集权、等级制度、秩序、公平、人员的稳定、首创精神、人员的团结。法约尔认为，没有原则，人们就会处于黑暗和混乱之中，但是应让原则摆脱死板的概念。由机智和经验合成的掌握尺度的能力是管理者的主要才能之一。

（2）对一般管理理论的评价

法约尔一般管理理论的提出，在管理思想史上具有划时代的意义。其贡献是：第一次全面、系统地概括和阐述了管理的一般原理，为管理学的发展和管理教育奠定了基础；第一次系统、明确地划分了管理的职能，概括了管理的原则，为管理学的发展建立了理论框架。局限是：一般管理理论体系一定程度上忽视了决策职能和人事管理；法约尔提出的具体的职能和原则有待进一步研究、修止和发展。

3．行政组织理论

行政组织理论是 20 世纪初由德国的马克斯·韦伯提出的。在他的代表作《社会组织与经济组织理论》一书中，明确提出了"理想的行政组织理论"。这部著作是管理思想演进史上第一部关于组织理论的重要著作，具有重要的作用，韦伯也因此被尊称为"组织理论之父"。

（1）"理想的行政组织"描述

"理想的行政组织"是便于理论分析的一种标准模式，是组织的"纯粹形态"。这种组织模式是实践中各种组织形态的抽象和综合，适用于各种组织和团体。"理想的行政组织"是符合理性原则的高效、精确、稳定、可靠、纪律严明的组织。

（2）关于"权力"的分类

权力有 3 种类型：合理合法的权力、传统的权力、个人魅力型权力。合理合法的权力是指依法任命并赋予行政命令的权力；传统的权力是指历史上沿袭下来的，以执行权力者的地位的正统性为依据的权力；个人魅力型权力是指以对某个人特殊的、神圣的、英雄主义的忠诚、热爱和崇拜为依据的权力。

（3）"理想的行政组织"的特征

"理想的行政组织"的特征有：

① 劳动分工，把工作分解，明确每个人的权力和责任。
② 权力体系，按权力等级排列职位，上级指挥下级。
③ 正规选择，通过正式考试挑选组织成员。
④ 规章制度，规范管理者和员工的行为。
⑤ 非人格化，组织的规章制度适用于每个组织成员。
⑥ 职业导向，管理者是专业的人员而非组织的所有者。
⑦ 人员委任制，原则上管理人员是被任命的而不是选举出来的。

（4）对行政组织理论的评价

韦伯的行政组织理论的贡献是：建立了一个理性的、不受个人情感影响或尽量少受个人情感影响、强调规则而非个人、强调效率而非偏爱的组织体系。在 20 世纪初期，用这种科学、理性的观念研究组织理论对于克服当时组织中任人唯亲、人浮于事、组织涣散的弊端十分必要。韦伯的组织理论至今仍是管理组织理论的重要内容之一，其组织模式已成为"机械式"组织设计的样板。局限是：过分强调权威，压制下属的创造性；过多的规章制度常常有负面作用；组织信息沟通不便；组织缺乏弹性；无法充分发挥员工的能动作用；人员的提拔、任命经常出现问题，等等。

2.2.2 行为科学理论

行为科学理论是管理学中对人的因素研究得较多的理论。早在管理学正式诞生之前，许多学者和实际工作者就注意到了管理实务中人的因素的重要性。在 20 世纪 20 年代，一次偶然的实验引发了整个管理学界对组织中人的因素的全面研究。

1. 霍桑实验与人际关系理论

1924 年，美国国家科学委员会赞助支持一些管理学家在美国芝加哥城郊西方电器公司的霍桑工厂进行了实验。实验持续了 8 年，分为两个阶段。第一个阶段是研究车间照明度与工作效率间的精确关系，结论是：照明度只是影响工作效率的一种因素，而且是一种并不重要的因素；影响工作效率的因素太多，一时难以详细研究。第二个阶段由美国哈佛大学的乔治·埃尔顿·梅奥（George Elton Mayo）组织，主要从继电器装配实验、大规模的访谈计划、绕线组实验方面开展实验，对工厂中人的因素进行了研究。

通过实验，梅奥总结出以下结论：

① 工人是"社会人"而不是"经济人"，金钱也不是决定工作效率的唯一因素。
② 工人的工作士气是影响工作效率的重要因素之一。
③ 组织中存在非正式群体，他们影响着内部成员的行为。

④ 人的行为与人的情感有密切的关系，管理人员要更多地关心工人、理解工人，在组织中建立良好的人际关系，提高工人满意度。

以上结论构成了人际关系理论的核心。梅奥在 1933 年发表的名著《工业文明的人类问题》(The Human Problems of an Industrial Civilization)中对人际关系理论进行了充分阐述，为管理思想的发展开辟了新的领域，也为管理方法的变革指明了方向，促成了管理上的一系列变革。

> **视野拓展 2-2**
>
> **霍桑实验的内容**
>
> （1）继电器装备实验
>
> 这项实验的重点在于研究工作条件对工作效率的影响。在实验过程中，研究小组分期改变工人的工作条件，如增加工间休息、供应免费茶点、缩短工作时间、个人计件付酬等。经过长期研究，研究人员发现，外部工作条件并没有对工作效率的提高产生明显的影响；工作效率的提高主要来自工人工作士气的提高和人际关系的改善。
>
> （2）大规模访谈计划
>
> 在 1928 年 9 月至 1930 年 5 月一年多的时间内，研究人员对工厂近两万名工人进行了访谈。在实验中发现，工人在谈话中对研究者事先拟订的提纲中的问题不感兴趣，他们更喜欢对其他问题发表意见。同时研究人员还发现，工人对个人问题的关心可能会影响工作效率。
>
> （3）绕线组实验
>
> 研究人员在车间挑选了 9 名绕线工、3 名焊接工和 2 名检验工组成实验组并观察他们的工作。在观察中，研究人员发现了以下几个问题：工作中工人有自行限制产量的行为；工人对不同级别的管理人员的态度不同；工作小组中存在非正式群体。

2．行为科学理论的建立和完善

行为科学理论在人际关系理论的基础上加深了对社会学、人类学、政治学等相关领域管理中人的因素的研究。在 1949 年美国芝加哥召开的一次跨学科讨论会上，诞生了一门独立学科——行为科学。后期行为科学运用范围极广，取得了丰硕的研究成果，并广泛运用于政治、经济、军事、教育等多个领域。

到了 20 世纪 60 年代，有些专门研究行为科学在组织管理中的应用的学者提出了"组织行为学"这一概念。组织行为学是把行为科学的一般原理应用于组织管理领域，研究组织中人的心理和行为的规律性，提高管理者对组织成员行为的预测、引导和控制能力，以实现组织既定目标的一门学科。组织行为学的诞生，标志着管理领域对人的因素的研究达到了一个新的高度。目前，组织行为学领域的研究主要包括个体行为研究、群体行为研究和组织行为研究。

2.2.3　现代管理理论

管理理论自产生以来，经过几十年的迅速发展，出现了众多理论学派，其中具有代表性的学派如表 2-5 所示。到了 20 世纪 60 年代初，开始形成了众说纷纭、莫衷一是的局面，并延至 20 世纪 80 年代。管理学家哈罗德·孔茨（Harold Koontz）形象地把这一时代称为"现代管理理论丛林"，并在他的《管理理论的丛林》（1961）一文中将当时管理学界的主要观点划分为 6 个主要学派。将近 20 年后，他又在《再论管理理论的丛林》（1980）中根据管理理论后来的发展将其扩展为 11 个主要学派。

表 2-5 现代管理理论的代表性学派

学 派	代 表 人 物	主 要 思 想
管理过程学派	孔茨、奥唐纳	无论是什么性质的组织，管理人员的职能都是共通的
经验主义学派	德鲁克、斯隆	通过分析经验（指案例）来研究管理学问题
系统管理学派	巴纳德、卡斯特	组织是一个开放的社会技术系统
决策理论学派	西蒙	管理就是决策
管理科学学派	伯法、布莱克特	运用数学符号和公式进行计划决策和解决管理中的问题
权变理论学派	卢桑斯、明茨伯格	组织管理没有绝对正确的方法，要视组织的实际情况和所处的环境而定

2.2.4 管理理论的新发展

在"现代管理理论丛林"后期，由于经济环境、社会环境和科技环境的变化，在管理理论方面又出现了许多新兴的研究成果，下面做简单的介绍。

1．企业战略管理

企业战略管理研究盛行于 20 世纪 70 年代，是指企业根据现状和对未来的预测而为自身的未来发展制定的全局和长远的谋划，具备全局性、长期性和竞争性的特征。关于企业战略的研究成果有很多，其中具有代表性的成果主要有迈克尔·波特（Michael E. Porter）的五力分析模型和亨利·明茨伯格归纳的战略管理理论十大学派。

2．跨国管理研究

20 世纪 80 年代以后，政治局势的相对稳定为世界经济的迅速发展提供了有利环境，企业跨国经营变得越来越普遍，跨国管理研究应运而生。为适应管理实际工作的需要，出现了国际企业管理学和比较管理学两门管理学分支学科。

3．管理中的文化因素

对管理中文化因素的研究始于 20 世纪 70 年代末 80 年代初，企业文化理论在美国兴起以来，管理学界对管理中文化因素的研究越来越多。管理不仅是一门学科，也是一种文化。关于对管理中文化因素的研究，目前主要有两个方面：组织文化与跨文化管理。

4．管理伦理

管理中包含伦理因素，管理与伦理有着内在的一致性和相关性。伦理学从其诞生之日起，就包含了对人的行为和思想，以及人际关系、人与社会关系的调节和管理作用。随着管理实践的发展和管理研究的深入，有关管理伦理或商业伦理的研究越来越多。

5. 企业流程再造

企业流程再造是以企业业务流程为改造对象，以客户需求和满意度为目标，对现行业务流程进行根本的再思考和彻底的再设计，并且利用先进的制造技术、信息技术及现代化的管理手段，最大限度地实现技术上的功能集成和管理上的职能集成，从而实现企业在经营成本、质量、服务和速度等方面的巨大改善。企业流程再造作为一种管理思想，打破了业务实施的传统方式，为企业快速提高业绩和客户服务满意度做出了贡献。

6. 知识经济与管理创新

知识经济是指以知识为基础的经济。知识经济条件下的管理创新体现出以下几大趋势：①顾客服务个性化；②管理决策知识化；③生产过程柔性化；④企业经营虚拟化；⑤组织规模小型化；⑥组织架构扁平化；⑦建设学习型组织；⑧注重人力资源开发；⑨强调应变能力；⑩追求尽可能分权。

2.3 物流企业管理的基本职能

物流企业管理的基本职能是管理理论的重要组成部分，是指物流企业管理所具有的作用和功能。物流企业管理主要包含 4 项基本职能：计划职能、组织职能、领导职能和控制职能。

2.3.1 计划职能

1. 计划职能的含义

计划职能是指物流企业为了实现组织所追求的目标，预先进行的合理的行动安排。通常用 5W1H 来表示计划的内容，即：做什么（What）、为什么做（Why）、何时做（When）、何地做（Where）、谁去做（Who）、怎么做（How）。

2. 计划职能的作用

计划职能能够为物流企业指明方向和目标，协调企业的组织活动；预测未来变化，发现机会与威胁；方便企业高效率地使用资源，减少浪费；帮助企业设立工作标准，为物流企业实施控制提供依据。

3. 计划职能的特征

计划职能的特征可以概括为目的性、首要性、普遍性、效率性和创新性 5 个方面。具体来说，物流企业制订计划是为了有效地实现其目标；计划职能在物流企业管理职能中处于首要位置；计划职能是物流企业组织中各级管理者的一个共同的职能；物流企业制订计划要确保实现目标的最优资源配置方案；物流企业的计划必须根据对未来情况的预测和分析，不断进行创新。

2.3.2 组织职能

组织职能是物流企业的管理者为实现组织目标而协调成员活动的一切工作的总称。物流企业的组织职能包含组织结构设计与再设计，集权与分权，人员配备，组织文化创建、保持和调整，组织发展与组织变革5个方面的内容。

① 组织结构设计与再设计是根据组织的特定目标为其设计一套组织机构和职位系统。包含组织中的职务分析与设计、部门层次划分和整体结构的形成。在进行初次结构设计之后，还要根据内外部环境的变化及组织目标和组织战略的调整对组织结构进行适当的调整。

② 集权与分权是相对的，即现实中的组织既不存在绝对的集权，也不存在绝对的分权。其中，集权是指组织中职位权力主要集中在较高的管理层级；分权是指组织中的职位权力很大一部分分散在较低的管理层级。

③ 人员配备是指在搭建了组织框架、设计了职位系统之后，应为组织中的每个职位配备相应的符合要求的人员，包括人员的选聘、人员的培训、人员的考评与激励等。

④ 组织文化创建是指任何一个组织都会在特定的条件下形成自己特有的文化。组织文化会在各个方面影响组织的运转和组织成员的行为，保持良好的组织文化、调整不好的企业文化有助于实现组织的目标。

⑤ 组织发展与组织变革是指组织要实现从小到大、从弱到强的成长发展，就必须依据外部环境和内部条件的变化适时调整其目标与功能，不断对组织自身的结构、人员、流程等各个方面进行变革。

> **§知识链接 2-2**
> **影响组织集权与分权程度的因素**
> 影响组织集权与分权程度的因素主要有以下几个：①组织外部环境的灵活程度与有利程度；②组织的规模与空间分布；③组织历史与组织文化；④管理者的个性与素质；⑤职责与决策的重要程度；⑥控制技术的先进程度。

2.3.3 领导职能

1. 领导职能的含义和特点

领导职能是指在物流企业目标既定的条件下，领导者行使权力，发挥影响，引导组织或群体成员为实现组织或群体目标而做出努力和贡献的过程与艺术。

领导职能具有以下几个特点：

① 领导者要与组织或群体中的其他人员发生联系。
② 由于领导者承担更多的责任，因此其拥有比其他成员更大的权力。
③ 领导者能够影响被领导者。
④ 领导的最终目的是影响组织或群体成员实现组织目标，而不是树立领导者的个人权威。

2. 领导职能的作用

领导职能作用的发挥直接影响着物流企业其他管理职能的行使，进而决定整个物流企业的运转。具体而言，领导职能的作用主要体现在沟通协调、指挥引导、激励和鼓舞3个方面。物流企业中的管理者应通过有效的沟通和协调，使组织中的成员在思想上和行动上保持步调一致，顺利完成组织目标；领导者应当作为带头人发挥引导作用，用自己的实际行动带领组织成员共同努力；领导者应当激发组织成员的积极性，使组织成员以高昂的士气自觉主动地努力工作。

2.3.4 控制职能

1. 控制职能的含义

控制职能是指对物流企业组织内部的管理活动及其效果进行衡量和校正，以确保组织目标及为此拟订的计划得以顺利实现的管理活动。

控制职能是物流企业管理活动必不可少的基本职能，这是由物流企业组织环境的不确定性、物流企业业务活动的复杂性和物流企业管理活动失误的不可避免性决定的。

2. 控制职能的实施原则

控制职能的实施要求切实有效，一般需要遵循以下原则：
① 控制必须具有明确的目的性。
② 控制应与计划和组织相适应。
③ 控制应突出重点，强调例外。
④ 控制应具有灵活性、及时性和经济性。
⑤ 在控制过程中应避免出现目标扭曲问题。
⑥ 控制工作应注意培养组织成员的自我控制能力。

3. 控制职能的实施过程

控制职能实施的基本过程是相同的，一般包括确立标准、衡量绩效和纠正偏差 3 个步骤，如图 2-3 所示。确立标准是要建立起一套科学的控制标准，其内容包括数量指标、财务指标、把目标作为指标等；要有较大的稳定性和较强的适应性；在文字表述上要明确具体，便于考核。衡量绩效是指管理者通过适宜的衡量频度、衡量成效，检验标准的客观性和有效性；用预定标准对实际工作的成效和进度进行检查、衡量和比较，在偏差产生以后迅速采取必要的纠偏行动。纠正偏差就是在衡量工作绩效的基础上，发现计划执行中出现的偏差，分析偏差产生的原因，确定纠偏措施的实施对象，选择恰当的纠偏措施。

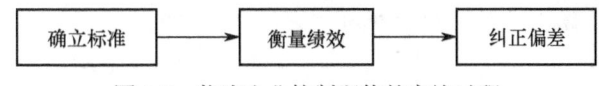

图 2-3 物流企业控制职能的实施过程

课后习题

一、判断题

1．管理的本质就是从事管理工作的人通过他人并使他人与自己一起实现组织的目标。
（　　）

2．管理的基本职能包括计划职能、组织职能、领导职能、控制职能和战略职能。

3．管理的二重性是指科学性和艺术性。　　　　　　　　　　　　　　（　　）
4．管理者的角色可以分为人际关系角色、信息传递角色和决策制定角色3类。
　　　　　　　　　　　　　　　　　　　　　　　　　　　　　　（　　）
5．权变理论学派将数学、统计学的方法引入了管理学。　　　　　　（　　）

二、单项选择题

1．对企业资源进行计划、组织、领导、控制以有效地实现组织目标的过程称为（　　）。
　　A．管理　　　　　B．组织　　　　　C．战略计划　　　D．激励
2．管理人员通过一系列基本管理职能来实现组织目标，以下不属于管理职能范畴的是（　　）。
　　A．组织职能　　　B．控制职能　　　C．领导职能　　　D．经营职能
3．管理者在作为组织的官方代表对外联系时，他扮演的角色是（　　）的。
　　A．信息情报方面　B．决策方面　　　C．人际关系方面　D．业务经营方面
4．对基层业务管理人员而言，其管理技能侧重于（　　）。
　　A．技术技能　　　B．财务技能　　　C．谈判技能　　　D．营销技能
5．中层管理人员的主要工作是（　　）。
　　A．战略管理　　　B．现场管理　　　C．组织协调　　　D．开拓创新

三、多项选择题

1．管理的二重性是指（　　）。
　　A．艺术性　　　　B．科学性　　　　C．自然属性　　　D．社会属性
2．管理者应当具备的3种基本技能是（　　）。
　　A．技术技能　　　B．财务技能　　　C．概念技能　　　D．人际技能
3．在管理角色理论中，以下属于信息传递方面的角色的有（　　）。
　　A．谈判者　　　　B．监听者　　　　C．发言人　　　　D．传播者
4．以下（　　）属于法约尔的管理14项原则内容。
　　A．劳动分工　　　B．统一指挥　　　C．统一领导　　　D．等级制度
5．以下（　　）属于韦伯的权力分类内容。
　　A．合理的权力　　　　　　　　　　　B．传统的权力
　　C．个人魅力型权力　　　　　　　　　D．合法的权力

四、简答题

1．管理的二重性是什么？
2．管理者扮演的角色有哪些？
3．管理者必须具备哪些技能？
4．怎样理解管理既是一门科学，又是一门艺术？
5．泰勒的科学管理理论的内容是什么？

任务实训

1. 实训目的

理解物流企业中管理者的技能、角色等相关概念,分析物流企业在实际中有关计划、组织、领导、控制职能的实施情况。

2. 背景材料

王经理的一天

A物流公司是一家拥有150多名员工的中型物流企业。公司下设运输、仓储、销售、行政4个部门,公司总经理王峰的工作特别繁重和琐碎,以下是王经理一天的重要工作。

早上8:00,王峰翻阅秘书送来的报告和报表,发现连续2个月的顾客投诉率都在上升,他准备在第二天的例会上重点解决这个问题。

看完报告和报表,王峰到车队查看,发现实习生小张在记录车辆调度信息时记录得不够清晰,当即给予了纠正,并鼓励大家加把劲,冬天运输注意安全。

上午11:00,王峰在回办公室的路上平息了一起"火情"。销售部小马正在闹离职,王经理上前了解情况,原来小马因为不满公司的奖金分配制度而与销售部经理理论,王峰告诉小马明年公司将进一步完善目标管理活动,"大锅饭"的问题很快会得到解决,事实上计划已经在制订中,只是还需要在年终总结会上商讨细节。

中午12:00,根据预先的安排,王峰和一位客户共进了午餐,讨论明年的合作事宜。

下午2:00,王峰主持了公司领导和各部门主管参加的年终总结会。

散会以后,王峰同一个外商签订了一份金额颇大、让两位副总忐忑不安的订单,这需要考验公司的短期生产能力,而王峰早已有了应对方案。

3. 实训任务

从管理职能和管理者角色两个方面分析王峰这一天的工作。

4. 实训步骤

(1)个人阅读/小组分组

老师督促学生进行个人阅读,并让其在课前完成。建议3~5人一组,老师监督分组情况和任务进度。针对学生的特点,在课堂上老师再花费5~10分钟对案例学习要点及相关背景进行简单的陈述。

(2)案例开场白

你认为王经理在具体工作中分别承担了哪些管理职能,扮演了哪些管理者角色?说明你的理由。

(3)小组讨论/报告

该步骤主要在课堂上进行,持续20~30分钟,主要围绕实训任务中的问题展开,学生也可自行增加感兴趣的部分。小组报告的内容应尽可能是小组成员达成共识的内容,对于未达成共识的内容可以单独提出讨论。每个小组将讨论要点的关键词按小组抄写在黑板上的指定位置并进行简要报告,便于课堂上的互动。

（4）师生互动

该步骤主要在课堂上进行，持续 30~40 分钟。老师针对学生的报告和问题与学生互动，同时带领学生对本章关键知识点进行回顾，并了解学生还有哪些问题或困惑，激发学生的学习兴趣，使学生自觉在课后进一步查询相关资料并进行系统的回顾与总结。

（5）课后作业

根据课堂讨论，要求每位学生进一步回顾本章知识点，以小组为单位形成正式的实训报告。报告要观点鲜明、思路清晰、逻辑严密、论证翔实。

（6）考核

老师根据学生的课堂表现和实训报告质量，评定实训成绩。

第 3 章
物流企业的组织管理

学习目标
- 掌握物流企业组织工作的含义、作用及基本程序。
- 了解物流企业组织结构的含义、基本内容及类型。
- 了解物流企业组织设计的含义、任务、基本原则,以及物流企业组织不同的权力设计。
- 了解物流企业组织文化的含义、特征、内容和构成。

引 例

中国对外贸易运输公司组织机构的管理

中国对外贸易运输公司(以下简称中外运公司)的物流业务种类很多,并且是跨区域、跨国作业。因此,中外运公司的组织机构要随着物流市场的变化随时进行重组,这样各地分公司不仅可以独立处理自己的业务,而且各层级管理者可以依据权限划分进行决策;总公司可以进行实时监控,保证数据的准确性及时性。中外运公司还提出了组织机构的实效性概念,灵活定义各机构之间的上下级关系,并且所有的组织机构都有生存时效,同时保留全部历史机构的数据。在不同的组织机构有效期内,采用相应的组织机构进行各项业务处理,从而完全满足中外运公司物流活动的需求。

辩证与思考:
中外运公司在哪些方面体现了组织机构的管理?

答案解析:
首先,中外运公司随着物流市场的变化随时进行组织机构重组。其次,总公司实行实时监控。同时,中外运公司还提出了组织机构的实效性概念,灵活定义上下级关系,提出生存时效,保留历史数据。

物流企业的组织是管理者为实现组织目标而协调成员活动的一切工作的总称，是管理者对资源进行的制度化安排，反映了物流企业中正式的活动关系、权力关系和信息流动关系，直接影响企业的运转效果，进而决定组织目标是否能够顺利实现。

3.1　物流企业的组织工作

物流企业的组织工作包含以下 4 个方面的内容：①根据计划的目标，列出实现目标所必须进行的工作和活动，并设置相应的部门和人员来分别负责这些工作和活动；②制定各部门和人员的权力及责任范围，还有组织内人员之间的权责关系，明确各项工作之间的上下左右协调关系；③制定一系列能够保证组织良好运转的制度，使其发挥最大的组织效能；④推进组织的协调与变革，根据组织内外部要素的变化，适时地调整组织结构和人员。

3.1.1　物流企业组织工作的含义

物流企业的组织是指按照一定的目的、任务和正式结构建立起来的社会实体。如果只需一个人就能完成某项工作，那么就不需要组织。如果一个人无法完成某项工作，需要多个人共同完成，就需要对这些人进行合理的分工与合作，这就是组织工作。物流企业组织工作的结果就是在物流企业内部形成一个分工合理、团结一致的组织。

3.1.2　物流企业组织工作的作用

物流企业组织工作的作用主要体现在以下几个方面。

1. 实现组织的目标

通过物流企业的组织工作有助于实现组织的目标，即通过实施物流企业的组织工作，在适当的时候把适当的人放在适当的位置上，也就是把组织活动的各个要素、各个环节，从时间和空间上组合成纵横交错的关系网，使每个成员都能职责分明地工作，为实现组织的目标提供重要保障。

2. 形成整体的合力

通过物流企业的组织工作可以形成物流企业的整体合力，因为对整个组织而言，个人的力量是渺小的，只有把物流企业内部的所有员工组织起来，互相协作，才能把个人的力量汇集起来，发挥整体力量的优势。物流企业的组织工作就是通过各种形式把个人的力量汇聚成整体的力量，借助整体的力量，使人们在复杂的环境中实现个人的价值，同时也使整体有效地发挥个人的力量，从而实现其目标。

3. 提升个人和整体的能力

通过物流企业的组织工作可以提升个人和整体的能力。当个人汇集成整体之后，个人的能力和整体的能力就会发生变化，整体的能力有可能等于组成整体的个人能力的简单相加，也可能大于或小于个人能力之和。物流企业组织工作可以使整体的能力大于组成整体的所有个人能力之和,即"整体大于部分之和",这既是对个人能力的超越,也是对整体能力的超越。例如,一个人无法推动一块巨石,而两个人或多人合力就能推动这块巨石,此时他们就会认识到两个人或多人的力量大于一个人的力量,他们之间就会建立起一种协作关系,并且逐步延续和扩展这种关系。

3.1.3 物流企业组织工作的基本程序

物流企业组织工作的基本程序可以分为 3 个阶段、7 个环节,如图 3-1 所示。其中,3 个阶段是指组织设计、组织运作和组织变革;7 个环节是指明确组织目标、确定业务内容、建立组织结构、进行工作分析、配备人员、有机组合和反馈修正。

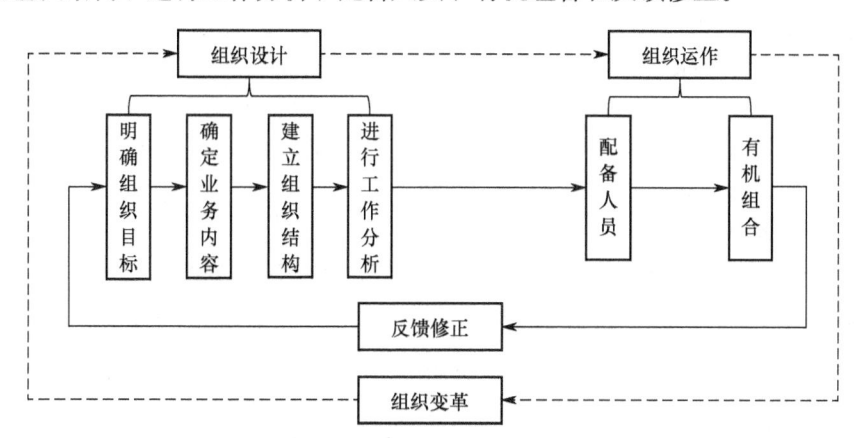

图 3-1 物流企业组织工作的基本程序

1. 物流企业组织工作的 3 个阶段

(1) 组织设计

组织设计阶段是物流企业组织工作中最重要、最核心的一个环节,通过对组织成员在实现组织目标过程中工作的分工协作关系做出正式、规范的安排,以建立一种有效的组织结构框架。组织设计阶段的目的是形成实现组织目标所需要的正式组织。

(2) 组织运作

组织运作阶段是指使设计好的物流企业组织运行和运转起来。首先,物流企业需要合理地选聘人员,并鼓励上级人员向下级人员妥当授权,下级人员向上级人员全面负责,同时积极有效地进行上下左右的信息沟通与联系。其次,物流企业要将制定好的各种规章制度落到实处,使之成为规范和约束人员行为的有效标准,以实现组织运行的正常化、规范化和制度化。

(3) 组织变革

组织变革阶段是指对物流企业组织的调整、改革与再设计,属于组织工作过程中的反馈修正环节。当物流企业在运行中发现前述步骤中的不完善之处,或者当环境中出现了新的情况而引起企业目标的修正时,就要对原有的组织设计进行修改,以提高组织的效能,增强组织的适应性。

2. 物流企业组织工作的 7 个环节

（1）明确组织目标

明确组织目标是物流企业组织工作的基本出发点，任何组织都是实现其特定目标的工具，如果没有目标，组织就失去了存在的意义。因此，物流企业组织工作的首要任务就是明确在计划工作中提出的目标。

（2）确定业务内容

确定业务内容就是分解组织目标，依据物流企业组织目标的要求，确定为完成组织目标所必须进行的业务管理工作的内容，明确各类活动的范围界限和大概工作量，进行业务活动的总体设计，使总体业务活动程序优化。

（3）建立组织结构

建立组织结构是指依据物流企业的组织规模、内外部环境、技术特点、业务量的大小，借鉴同类其他组织设计的经验教训，研究应采取什么样的管理组织形式，需要设计哪些部门，并根据业务的性质、业务量的大小，把性质相同或相近的管理业务工作划归适当的部门负责，建立层次化、部门化的组织结构。

（4）进行工作分析

进行工作分析是指物流企业依据组织目标的要求进行工作分析，以规定各部门及其责任者对其管理业务工作应负的责任及考核工作绩效的标准；依据搞好业务工作的实际需要，赋予各部门及其责任者相应的权力；建立各种管理规范和运行制度。

（5）配备人员

配备人员是指物流企业依据工作分析提出的任职条件和资格，挑选、配备人员，并明确其职务、职权和职责。

（6）有机组合

有机组合是指通过明确规定各部门之间的相互关系，以及它们之间信息沟通、协调控制的原则、方法和手段，把各组织单元上下左右有机地组合起来，建立一个能够即时沟通协调、高效运作的管理组织系统。

（7）反馈修正

反馈修正是指在物流企业组织运行过程中，会不断出现新问题、新情况，因此需要对原有组织结构适时进行修正，使其不断完善。

视野拓展 3-1

故事新编：三个和尚有水喝

一座寺庙过去是"一个和尚挑水吃，两个和尚抬水吃，三个和尚没水吃"，现在却是"三个和尚水多得吃不完"。这是怎么回事呢？原来是这座寺庙进行了组织工作的创新。

创新模式一：三个和尚商量，每人挑一段路。第一个和尚从井边挑到半路停下来休息，第二个和尚继续挑，又转给第三个和尚。第三个和尚把水挑回寺庙倒进缸里，把空桶带回井边再接着挑。如此往返，大家都不累，水缸里的水很快就满了。这是协作的办法，也叫"机制创新"。

创新模式二：三个和尚都去挑水，谁挑得多，晚上吃饭就加一道菜；谁挑得少，就只能吃白饭，没菜。三个和尚拼命去挑水，不一会儿水缸里的水就满了。这个办法叫"管理创新"。

创新模式三：三个和尚觉得天天挑水太累了，于是他们想办法把山上的竹子砍下来，把竹心掏空后连在一起，把井口和水缸贯通。然后他们又买了一个辘轳。第一个和尚把一桶水摇上来，第二个和尚往竹筒里倒水，第三个和尚休息。三个和尚轮流换班，不一会儿水缸里的水就满了。这个办法叫"技术创新"。

3.2 物流企业的组织结构

物流企业组织结构的形式取决于企业的规模、经营内容、企业人员素养、经营管理水平和企业内外部环境等多种因素。同时，物流企业组织结构的形式是随着企业整体及企业管理的科学化、现代化发展而不断变化的。另外，物流企业的所有制不同，其组织管理形式也会有所不同。

3.2.1 物流企业组织结构的含义

物流企业的组织结构是指物流企业组织内的全体成员为实现组织目标，在管理工作中进行分工协作，通过职务、职责、职权及相互关系构成的结构体系。简单地讲，物流企业的组织结构就是物流企业中成员的职、责、权关系，因此又可称为物流企业组织的权责关系，其本质是组织成员之间的分工协作关系。

3.2.2 物流企业组织结构的基本内容

物流企业的组织结构具体包含横向结构和纵向结构两部分内容。

1. 横向结构

横向结构包括职能结构和部门结构。职能结构指的是组织有多少项业务，以及各业务之间的关系；部门结构指的是组织有多少个部门，以及各部门之间的关系。

一个企业可能有很多项业务，因此可能有很多个部门，一个部门可能承担一项业务，也可能承担多项业务。因此，业务的数量和部门的数量不一定是相等的。例如，一个企业有采购、销售、生产、技术、后勤、人事等不同的业务，为此，该企业设置了财务部、经销部、生产部、技术部、后勤部、人事部等业务和职能部门，它们的工作任务都是为实现企业的总体目标服务的，但各部门的权责关系各不相同。

2. 纵向结构

纵向结构包括层次结构和职权结构。层次结构是指管理层次的构成；职权结构是指各层级、各部门在权力和责任方面的分工及相互关系。例如，某一物流企业纵向形成了总经理（1人）、副总经理（3人）、部门经理（6人）、科室主任（若干）4个管理层级，不同的层级具有不同的权限和职责。

3.2.3 物流企业组织结构的类型

物流企业的组织结构受物流企业规模、技术的复杂程度、专业化协作水平、管理水平和员工素质等因素的影响,并随着物流企业经营活动的发展而不断演变。物流企业组织结构设计的优劣直接影响物流企业的经营业绩。根据对物流的任务和职权进行分解、组合,物流企业的组织结构可分为以下 5 种类型:直线制、直线职能制、事业部制、矩阵式和网络型。

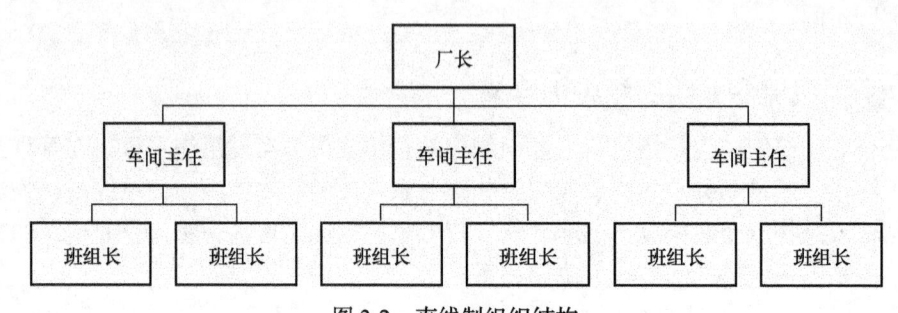

1. 直线制组织结构

直线制组织结构,又称"单线制"或"简单制"组织结构,是一种最早出现的结构形式,最初广泛应用于军事组织。如图 3-2 所示,直线制组织结构的各管理职位按垂直系统排列。组织的一切活动都由直线主管直接指挥,组织中不设专门的参谋人员和机构,至多只有几名助理协助直线主管工作。

图 3-2 直线制组织结构

直线制组织结构的主要优点是:管理结构简单,管理费用低,权力集中,命令关系清晰,决策迅速,责任明确,反应灵活。但是由于没有实行管理工作的专业化分工,直线制组织结构容易出现以下问题:对各级主管人员要求高,难以找到合适的主管;受主管人员时间、精力和素质的影响,管理简单粗放;组织各部门横向联系差;一旦原任主管人员突然离职,会对组织产生较大的冲击。

由于直线制组织结构自身的优点与不足,这种组织形式在物流企业中只适用于生产规模较小、产品品种单一、工艺和生产管理比较简单、业务性质比较单纯的小型企业,或者现场的作业管理。

2. 直线职能制组织结构

直线职能制组织结构是一种综合了直线制和职能制两种类型组织结构的特点而形成的一种组织结构形式。其特点在于将组织中的管理人员划分为两类:一类是直线指挥人员,他们拥有对下级实行指挥和命令的权力,并对该组织的工作负全部责任;另一类是职能管理人员,他们是直接指挥人员的参谋,只能对下级机构进行业务指导,而不能直接对下级机构进行指挥和命令。直线职能制组织结构把直线指挥的统一化思想和职能分工的专业化思想相结合,在组织中设置纵向的直线指挥系统和横向的职能参谋系统。直线职能制组织结构如图 3-3 所示。

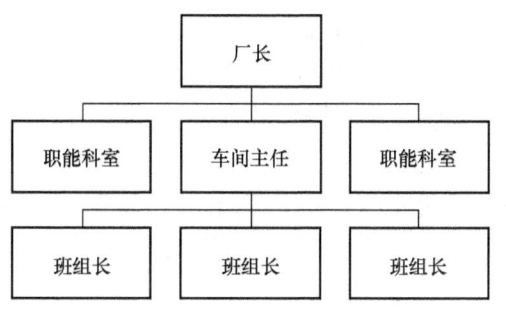

```
              ┌──────┐
              │ 厂长 │
              └──┬───┘
       ┌─────────┼─────────┐
   ┌───┴──┐  ┌───┴───┐  ┌──┴───┐
   │职能科室│  │车间主任│  │职能科室│
   └──────┘  └───┬───┘  └──────┘
         ┌──────┼──────┐
      ┌──┴─┐ ┌──┴─┐ ┌──┴─┐
      │班组长│ │班组长│ │班组长│
      └────┘ └────┘ └────┘
```

图 3-3 直线职能制组织结构

直线职能制组织结构的主要优点在于：既保证了直线制统一指挥的特点，又吸取了职能制的管理工作专业化分工的长处，兼有直线制和职能制的优点。

直线职能制组织结构的主要缺点在于：直线部门与职能部门相互之间可能存在协调困难，造成组织的协调成本上升；职能人员可能产生"隧道视野"，造成部门本位主义等不良影响；不利于培养综合型高级主管；灵活反应能力较低。

由于直线职能制组织结构自身优点突出，这种组织结构形式在实际中得到了广泛运用，特别适用于产品品种不多、工艺技术简单、外部环境相对稳定的中小型物流企业组织。

3．事业部制组织结构

事业部制组织结构最早创建于美国的通用汽车公司，因此又被称为"斯隆制"或"联邦分权制"，是在一个企业内部对具有独立产品市场或地区市场并有独立利益和责任的部门实行分权化管理的一种组织结构形式，如图 3-4 所示。

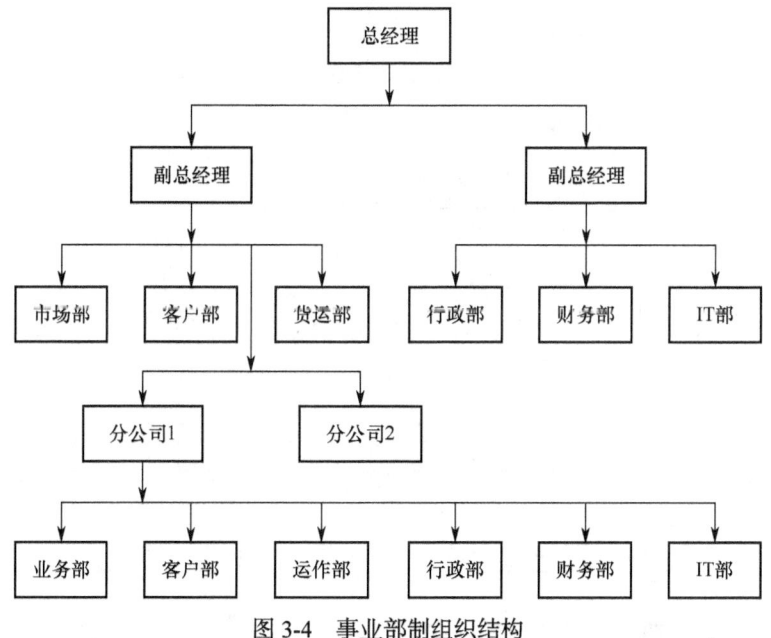

图 3-4 事业部制组织结构

事业部制组织结构的具体做法是：根据产品、地区或顾客等在总公司下设若干事业部，事业部是自主经营、独立核算、自负盈亏的利润中心，自主管理日常经营活动；公司总部负责方针政策的制定，公司重大投资决策、重要人事任免、各事业部利润指标与经营目标的确定，以及事业部的经营绩效考评等重要事务的集中决策，成为公司的投资决策中心；事业部下属的公司分支机构在保证完成事业部分派的具体任务的前提下，考虑如何降低生产经营成本，成为成本中心。

事业部制组织结构的指导思想是：在大型组织内部实行"集中决策、分散经营、协调控制"，实现重要事务集权、日常经营分权，合理地处理公司总部与分支机构之间的责、权、利关系。

事业部制组织结构的主要优点在于：能够较好地处理公司的集权与分权关系，公司总部与事业部之间的责、权、利关系明确、合理；减轻公司高层管理者的工作负担，使他们摆脱日常琐事，集中精力做好重大决策；有利于调动事业部的积极性和主动性；多以利润考评事业部的经营绩效，既能保证公司的稳定收益，也可在事业部之间形成竞争机制；分权管理可以增强公司的灵活性和适应性；便于培养综合型的高级主管。

事业部制组织结构的主要缺点在于：各事业部具有相对独立的经济利益，可能影响公司集中指挥；事业部之间可能出现过度竞争；总部和各事业部的职能机构重复设置，造成管理费用上升；总部与事业部之间的集、分权关系往往难以处理；考评机制和奖惩措施的制定比较复杂；对事业部主管要求较高。

4. 矩阵式组织结构

矩阵式组织结构是在直线职能制的基础上，在各部门之间增设了一个横向指挥系统，成立了多个跨部门的"项目小组"。每个承担特定项目任务的项目小组都包含了从不同职能部门中抽调的多名成员，小组工作由项目经理负责。项目小组中每个成员的行政隶属关系仍在从前的部门，项目组中的工作接受项目经理的指挥。大多数项目组的工作任务是临时的，当项目结束后，小组成员返回原部门。因此，矩阵式组织也被称为"非长期固定性组织"。矩阵式组织结构如图 3-5 所示。

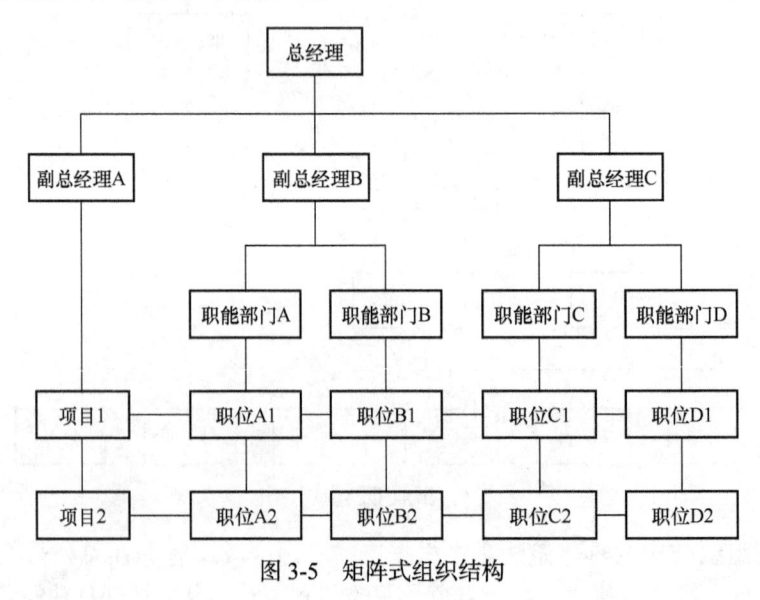

图 3-5 矩阵式组织结构

矩阵式组织结构的主要优点有：加强了组织中的横向联系，克服了职能部门之间相互脱节的弊端；发挥了智力资源的结构优势，小组成员的思想相互激发，可以取得创造性的成果；充分利用组织中现有的人力资源和专用设备，提高了资源的利用效率；有利于克服职能人员的"隧道视野"，提高成员人际技能，培养成员的全局观念和合作精神；提高组织的灵活应变能力和创新能力；便于加强组织中的信息交流。

矩阵式组织结构的主要缺点有：组织中存在双重指挥，不同指挥系统的命令有时会发生冲突；非长期的项目组成员往往有临时观念，责任心不强；项目经理往往责任大于权力，缺少有效的激励和约束手段。

5. 网络型组织结构

网络型组织结构是一种新的组织设计形式，它使物流企业管理过程中对于新环境、新技术及来自外部的各种竞争具有更大的适应性和应变能力。网络型组织结构可以是一种很小的中心组织，依靠其他组织以合同为基础进行研发、设计、分销、营销或其他关键业务的经营。在网络型组织结构中，组织的大部分职能都从组织外"购买"，这给物流企业管理提供了高度的灵活性，并使组织集中精力做其最擅长的事情。

网络型组织结构如图 3-6 所示。某物流企业与材料供应商、运输服务商、配送中心、IT 服务供应商及仓储供应商等以签订合同的方式确定任务内容。该网络型组织结构的核心是一个小规模的经理小组，他们的工作是直接监督公司内部开展的各项活动，并协调与其他制造、分销和执行网络组织的其他重要职能的外部机构之间的关系。从本质上讲，网络型组织结构的管理者将大部分时间都花在协调和控制这些外部关系上。

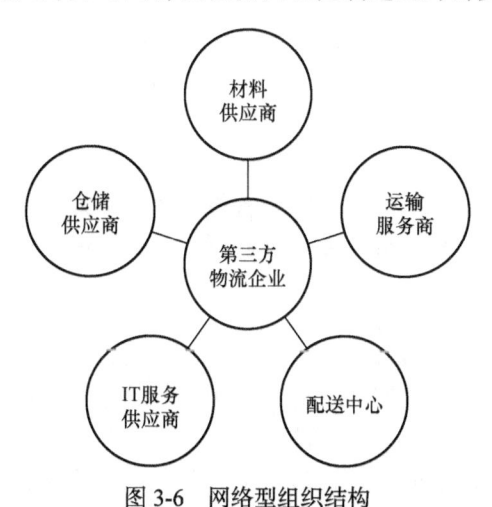

图 3-6 网络型组织结构

> **视野拓展 3-2**
>
> ### 山东锐特物流有限公司的组织结构
>
> 山东锐特物流有限公司是山东省德州市交通部门树立的危化品物流行业标杆企业和物流龙头企业，中国危化品物流行业三大品牌企业之一。该公司以危化品运输和仓储业务为主，自有危化品运输槽罐车辆 260 辆，拥有危化品铁路专运线一条，具备 20 000 立方米的仓储能力，年液体危化品运输量达 85 万吨，覆盖国内 20 多个省、

市、自治区，所有车辆都安装有全球卫星定位系统，可实现 24 小时监控。公司拥有行业内的信息门户类支持平台，其组织结构如图 3-7 所示。

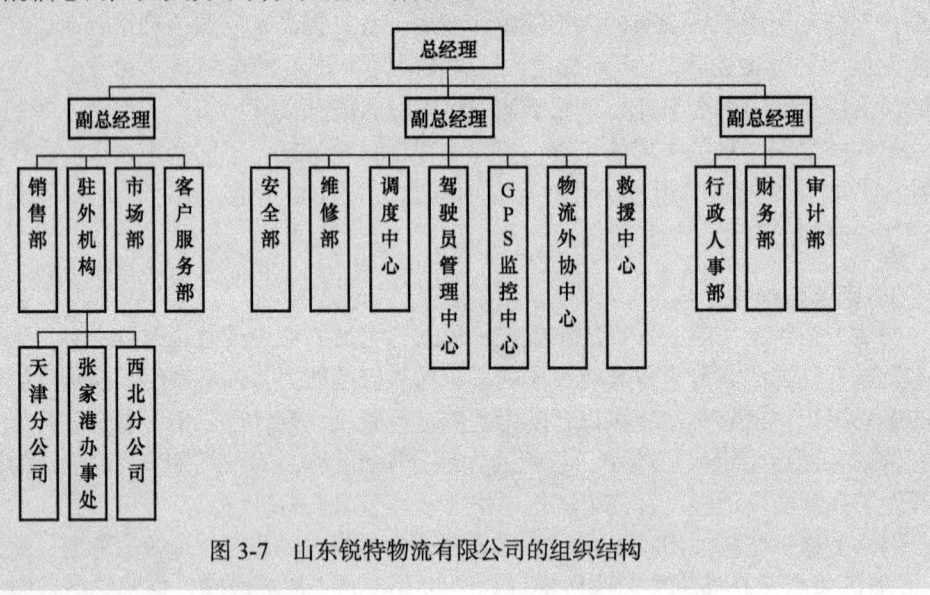

图 3-7　山东锐特物流有限公司的组织结构

3.3　物流企业的组织设计

物流企业的组织结构是企业从事管理活动以实现企业目标的一个协作系统。要有效地进行企业管理，企业组织结构的设计就必须遵循一定的原则。

3.3.1　物流企业组织设计概述

1．物流企业组织设计的含义

物流企业组织设计是指对物流企业组织的结构进行规划、构建、创新或再造，以便从组织的结构上确保组织目标的有效实现。组织设计是一个动态的工作过程，包含众多工作内容。

2．物流企业组织设计的基本内容

物流企业组织设计主要包含职务分析与设计、组织部门划分、组织结构类型选择、人员配备 4 项基本内容。组织结构设计有两种基本过程：自上而下的组织结构设计和自下而上的组织结构设计。自上而下的组织结构设计是指首先选择适当的组织结构类型，然后划分组织部门，最后进行职务分析与设计；自下而上的组织结构设计过程与此恰好相反。

（1）职务分析与设计

职务分析与设计是物流企业组织设计最基础的工作。具体而言，职务分析与设计是指在分解组织目标的基础上，仔细研究组织中的各项作业活动与管理活动，根据组织中的任务确定所需的职务的类型与数量，同时确定每个职务的权力与责任，以及任职人员的素质要求。

（2）组织部门划分

"部门"是指主管人员为完成某一任务而有权管辖的一个特定领域。物流企业组织结构设计要考虑每个职务所从事的工作的性质、内容及职务间的相互联系，划分不同的部门。部门划分有不同的原则，对此将在后文详细介绍。

（3）组织结构类型选择

现代组织有多种组织结构类型，不同类型的组织结构具有不同的设计思想、目的、优点、缺陷和适用条件。在组织结构设计过程中，要根据具体情况在若干种组织结构类型中进行科学选择。

（4）人员配备

人员配备是指为物流企业组织结构中的每个职位配备相应的人员。主要工作内容包括确定人员需要量，根据职位要求选聘、安置合适的人员，以及人员的培训和考评。人员配备工作的核心是使每个职位都有合适的人员，实现人与事的最佳组合与不断发展。

3.3.2 物流企业组织设计的任务

物流企业组织设计的任务是设计清晰的组织结构，规划和设计物流企业组织中各部门的职能和职权，并编制职务说明书。因此，物流企业组织设计的结果包括组织结构图和职务说明书。

1. 组织结构图

组织结构图是一个树形图，用图形的方式表示组织内的部门或岗位设置、主要职能和职权关系，如图 3-8 所示。组织结构图的垂直形态显示权力与责任的关联体系，其中的纵向形态表示不同层级的部门或岗位之间的指挥命令关系；水平形态表示分工或部门划分的结果。

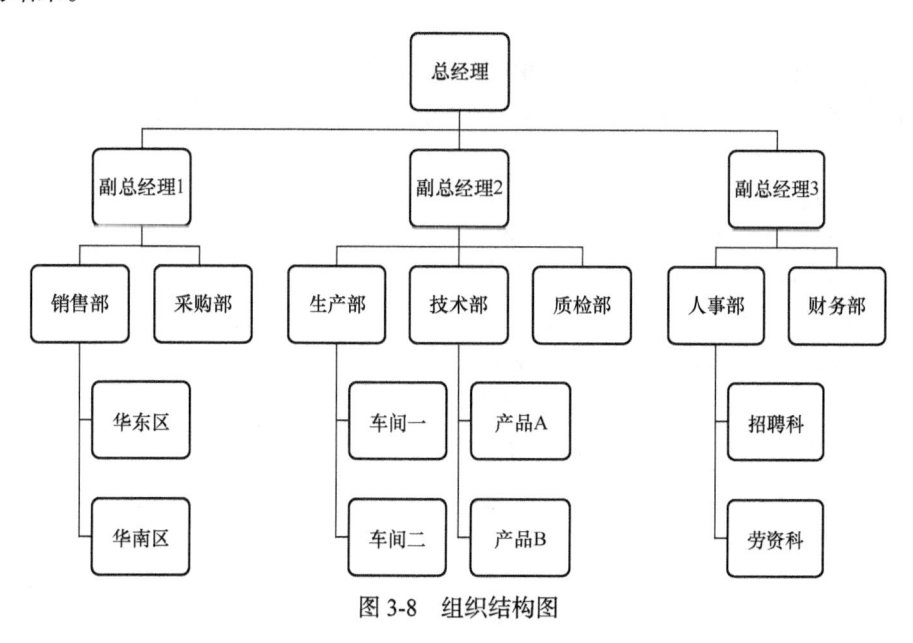

图 3-8 组织结构图

2. 职务说明书

职务说明书是对不同职位或岗位的详细说明，包括职务的名称，主要职能和职责，权力，与其他职务的指挥命令、汇报、协作关系，任职条件等。

> **§ 知识链接 3-1**
>
> ××公司仓库主管职务说明书
>
> 一、岗位标识信息
> 岗位名称：仓库主管
> 隶属部门：制造部
> 岗位编码：123
> 直接上级：制造部经理
> 工资等级：9
> 直接下级：仓库管理员、运输工
> 可轮换岗位：无
> 二、岗位工作概述
> 负责原材料库、备件库的日常管理工作；负责材料库、备件库的消耗统计、成本核算；负责材料库、备件库入库发票的统计；负责库存积压材料、过期材料报警；努力降低仓储成本；负责库房与各职能部门的协调工作；负责库存物资的安全。
> 三、工作职责与任务
> （一）负责仓库的管理工作
> 1．制定库存物资的管理方法。
> 2．负责 5S 工作效果。
> 3．负有防火防盗的责任。
> 4．及时将库存积压和过期原材料的情况向制造部经理汇报。
> 5．考核下级工作绩效，并报上级和人事部。
> （二）负责原材料、备件的入库工作
> （三）指导下级工作并承担提高下级工作能力的责任
> 1．负责编制仓库各岗位的工作指导说明书。
> 2．工作现场指导。
> 3．评估下级工作绩效之后进行评价面谈，提出工作改进意见，并与下级一起制订其工作改进计划，检查改进计划实施情况。
> 4．根据下级工作表现制订下级人员的培训计划并报人事部。
> （四）负责材料和备件消耗统计、成本核算
> （五）负责与其他部门的沟通，解决跨部门合作问题
> （六）本岗位 5S 定置管理工作
> （七）完成领导委派的其他工作

四、工作绩效标准

（一）保证库存物资的安全

（二）完成成本控制任务

（三）对异常情况的汇报要及时、准确

（四）5S定置管理符合要求

五、岗位工作关系

（一）内部关系

1. 所受监督：在工作计划、整体绩效、特殊任务、重大问题等方面，接受制造部经理的指示和监督。

2. 所施监督：在向部门内部人员下达工作任务和绩效改进计划实施等方面，对仓库管理员、运输工实施监督。

3. 合作关系：提供物资数据，在各种物资进出库方面与公司各部门进行合作与沟通。

（二）外部关系

一般情况下本岗位不直接与公司外部机构或人员发生工作联系。

六、岗位工作权限

（一）对部门内部人员的任免建议权

（二）对下级工作绩效的考核权

（三）对部门日常业务活动的支配指导权

（四）对工作改进具有建议权

七、岗位工作时间

在公司制度规定的正常上班时间内工作，有时需要加班加点。

八、岗位工作环境

在操作现场工作，在库区会接触到刺激性的酸、碱等气体。

九、知识及教育水平要求

（一）仓库管理知识

（二）计算机基础知识、办公软件知识

（三）化工材料知识

十、岗位技能要求

（一）具有良好的领导沟通技能

（二）熟练运用办公软件

（三）熟悉各种化工材料的性能

（四）熟练使用灭火器

十一、工作经验要求

大学专科以上学历，具备3年以上相关工作经验。

十二、其他素质要求

任职者需要具有健康的体魄、充沛的精力；具有强烈的责任心；工作细致耐心；无特殊性别与年龄要求。

3.3.3 物流企业组织设计的基本原则

在物流企业组织设计过程中，由于不同组织的目标和任务各不相同，即使是同一组织，在不同的环境下，目标和任务也各不相同，因此有许多结构类型可供选择。在现代条件下，任何一个物流企业的组织设计，都要遵循以下几项原则。

（1）目标至上原则

目标至上原则是指物流企业有其特定的目标，组织中的任何活动——不论是职务分析与设计、部门划分、结构搭建还是人员配备，都要围绕如何有效实现组织目标来进行。组织结构设计的目的就是使设计的组织能够高效地实现目标。组织结构设计得是否成功，也要用"是否有利于组织目标的实现"这一标准来检验。

（2）以人为本原则

以人为本原则是指物流企业组织结构的设计应有利于每位组织成员充分发挥自己的作用，并且在实现组织目标的过程中不断完善自己，不断提高、成长。成功的物流企业组织设计应使组织中的每项工作任务都有合适的人完成；同时也应使组织中有能力的人有机会去做真正适合他们的工作。

（3）统一指挥原则

统一指挥原则是指组织中的任何一位下级最终只能接受一位上级的命令，对其负责并向其汇报工作。如果组织中出现多重指挥，通常会使下级无所适从，并影响工作。要做到统一指挥，就要保证组织中的指挥命令信息沿指挥链流动，一般不能越级指挥和汇报。

（4）权责相符原则

权责相符原则是指某个职位所拥有的权力与承担的责任对等。在物流企业组织结构设计中，授予某一职位的权力大小应取决于该职位承担的责任，既不能权小于责，更不能权大于责。如果某个职位的权力小于所承担的责任，就会使处于该职位的人无法完成任务，丧失工作热情；如果某个职位的权力大于所承担的责任，就容易导致处于该职位的人滥用权力。

（5）灵活性原则

灵活性原则是指物流企业组织设计应该是有弹性的，能够在一定范围内对内外部环境的变化做出灵活反应，适应内外部环境的变化。近些年来，不但中小型物流企业注重自己的灵活应变能力，许多大型物流企业也对这一问题给予了充分重视，努力使自己从"大象式"管理变为"瞪羚式"管理。

3.3.4 物流企业组织的集权、分权和授权

1. 集权

集权是指将决策权集中在上级，下级部门和机构只能依据上级的决定和指示行事。在实际工作中，大多数物流企业都存在不同程度的过分集权倾向。过度集权往往会带来一系列弊端，如占用高层管理者过多的时间和精力、降低决策的质量和速度、不利于决策的有效实施、降低中层和基层管理者的工作热情、降低组织对外部环境的适应能力等。

2．分权

分权是指上级将决策权分配给下级部门和机构，使其能够自主解决问题。实现组织的分权通常有两种途径：一种是在组织设计中选择更加分权的组织结构类型，或者对较低管理层级的职位赋予更大的权力；另一种是主管人员在工作中根据实际需要临时向下属人员授权。前者是长期的、根本的分权，后者是暂时的分权。

3．授权

授权是指管理者将其权力的一部分授予下属，使下属在一定的监督之下，拥有相当的行动自主权，以此作为下属完成任务所必需的客观手段。在信息技术迅速发展，决策、计划与控制手段越来越先进的知识经济时代，现代科学技术与管理方法已经为组织更好地授权、更大限度地实现"重大事务集权，次要事务分权"这一目标提供了更好的条件。

4．影响组织集权与分权的因素

物流企业中影响集权与分权的因素包括：组织外部环境的灵活程度与有利程度；组织的规模与空间分布；组织历史与组织文化；管理者的个性与素质；职责与决策的重要程度；控制技术的先进程度。

判定一个物流企业是更集权还是更分权，可以考察组织中较低层级的管理者的决策过程。如果较低层级的管理者决策的数量较多，决策的问题较重要，且决策后审批手续简单，则认为组织分权程度较高；反之，则说明组织较为集权。

视野拓展 3-3　摩托罗拉公司的集权与分权

在劳勃·盖尔文担任摩托罗拉公司董事长之后，公司权力就集中在他一个人的手中。4 年后，该公司的半导体产品集团主管李斯特·何根跳槽到加利福尼亚州一家竞争公司出任总裁。当时，李斯特·何根带走了 8 名重要职员。之后大约一个月内，摩托罗拉公司前前后后一共离职了 20 人。两年之后，摩托罗拉公司竟然有 80 名员工跑去投靠何根，主要原因是公司权力过于集中，员工的自主权太小，公司缺少对员工的有效激励。

尽管盖尔文矢口否认这是一次惨痛的教训，但他也不得不承认，何根的离开已经严重地伤害了整个公司的利益。他说："一旦一个机构受到打击而元气大伤，一定会有很多人觉得自己不得不另谋出路。"这次事件发生后，盖尔文意识到必须在经营管理方针上做出一些改变，也就是把权力和责任分散。两年后，盖尔文让位于威廉·卫斯兹，但他仍留在董事会。威廉·卫斯兹接任了公司董事长兼营业部经理，并进行了大幅度管理改革。他说："通常，我们只保留公司的一些大目标和原则，至于一般权力和责任，我们尽量把它们分散到各个层级。"

从此，摩托罗拉公司致力于把权力分散到各盈利单位。现在公司中的各单位在资源分派和预算编制方面都具有一定的财务控制权，并有权力决定加入或退出哪些营业项目。

3.4 物流企业的组织文化

3.4.1 组织文化的含义

组织文化就是组织在长期的实践活动中形成的,为组织成员普遍认可和遵循的,具有本组织特色的价值观念、基本信念、行为规范和思维模式等的总和。其核心是共同的价值观。

这一含义包含两层内容:一是组织文化是一种对组织的感知,因而同一组织中不同背景、不同层级的个人会用类似的语句来描述组织文化;二是组织文化是描述性的,并非成员对组织的评价,它所关注的是员工对组织的感知和理解,与员工的喜恶并无关系。

根据荷兰文化协作研究所所长吉尔特·霍夫斯塔德(Geert Hofstede)的观点,影响组织管理的文化层面因素主要有以下4个。

① 个人主义与集体主义。个人主义是一种组织松垮的社会结构,人们只关心自己及与自己关系最紧密的家庭;集体主义的特征是社会结构严密,有内部群体和外部群体之分,人们期望内部群体关心自己,同时也对内部群体非常忠诚。

② 权力距离。权力距离是指社会承认的权力在组织机构中不平等分配的范围,或者职工与管理者之间的社会距离。

③ 不确定性的规避。不确定性的规避是指一个社会对不确定和模糊态势所感知到的威胁程度及规避程度。

④ 男性度与女性度。男性度是指社会中自信、追求金钱和物质、不关心别人、注重生活质量等"男性价值观"占优势的程度;女性度则是指与其相反的"女性价值观"占优势的程度。

3.4.2 组织文化的本质特征

1. 意识性

大多数情况下,组织文化都属于一种抽象的意识范畴,它作为组织内部的一种资源,应属于组织的无形资产。它是组织内一种群体的意识现象,是意念性的行为取向和精神观念,但这种文化的意识性特征并不否认它总是可以被概括性地表述出来。

2. 系统性

在组织文化中,由共享价值观、团队精神、行为规范等一系列内容构成一个系统,各要素之间相互依存、相互联系。因此,组织文化具有系统性。同时,组织文化是以一定的社会环境为基础的,是社会文化影响渗透的结果,并随着社会文化的进步和发展而不断地调整。

3. 凝聚性

组织文化总是可以向人们展示某种信仰与态度,不但影响人们的处世哲学和世界观,同时也影响人们的思维方式。因此,在某个特定的组织内,人们总是为自己信奉的哲学所驱使,组织文化起到了"黏合剂"的作用。良好的组织文化同时也意味着良好的组织气氛，能够激发组织成员的士气、增强群体凝聚力。

4. 导向性

组织文化的深层含义是，它规定了人们行为的准则与价值取向，并对人们行为的产生有着最持久、最深刻的影响力。因此，组织文化具有导向性。英雄人物往往是组织价值观的人格化和组织力量的集中表现，他们可以昭示组织内提倡什么样的行为，反对什么样的行为，使员工的行为与组织目标的要求相匹配。

5. 可塑性

组织文化并不是生来就有的，而是在组织生存和发展过程中逐渐总结、培育和积累而成的。组织文化是可以通过人为的后天努力加以培育和塑造的，而已形成的组织文化也并非一成不变的，它会随组织内外部环境的变化而不断调整变化。

6. 长期性

长期性是指组织文化的塑造和重塑过程需要相当长的时间，而且是一个极其复杂的过程，组织的共享价值观、共同精神取向和群体意识的形成不可能在短期内完成。在这一创造过程中，涉及调节组织与外界环境相适应的问题，也需要在组织内部的各个成员之间达成共识。

3.4.3 物流企业组织文化的内容

物流企业组织文化的研究是从企业文化开始的。目前对于组织文化的研究以企业文化理论居多，这里主要介绍美国学者特伦斯·迪尔（Terrence E. Deal）和艾伦·肯尼迪（Allan A. Kennedy）两位学者在两人合著的名著《企业文化：企业生活中的礼仪与仪式》（*Corporate Cultures: The Rites and Rituals of Corporate Life*）一书中提出的"五因素"学说、美国麻省理工学院斯隆商学院埃德加·沙因教授提出的"四层次"学说。

1. "五因素"学说

迪尔和肯尼迪认为，企业文化是由以下 5 个因素组成的：企业环境、价值观、英雄人物、习俗与仪式、文化网络，如图 3-9 所示。

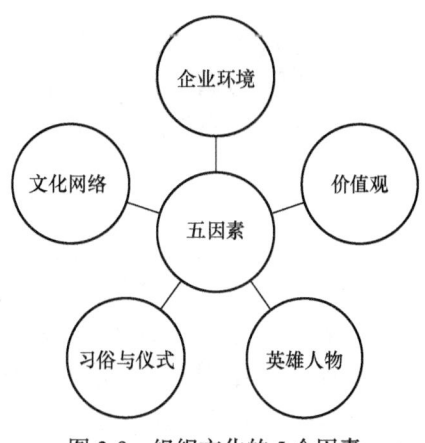

图 3-9 组织文化的 5 个因素

其中，企业环境是指企业经营所处的极为广阔的社会和业务环境；价值观是指一个组织的基本概念和信仰，价值观是企业文化的核心，一般用具体而形象的语言表达出来；英雄人物是企业价值观的化身，他们有鲜明的个性和作用，也是常人通过努力可以达到的，英雄人物分为"共生英雄"和"情势英雄"；习俗与仪式是指在企业日常活动中反复出现、人人知晓而又没有明文规定的东西，它们是有形地表现出来而程式化了的并显示内聚力程度的文化因素；文化网络是指企业内部以轶事、故事、机密、猜测等形式来传播信息的非正式渠道，是与正式组织结构不同的隐蔽的分级联系体系。

2."四层次"学说

沙因认为，组织文化的内容大致可以分为 4 个层次：物质层、行为层、制度层和精神层，如图 3-10 所示。

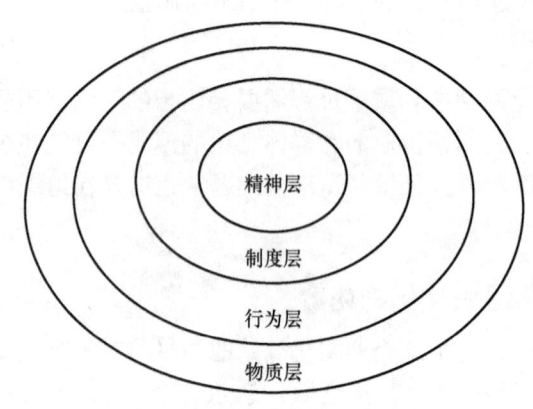

图 3-10　组织文化的 4 个层次

（1）物质层

物质层是组织文化的表层部分，是组织创造的物质文化，是一种以物质形态为主要研究对象的表层组织文化，是形成组织文化精神层和制度层的条件。优秀的组织文化是通过重视产品开发、服务质量、产品信誉和组织生产生活环境、文化设施等物质现象来体现的。

（2）行为层

行为层是指组织的行为文化，是组织员工在生产经营、学习娱乐中产生的活动文化，包括组织经营活动、公共关系活动、人际关系活动、文娱体育活动中产生的文化现象。组织行为文化是组织经营作风、精神风貌、人际关系的动态体现，也是组织精神、核心价值观的折射。

（3）制度层

制度层是指对组织和成员的行为产生规范性、约束性影响的部分，是具有组织特色的各种规章制度、道德规范和员工行为准则的总和。制度层是组织文化的中间层次，把组织的物质文化和精神文化有机地结合成一个整体。它集中体现了组织文化的物质层和精神层对组织和成员行为的要求。制度层规定了组织成员在共同的生产经营活动中应当遵守的行为准则，主要包括组织领导体制、组织机构和组织管理制度 3 个方面。

(4）精神层

精神层是指组织的精神文化，是组织在长期实践中所形成的员工群体心理定式和价值取向，是组织的道德观、价值观，是组织哲学的综合体现和高度概括，反映全体员工的共同追求和共同认识。精神层是组织文化的核心和灵魂。

视野拓展 3-4

圣兵爱心社的组织文化

圣兵爱心社是由华中师范大学校友冯圣兵于 1998 年 12 月创建的，是一个主要为品学兼优、家庭经济条件困难的学生提供帮助和支持的学生社团组织。它有着独特的组织文化。

（1）物质层——社团形象

圣兵爱心社在成立之初就有自己的社标和旗帜。在平时宣传活动的海报、板报中，必须画上统一的社标，使学生看到社标就想起圣兵爱心社。所有社员在开展活动时都统一佩戴蓝色的社牌。在大型活动中，社员需要穿统一的红色社服。红色、黄色和蓝色成为爱心社的标志性颜色：红色象征着爱心，黄色象征着温暖，蓝色象征着理性。这些都表达了圣兵人"激情与理性并存，梦想与实践同行"的理念，同时也体现了社团的性质和宗旨。

（2）制度层——章程制度

圣兵爱心社从校园管理的实际情况出发，建立健全各项规章制度，主要包括社团的章程、社团管理制度、监督反馈制度等，从而在社团内部形成一套完整的管理监督机制，使社团的管理逐步从"人治"到"法治"，避免因为社员的更替流动而造成文化流失。

（3）精神层——社团哲学

社团哲学是圣兵爱心社的核心与灵魂，主要包含以下 7 个方面。①社团宗旨：济困助学，服务社会；②社团目标：全国一流；③社团精神："坦诚坚韧，博爱无私"的"圣兵"精神；④社训：造就他人，实现自我；⑤社团氛围：一种"没有血缘关系的亲情"的"圣兵"氛围；⑥社团定位：立足校园，面向社会；⑦社团特色："做一个优秀的大学生，做一个合格的圣兵人"的"圣兵"学堂。

（4）对"圣兵"发展的几点建议

①尊重和继承社团原有的文化，保持社团的稳定有序；②进一步完善社团创新机制；③加大宣传，打造"圣兵"品牌；④建设学习型社团。

3.4.4 物流企业组织文化的构建

物流企业组织文化的构建是一个长期的过程，同时也是组织发展过程中的一项艰巨、细致的系统工程。从构建途径来讲，物流企业组织文化的构建过程如图 3-11 所示。

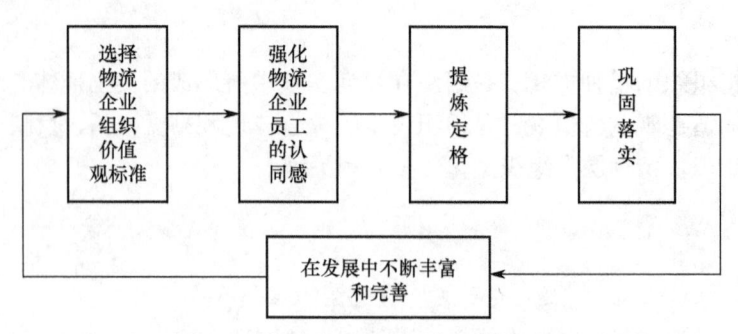

```
选择物流       强化物流      提炼     巩固
企业组织  →   企业员工  →   定格  →  落实
价值观标准    的认同感
    ↑                              ↓
    └──────── 在发展中不断丰富 ←─────┘
              和完善
```

图 3-11　物流企业组织文化的构建过程

1. 选择物流企业组织价值观标准

物流企业组织的价值观是整个企业组织文化的核心，选择正确的组织价值观是构建良好企业组织文化的首要战略问题。选择企业组织价值观一是要立足本组织的具体特点，根据组织的目的、环境要求和组织性质等特点选择适合自身发展的组织文化模式；二是要把握住组织价值观与组织文化各要素之间的相互匹配，达到物流企业组织文化的整体优化。

2. 强化物流企业员工的认同感

在选择并确立了企业组织价值观和组织文化模式之后，就应该把基本认可的方案通过一定的强化方法使其深入人心。具体做法包括：利用物流企业组织的一切宣传媒体，宣传组织文化的内容和精要，以创造浓厚的环境氛围；培养和树立典型，以其特有的感召力和影响力为组织成员提供可以效仿的具体榜样；加强相关培训教育，有目的的培训和教育能够使组织成员系统地接受组织的价值观并强化对组织的认同感。

3. 提炼定格

物流企业组织价值观的形成不是一蹴而就的，必须经过分析、归纳和提炼方能定格。物流企业组织文化的内容提出后，经过员工的初步认同实践，将意见反馈回来并加以剖析和评价，详细分析和比较实践结果与规划方案的差距。在系统分析的基础上，进行综合化的整理、归纳、总结和反思，去除那些落后或不适宜的内容和形式，保留积极进步的内容和形式，把经过科学论证和实践检验的组织精神、组织价值观、组织伦理与行为规范，予以条理化、完善化、格式化，再经过必要的伦理加工和文字处理，用精练的语言表述出来。

4. 巩固落实

要巩固落实已提炼定格的物流企业的组织文化，首先，要建立必要的制度保障，在组织文化演变为全体员工的行为之前，要使每位员工在一开始就能自觉主动地按照组织文化和组织精神的标准去行动比较困难，即使在组织文化业已成熟的组织中，个别成员背离组织宗旨的行为也是经常发生的。因此，建立某种奖优罚劣的规章制度十分必要。其次，领导者在塑造组织文化的过程中起着决定性的作用，因此应起到率先垂范的作用。领导者必须更新观念并带领组织成员为建设优秀的组织文化而共同努力。

5. 在发展中不断丰富和完善

当物流企业组织的内外部条件发生变化时，组织必须不失时机地丰富、完善和发展组织文化。这既是一个不断淘汰旧文化和不断生成新文化的过程，也是一个认识和实践不断深化的过程。如此，物流企业的组织文化经过不断的循环往复，最终达到更高的层次。

物流企业组织文化的塑造是一项复杂的系统工程，必须按照以上提到的塑造途径进行整体规划，分步实施，循序渐进地逐步推进。同时，组织文化塑造的成功还必须有组织领导者的支持和相关配套措施的落实。

课后习题

一、判断题

1．物流企业的组织是指按照一定的目的、任务和正式结构建立起来的社会实体。
（　　）
2．物流企业组织工作的基本程序可以分为组织设计、组织运作和组织变革 3 个阶段。
（　　）
3．直线职能制组织结构不适用于小型货代企业。（　　）
4．组织设计是指对一个组织的结构进行规划、构建、创新或再造，以便从组织的结构上确保组织目标的有效实现。（　　）
5．组织文化的核心是共同的价值观。（　　）

二、单项选择题

1．直线制组织结构与（　　）组织结构都属于集权式组织结构。
　　A．直线职能制　　B．事业部制　　C．矩阵式　　D．职能制
2．物流组织结构设计的任务是（　　）和设计组织中各部门的职能和职权。
　　A．确定　　B．安排　　C．布局　　D．规划
3．授权是指管理者将其权力的一部分授予下属，使（　　）在一定的监督之下，拥有相当的行动自主权。
　　A．下属　　B．员工　　C．上级　　D．项目组长
4．以下（　　）不属于物流企业组织文化的本质特征。
　　A．导向性　　B．凝聚性　　C．不可塑性　　D．长期性
5．物流企业组织文化的内容包括企业环境、价值观、英雄人物、习俗与仪式、（　　）。
　　A．精神层　　B．文化网络　　C．制度层　　D．行为层

三、多项选择题

1．以下（　　）属于现代物流企业的组织结构类型。
　　A．直线制　　B．事业部制　　C．直线职能制　　D．矩阵式
2．物流企业的组织结构可以分为（　　）。
　　A．有形结构　　B．横向结构　　C．无形结构　　D．纵向结构

3．以下（　　）是现代物流企业进行组织结构设计时必须遵循的基本原则。
　　A．目标至上原则　　B．以人为本原则　　C．统一指挥原则　　D．权责相符原则
4．组织文化可以划分为（　　）。
　　A．物质层　　　　　B．行为层　　　　　C．制度层　　　　　D．精神层
5．物流企业组织文化的构建包括（　　）。
　　A．选择价值观标准　　　　　　　　　　　B．强化员工认同感
　　C．提炼定格　　　　　　　　　　　　　　D．巩固落实

四、简答题

1．现代物流企业的组织结构有哪些类型？
2．矩阵式物流企业组织结构的优缺点是什么？
3．物流企业组织设计的基本原则是什么？
4．物流企业组织的集权、分权和授权的含义是什么？
5．物流企业组织文化的本质特征是什么？

任务实训

1．实训目的

理解物流企业组织工作的定义和内容，掌握物流企业组织设计的任务，进而分析现实中物流企业的组织结构和组织文化。

2．背景材料

德邦的成功

德邦物流股份有限公司（以下简称德邦）是我国第一家上市的快运企业，也是国内快递行业唯一一家通过 IPO 严苛的审核机制并顺利拿到批文的快递企业。德邦创始于 1996 年，一开始发展汽车运输业务。2004 年，德邦首创"卡车航班"业务，用公路货运的价格为客户提供航空快运的体验（包括上门揽货、送货、承诺运送时限等），一举改变了零担物流等客上门的"游戏规则"。该业务帮助德邦在竞争激烈的公路零担运输市场中脱颖而出，用 10 年左右时间奠定了其在国内公路零担领域的领导地位。

德邦的成功，首先应归功于公司注重人才。当人们对物流从业者的印象仍然以蓝领工人为主时，德邦已于 2005 年率先启动校园招聘，随之成立德邦学院，迅速建立了具有德邦特色的内部人才培养选拔体系。正是基于这些前瞻性的人才举措，在从业主体多如牛毛的公路运输市场上，德邦得以突出重围。从 2013 年"上海最佳雇主 30 强"，到连续两年获评"中国年度最佳雇主 30 强"，德邦保持着优于行业竞争者、难以复制的人才优势。

一次，笔者在客户单位库房遇到了一辆德邦的货车。本以为跳下车的是个五大三粗的汉子，没想到下来的是一个戴着眼镜、斯斯文文的小伙子。更没想到的是，小伙子轻轻松松就搬起了 20 多千克的货物。等货期间，笔者和这个小伙子聊了起来，得知他是刚毕业不久的大学生。面对笔者"为什么你愿意搬货"的疑问，小伙子显得有些诧异。他回答，德邦招的大学生员工都是从基层的业务员做起，只有这样才能熟悉业务流程和市场情况。

谈到下一步的发展，他说只要努力，公司对大学生员工的提拔和晋升很快，他对前途非常有信心。

后来，笔者通过与德邦点部负责人交流了解到，德邦确实是这样培养骨干人才的。公司不要求新入职的员工是名牌大学毕业生、有多好的家庭背景、有多高的颜值。公司选择的往往都是普通大学毕业、家境一般甚至贫寒的毕业生，因为德邦的人才理念是，只有这样的人，才能留得住、扎得下根，这样的人才愿意感恩企业。而对于人才的选拔，德邦更看重的是吃苦耐劳和有基层一线成长的经历。如今，这样成长起来的人才分布在德邦经营、生产、管理的方方面面。这样扎实培养懂市场、有经验、有文化的人才的方式，在物流界还比较少见。

在与德邦人打交道的过程中，让笔者感触很深的是德邦从上至下的员工身上体现出来的活力。在与基层的业务员、驾驶员打交道的过程中，笔者能感受到他们以企业为荣的自豪感；在与点部负责人的沟通中，笔者能感受到他们的自信，以及对所负责市场的熟悉度；从德邦的招股说明书中，笔者留意到该公司的高管基本上都是"70 后""80 后"，如此年轻的管理团队自然充满了朝气。

德邦的成功还在于其网络布局好。如今，德邦自营已有遍布全国 34 个省级行政区的近万家网点、6 000 多条运输线路、上万辆自有大型专业货车，全国转运中心总面积超过 120 万平方米，同时切入跨境市场，已开通韩国、日本、泰国等多条国际线路，全球员工人数超过 13 万名。这个规模不比"通达系"快递企业差，甚至资产质量比后者更胜一筹。良好的整体网络为德邦进一步拓展以围绕公路物流为主的业务打下了扎实的基础。

3. 实训任务

① 德邦从快运领域向快递领域延伸，有哪些优劣势？
② 请跟踪德邦多元化的组织实施效果，并从中学习可供借鉴的举措。

4. 实训步骤

（1）个人阅读/小组分组

老师督促学生进行个人阅读，并让其在课前完成。建议 3~5 人一组，老师监督分组情况和任务进度。针对学生的特点，在课堂上老师再花费 5~10 分钟对案例学习要点及相关背景进行简单的陈述。

（2）案例开场白

德邦从快运领域向快递领域延伸，有哪些优劣势？

（3）小组讨论/报告

该步骤主要在课堂上进行，持续 20~30 分钟，主要围绕实训任务中的两个问题展开，学生也可自行增加感兴趣的部分。小组报告的内容应尽可能是小组成员达成共识的内容，对于未达成共识的内容可以单独提出讨论。每个小组将讨论要点的关键词按小组抄写在黑板上的指定位置并进行简要报告，便于课堂上的互动。

（4）师生互动

该步骤主要在课堂上进行，持续 30~40 分钟，老师针对学生的报告和问题与学生互动，同时带领学生对本章关键知识点进行回顾，并了解学生还有哪些问题或困惑，激发学生的学习兴趣，使学生自觉在课后进一步查询相关资料并进行系统的回顾与总结。

（5）课后作业

根据课堂讨论，要求每位学生进一步回顾本章知识点，以小组为单位形成正式的实训报告。报告要观点鲜明、思路清晰、逻辑严密、论证翔实。

（6）考核

老师根据学生的课堂表现和实训报告质量，评定实训成绩。

第 4 章

物流企业的战略管理

学习目标

- 熟悉物流企业战略的含义和特征，掌握物流企业战略的构成要素、内容和层次。
- 了解物流企业战略环境的含义，掌握物流企业的内外部环境。
- 了解物流企业战略选择的含义、物流企业战略的类型，掌握物流企业战略选择的影响因素。
- 了解物流企业战略实施的原则与内容，掌握物流企业战略控制的内容与过程。

引例

苏宁的物流理念

截至 2020 年年末，苏宁物流全国仓储及相关配套面积达 1 200 万平方米，覆盖大件、小件、冷链、跨境、社区等多种类型的仓储模式，建立了"区域中心仓群+前行仓群+前置仓群"三级仓网布局，末端网点超过 2 万个，在全国 95%以上的区域可以实现 24 小时送达。近年来，在智慧零售的变革中，苏宁物流一方面围绕苏宁易购这个千亿级"零售航母"，不断强大物流底盘，并丰富地产、仓配、快递、售后、即配、冷链等业务板块实力；另一方面凭借多年深耕经验"开新局"，为多领域的外部合作伙伴提供"到仓、到店、到家"全场景、全链路、专业化物流服务，致力于物流全链路的降本增效和服务升级。

辩证与思考：
苏宁的物流战略是什么？

答案解析：
苏宁的物流战略是聚焦于为苏宁易购平台的供应商和商户提供仓配一体化业务，并提升用户的服务体验。

商场如战场，企业战略是决定企业能否取得最终成功的重要因素，是企业"不战而屈人之兵"的制胜谋略。经济的不断发展使企业对物流的需求越来越大，而物流环境变化的复杂性和快速性又对物流企业提出了更高的要求。物流企业为了实现可持续发展目标，必须拥有长远的、全局的战略。

4.1 物流企业的战略管理概述

随着世界经济全球化的日益发展，现代物流是如今最活跃、最有影响的产业之一。物流企业战略管理是在不断变化的环境中考察物流企业总体发展的情况，从整体上把握物流企业的发展方向，是企业高层管理者所担负的主要职责。物流企业试图找到现代物流最佳、最新的思维模式和经营管理方式，制定长远性、全局性的战略，从而实现自身的可持续发展目标。

4.1.1 物流企业战略的含义及特征

1. 物流企业战略的含义

物流企业战略是指物流企业管理者在对企业外部环境和内部条件分析的基础上，为求得企业生存与发展而进行的长远谋划，是物流企业战略思想的集中体现，是确定物流企业规划的基础。

一般来讲，一个好的物流企业战略，需要回答以下几个问题：企业将来发展的方向是什么？企业将来需要实现的目标是什么？企业现在和将来应该从事什么业务？企业应该采取什么样的策略，在预定的时间内实现设定的目标？在预定的时间内，企业将变成什么样子？企业在发展中可能存在的主要风险是什么？这些风险应该如何控制？企业实现目标所需要的战略性资源是什么？只有回答了以上几个问题，并且将所有答案融会贯通，形成一个统一、协调、互不矛盾的总体方案，才算一个完整的物流企业发展战略。

2. 物流企业战略的特征

（1）全局性

物流企业战略是根据物流企业总体发展需要而确定的，规定了物流企业的总体行动，追求物流企业发展的总体效果，因而物流企业战略具有综合性和系统性，即全局性。

（2）纲领性

物流企业所确定的战略目标是一种原则性和概括性的规定，是对物流企业未来的一种粗线条设计，是对物流企业未来成败的总体谋划，而不纠缠于现实的细枝末节。

（3）长远性

长远性就是在环境分析和科学预测的基础上展望未来，为物流企业谋求长期发展的目标和策略。

（4）竞争性

物流企业战略一方面要针对复杂多变的环境来确定对策；另一方面要制定在激烈的竞

争中能够抗衡或战胜对手的行动方案，以便取得竞争优势，从而确保自身的生存和发展。

（5）风险性

物流企业战略是从现实情况出发，对未来的行动做出预测和决策，但未来企业外部环境是不断变化的，具有很大的不确定性。因此，企业战略必然有一定的风险性。

4.1.2 物流企业战略的构成要素

依据 1965 年著名战略学家 H. 伊戈尔·安索夫（H. Igor Ansoff）的观点，物流企业战略的构成要素可概括为 4 个要素，即服务产品与市场范围、增长向量、竞争优势和协同作用，如图 4-1 所示。这 4 个要素可以在物流企业中产生一种合力，形成物流企业的共同经营主线。共同经营主线是指物流企业目前的产品与市场组合和未来的产品与市场组合之间的关联。

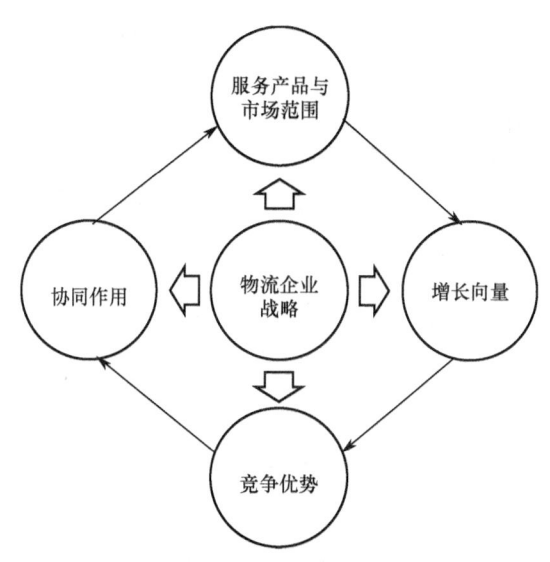

图 4-1 物流企业战略的构成要素

1. 服务产品与市场范围

服务产品与市场范围不仅包括物流企业当前所从事的业务活动范围（物流企业"正在做什么"），还包括物流企业将来的业务活动范围（物流企业"应该做什么"）。因此，服务产品与市场范围应当既立足当前，又着眼未来，从更加广泛的角度来确定。

2. 增长向量

增长向量又称为发展方向，说明物流企业从现有服务产品与市场范围组合向未来服务产品与市场范围组合移动的方向，即物流企业经营发展的方向。根据物流企业现有的服务产品与市场范围的组合，以及将来发展的新服务产品与新市场范围的组合，物流企业可以采取 4 个方向的发展战略：市场渗透、市场开发、服务创新和多元化经营，如表 4-1 所示。

3. 竞争优势

竞争优势是指物流企业与竞争对手相比具有优势的特征和条件。它常常表现为将物流企业所拥有的资源、经营能力、技术水平等同竞争对手相比后形成的有利差异。例如，物流企业所拥有的先进的设备、雄厚的资金、较强的技术力量、个性化的服务、强大的业务网络等，都可以成为物流企业的竞争优势。

表 4-1　物流企业的发展方向

市　　场	现有服务产品	新服务产品
现有市场	市场渗透	服务创新
新市场	市场开发	多元化

4. 协同作用

协同作用是指若干因素的有效组合可以比各个因素单独作用产生更大的效果，即可以取得"1+1>2"的效果。物流企业战略中的协同作用是指物流企业从现有的服务产品与市场范围向新的服务产品与市场范围延伸发展时，现有和将来的两个范围相互补充、相互促进，从而获得更大的经营效果。

以上 4 个战略要素相辅相成、互不排斥，共同构成了物流企业战略的内核。服务产品与市场范围明确了物流企业寻求获利的能力范围；增长向量明确了这种范围扩展的方向；竞争优势是物流企业获利能力的保证；协同作用则是物流企业实现获利能力的"加速器"。

4.1.3　物流企业战略的内容和层次

1. 物流企业战略的内容

物流企业战略的基本内容包括战略目标和战略要点。其中战略要点包括战略导向、战略优势、战略类型、战略态势、战略措施和战略步骤等，如图 4-2 所示。物流企业要在战略上形成自己的特色。

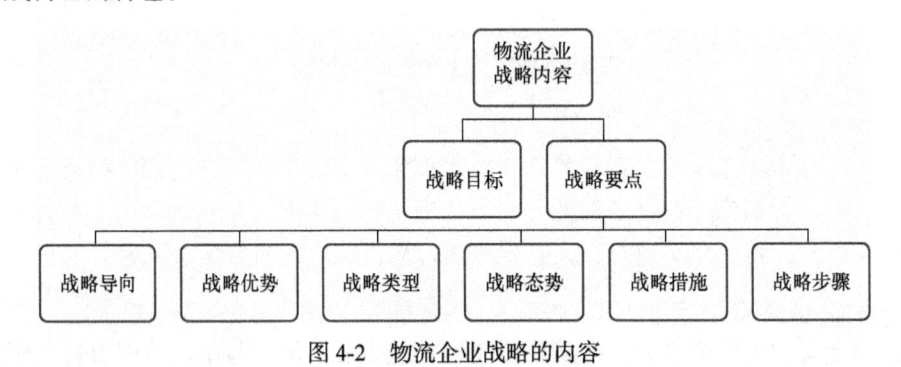

图 4-2　物流企业战略的内容

（1）战略目标

战略目标是物流企业在一定时期内，为实现其使命所要达到的长期结果，包括服务水平目标、物流费用目标、高新技术目标、社会责任目标和经济效益目标等内容。

（2）战略要点

战略要点是物流企业战略形成过程中涉及的基本方面的设计与选择，重点是集成，即将运输两端点（城市、仓库货运站等）之间的货物位移与两端点上的延伸服务（如订货、取货、分拣、包装、仓储、装卸、信息处理、咨询等）紧密地结合为一体，使货物从供应者到最终用户的各个物流环节成为完整的物流链管理系统。物流企业战略要点主要包括战略导向、战略优势、战略态势和战略类型，如表4-2所示。

表4-2 物流企业战略要点及定义

序号	战略要点	定　　义
1	战略导向	指使物流企业生存、成长与发展的主导方向
2	战略优势	指物流企业能够在战略上形成优于竞争对手的形势、地位和条件
3	战略态势	指物流企业的服务能力、营销能力、市场规模在当前的有效方位及随着战略逻辑演变过程而不断演变和推进的趋势
4	战略类型	指依据不同的标准对物流企业的战略进行划分，以便更深刻地认识企业战略的基本特点，进一步完善企业战略规划方案

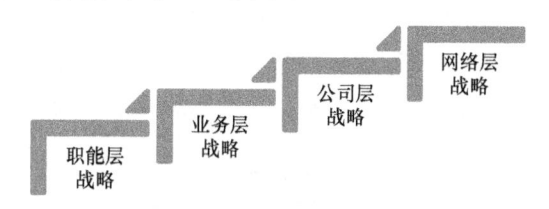

2．物流企业战略的层次

物流企业战略的层次与一般企业战略的层次相同，可以划分为网络层战略、公司层战略、业务层战略和职能层战略，如图4-3所示。

图4-3 物流企业战略的层次

（1）网络层战略

网络层战略是指两个大的物流企业联盟之间的竞争与合作问题。这些联盟包括技术的联盟、市场的联盟等。联盟中的战略包括企业如何选择联盟及在联盟里选择什么样的姿态等问题，是物流企业最高层的战略。

（2）公司层战略

公司层战略规定物流企业的使命和目标，定义企业的价值；关注全部商业机遇，决定主要的业务范围和发展方向；确定需要获取的资源和形成的能力，在不同业务之间分配资源；确定各种业务之间的配合，保证企业总体的优化；确定公司的组织结构，保证业务层战略符合利润最大化的要求。

（3）业务层战略

业务层战略又叫竞争战略或分公司战略。它主要研究物流企业的产品和服务在市场上的竞争问题，决定一个特定市场的产品如何创造价值，包括决定与竞争对手产品的区分、机器的现代化程度、服务的创新、是否成为技术先导企业、如何向顾客传达信息等。

（4）职能层战略

职能层战略是物流企业为贯彻、实施和支持公司层战略与业务层战略，从而在特定职能管理领域制定的战略，包括人力资源战略、财务战略、信息战略和技术战略等。

4.1.4 物流企业战略管理的重要性和过程

1. 物流企业战略管理的重要性

（1）物流需求增加

伴随着经济发展，社会物流需求快速增加。物流需求追求的是在必要的时间配送必要的量、必要商品的多频次少量运输、准时化运输等高水准的物流服务，逐步呈现出高效化、精准化特点。传统的大量生产、大量销售体制下产生的大量输送将逐步被高效率、高质量的服务所替代，因此，积极制定适应新物流需求的发展战略对物流企业的发展是必要的。

（2）物流竞争加剧

与物流需求相对应的物流供给也会对物流企业战略的形成产生重要影响，主要表现在从事物流经营的企业之间的竞争日益激烈。随着经济全球化及电子商务的发展，物流服务业越来越无国界限制，物流企业之间的竞争不仅是国内物流企业之间的竞争，还是国际企业之间的竞争。物流企业不得不采取全球化的企业发展战略。

2. 物流企业战略管理的过程

物流企业战略管理的过程包括 3 个阶段：①物流企业的战略分析，即了解企业所处的环境和地位；②物流企业的战略制定，即对可行战略进行制定、评价和选择；③物流企业的战略实施，即对战略的具体实施和过程控制。物流企业战略管理过程的 3 个阶段是一个相互联系、循环反复、不断完善的过程，是一个动态的管理过程，如图 4-4 所示。

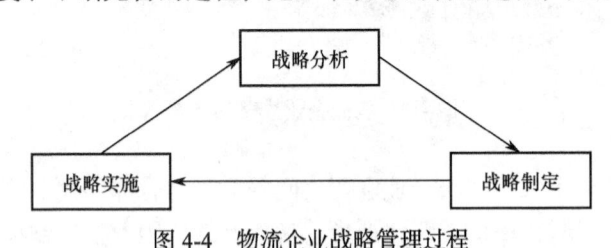

图 4-4　物流企业战略管理过程

（1）战略分析

战略分析是指对影响物流企业当前和未来生存与发展的一些关键因素进行分析，是战略管理的第一步。战略分析主要包括外部环境分析和内部环境分析两个方面。

（2）战略制定

战略制定包括战略目标及方案制定、战略评价与选择。

① 战略目标及方案制定。战略目标及方案制定就是在对物流企业内外部环境进行综合分析的基础上，提出今后的中长期发展思路及方案，包括明确制定企业的使命与战略目标。

② 战略评价与选择。一个物流企业可能会面临多种实现战略目标的战略方案，这就需要对每种战略方案进行鉴别和评价，以选择适合该企业自身实际情况的战略方案。

（3）战略实施

战备实施包括战略的具体实施和过程控制。

① 战略的具体实施是指为具体落实物流企业选定的战略方案而采取的各种措施，主

要包括：组织结构的建立与调整；资源的规划与配置；战略实施过程中企业家的角色定位与培养；培育与物流企业战略相适应的企业文化；创建物流企业的核心能力。

② 战略的过程控制是指在战略实施过程中，为实现既定的战略目标，必须对战略实施进行控制。这需要将信息反馈回来的实际绩效与预期的战略目标进行比较，如果两者有显著偏差，就应当采取有效的措施进行纠正。

§ 知识链接 4-1

中远集团的国际物流战略

中远集团是以航运和物流为主业的多元化经营跨国企业集团，在致力于为全球客户提供航运、物流等优质服务的同时，还为客户提供船代、货代、船舶工业、码头、贸易、金融、房地产和 IT 等多个行业的服务。

中远集团于 2002 年成立中国远洋物流公司，组建该物流公司是中远集团为迎接加入 WTO 的挑战，推进其"由拥有船向控制船转变，由全球承运人向全球物流经营人转变"的发展战略而实施的重大举措。

首先，为贯彻"由拥有船向控制船转变，由全球航运承运人向全球物流经营人转变"的发展战略，中远集团及时对主业结构进行了调整，同时制定了集团物流发展规划。

其次，为充分利用集团全球资源，发挥集团整体优势，集团总公司成立了物流职能机构，下设国内外各区域物流公司，并在总公司的统一管理下运作。

最后，中国远洋物流公司以客户满意为中心，以上海通用汽车、海尔电器、保伦鞋业 3 个典型项目为突破口，开发了各类物流项目 73 个，同时走访多家大客户，了解其需求并共同协商开发物流配送方案。

4.2 物流企业的战略环境分析

企业的内外部环境是不断变化的，具有很大的随机性。企业经营战略只有根据环境的变化及时做出调整，才能保证战略方向的正确性。

4.2.1 物流企业环境的定义

物流企业作为一个组织，本身必然是一个与外界保持密切联系的开放系统，需要不断地与外界进行资源和信息的交换，其运行和发展不可避免地受到种种内外部因素的影响，这些内外部因素就构成了物流企业环境。物流企业环境是物流企业生存和发展的土壤，既为物流企业活动提供必要的条件，同时也对物流企业活动起着制约的作用。物流企业环境一般包括内部环境和外部环境两部分。

4.2.2 物流企业的内部环境分析

物流企业内部环境分析主要包括物流企业的经营资源分析、经营能力分析和核心竞争力分析 3 个方面，如图 4-5 所示。

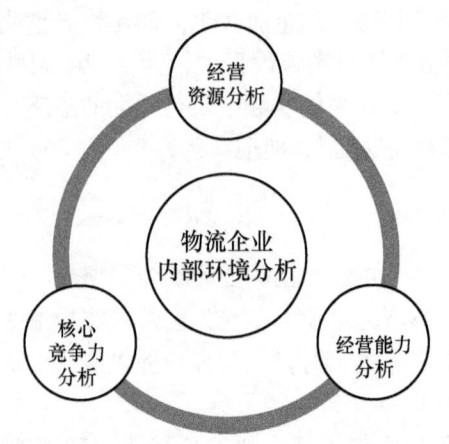

图 4-5 物流企业内部环境分析

1．经营资源分析

经营资源是物流企业竞争优势的根本源泉。例如，物流企业所拥有的品牌、技术、市场能力和服务能力可以帮助其获得竞争优势，使其有别于竞争对手。因此，物流企业要想获得竞争优势，就必须全面、系统地分析企业的经营资源。一般企业的主要经营资源如表 4-3 所示。

表 4-3 一般企业的主要经营资源

经营资源		主要特性
有形资源	人力资源	职工的教育水平和专业技术水平决定了企业所能够利用的技术水平；职工的韧性决定了企业所制定战略的韧性；职工的忠诚度和贡献决定了企业维持竞争优势的能力
	财力资源	企业的贷款能力和内部资金的再生能力决定了企业的投资能力
	物质资源	企业规模与位置，设施设备的可靠性、先进性等决定了企业的生产经营费用与品质优势
	组织资源	企业的组织结构类型与各种规章制度决定了企业的运作方式与方法
无形资源	技术资源	企业技术资源的充足程度决定了企业的工艺水平、生产经营能力及产品品质等，是决定企业是否具有竞争优势的关键
	商誉	商誉的高低反映了企业内外部对企业的整体评价水平，决定了企业的生存环境

2．经营能力分析

经营能力分析主要是对现行物流企业运营系统的能力进行分析和评价。物流企业的经营能力主要包括订单处理能力、信息反馈能力、项目策划和推动能力、流程管理能力 4 个方面，如图 4-6 所示。

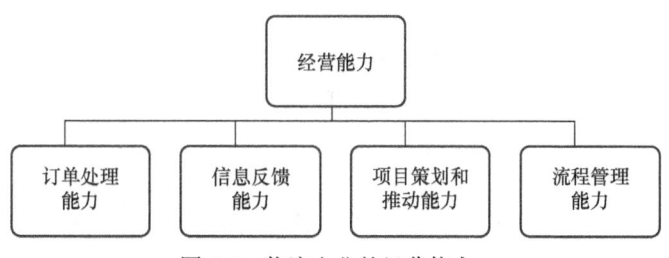

```
            经营能力
    ┌────────┼────────┬────────┐
  订单处理  信息反馈  项目策划和  流程管理
   能力     能力    推动能力    能力
```

图 4-6　物流企业的经营能力

（1）订单处理能力

订单处理能力是指物流企业是否能够及时接收客户订单，正确且迅速地处理客户订单，满足客户企业的物流需求，促进客户企业生产或销售业务的顺利完成。

（2）信息反馈能力

信息反馈能力是指物流企业是否能够为客户企业提供足够的、需要的物流信息。

（3）项目策划和推动能力

项目策划和推动能力是指物流企业是否能够为客户企业进行物流项目策划，或者当客户企业在进行市场扩展时，是否能够提供相应的物流解决方案，支持客户企业的销售发展。

（4）流程管理能力

流程管理能力是指物流企业是否能够对物流过程进行有效的监控，它是实现物流服务目标的重要手段。

3．核心竞争力分析

核心竞争力是企业获得持久竞争优势的基础。企业最重要、最核心的竞争优势应体现在吸引和留住客户、抵御外来的竞争和威胁上。获取和保持竞争优势的关键在于建立竞争对手不能轻易复制和模仿的资源能力和竞争能力。物流企业的核心竞争力是一个复杂的多元系统，归纳起来主要包括核心技术能力、应变能力、整合能力和营销能力 4 个方面，如图 4-7 所示。

```
            核心竞争力
    ┌────────┼────────┬────────┐
  核心技术  应变能力  整合能力  营销能力
   能力
```

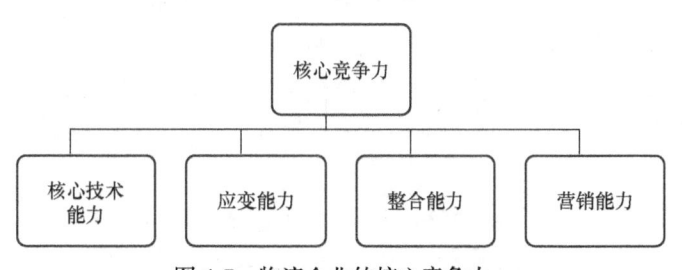

图 4-7　物流企业的核心竞争力

（1）核心技术能力

物流企业的核心技术能力不仅取决于现有的物流设施及技术装备的现代化水平，而且取决于企业能否有效地将这些技术装备应用到所提供的服务中去，从而提高服务水平，使技术资源转化为企业的技术优势。核心技术能力包括第三方物流企业的研发能力和服务创新能力。

（2）应变能力

应变能力是指物流企业根据物流市场的供求状况、需求模式的改变和技术革新的进展而及时对服务方式进行调整的能力。应变能力是物流企业在快速发展的竞争环境中取胜的关键。

（3）整合能力

整合能力涉及物流企业的组织结构、信息传递、企业文化和激励机制等诸多要素。它的作用在于通过管理过程的制度化、程序化，将企业的技术知识和服务技巧融入企业的核心竞争力中。

（4）营销能力

营销能力反映物流企业在成长过程中培育的市场影响力。它通过将潜在竞争优势转化为现实利润优势而直接或间接地影响物流企业的核心竞争力。营销能力主要包括物流企业的服务营销能力、企业在客户心中的形象和声誉等。

> **视野拓展 4-1**
>
> **安得智联科技股份有限公司的内部环境**
>
> 安得智联科技股份有限公司（原安得物流股份有限公司，以下简称安得智联）是一家专注于提供智慧物流集成解决方案的现代科技创新型企业。安得智联拥有冷链物流、国际物流、零担快运、智能科技4家专业公司及28家分公司。同时，公司的整体运行已实现智能化、自动化、信息化、数字化、网络化、集成化、柔性化、移动化、可视化。
>
> 安得智联秉承以客户为中心的理念，为跨行业客户提供多元、高效的服务选择。在食品饮料行业、汽配行业、电子通信行业、家电行业、粮油行业及日化保健行业等相关领域，安得智联搭建了智能化、数字化、移动化、全流程的智能物流体系，帮助客户大幅度提高了物流效率。
>
> 安得智联专注于持续的技术进步和创新，致力于创造高效、透明、可触达的物流新世界。通过技术革新，安得智联已荣获高新技术企业证书、国家认定企业技术中心、中国驰名商标、科技进步奖二等奖等各类证书。在智慧物流方面，通过自主研发及全球资源整合，安得智联可向客户提供具备世界一流水平的智慧物流集成解决方案。
>
> 安得智联在全国拥有111个物流中心，176个物流服务平台，超过500万平方米的仓储面积，8.6万辆可调用车辆，3 000多个"最后1 000米"送装网点。安得智联在海量数据的支撑下，已实现2 869个县（区）无盲点覆盖，以及送装一体化服务，同时在时效上实现了100千米24小时、200千米48小时配送到门。

4.2.3 物流企业的外部环境分析

物流企业的外部环境包括宏观环境和微观环境。其中，宏观环境是各类企业都要面对的市场环境，它间接或潜在地对企业发生作用和影响；微观环境则是物流企业所处的行业

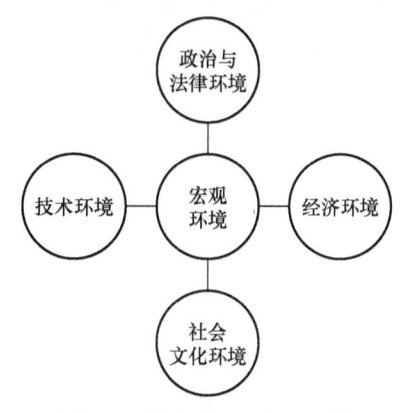

环境。

1. 物流企业的宏观环境

物流企业的宏观环境主要包括政治与法律环境、经济环境、社会文化环境和技术环境等，如图 4-8 所示。分析宏观环境的意义在于评价其对企业战略目标和战略制定的影响。

图 4-8 物流企业的宏观环境

（1）政治与法律环境

政治与法律环境是指对物流企业的经营活动具有实际与潜在影响的政治力量和有关的法律法规等。具体来说，政治环境主要包括国家的政治制度与体制、政局的稳定性及政府对外来企业的态度等因素；法律环境主要包括政府制定的对物流企业的经营具有刚性约束力的法律、法规，如反不正当竞争法、税法、环境保护法和外贸法规等。

（2）经济环境

经济环境是指一个国家的经济制度、经济结构、产业布局、资源状况、经济发展水平及未来的经济走势等。构成经济环境的关键战略要素包括 GDP 的发展趋势、利率水平的高低、财政货币政策的松紧、通货膨胀程度及其趋势、失业率水平、居民可支配收入水平、汇率升降情况、能源供给成本、市场机制的完善程度、市场需求情况等，这些因素都对企业的经营发展有着重要的影响。

（3）社会文化环境

社会文化环境是指物流企业所在地区的社会成员的民族特征、文化传统、价值观念、宗教信仰、教育水平和风俗习惯等因素。社会文化环境强烈地影响着人们的购买决策和企业的经营行为。例如，人口分布在很大程度上影响了企业进入或覆盖市场的成本，特别是物流企业用人的成本；种族结构和收入分布则决定了企业经营品种的选择和市场进入渠道等。

（4）技术环境

技术环境不仅包括那些引起时代革命性变化的发明，还包括与企业生产经营有关的新技术、新工艺、新材料的出现及其发展趋势、应用前景。《"互联网+"高效物流实施意见》（发改经贸〔2016〕1647 号）明确提出，依托互联网等先进信息技术，创新物流企业经营和服务模式，将各种运输、仓储等物流资源在更大的平台上进行整合和优化。

2. 物流企业的微观环境

物流企业进行战略分析时，在宏观环境分析的基础上，还需要进一步分析企业所处的产业环境，即产业中竞争的性质和该产业中所具有的潜在利润。常用的分析工具是著名战略管理学权威迈克尔·波特教授提出的"五力模型"。但我们认为，政府、债权人、工会和其他群体也会对企业经营活动产生影响，所以我们把"其他利益相关者"这一力量加入"五力模型"，把该模型发展为"六种力量模型"，如图4-9所示。

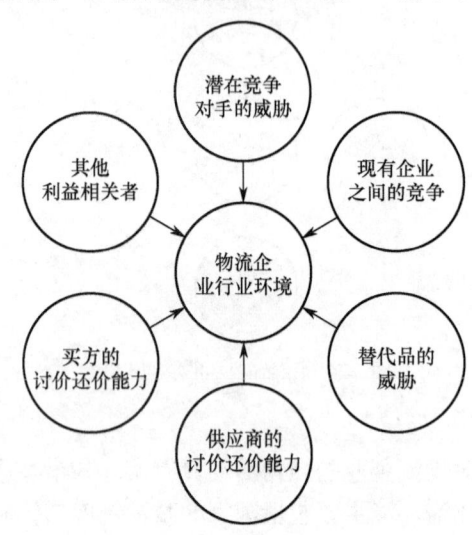

图4-9 物流企业的六种力量模型

（1）潜在竞争对手的威胁

潜在竞争对手的加入会带来新的生产能力和物质资源，并要求取得一定的市场份额。例如，制造企业计划剥离物流业务，拟成立物流企业；电子商务企业拟自建物流中心，等等。这些都会对物流业内的现有企业构成潜在的威胁，这种威胁称为进入威胁。进入威胁的大小主要取决于进入壁垒的高低，以及现有企业的反应程度。其中进入壁垒是指进入一个产业需要克服的障碍和付出的代价；现有企业的反应程度是指行业内现有企业对新进入者的态度，即比较宽容的态度还是比较敏感的态度。

（2）现有企业之间的竞争

现有企业之间的竞争是指产业内企业之间的竞争关系和竞争程度。例如，德邦物流与天地华宇、佳吉快运之间，申通快递、圆通速递、中通快递、百世汇通、韵达快递5家民营快递公司之间，都是实力相近的竞争者。决定产业内企业之间竞争激烈程度的因素有竞争者的多寡及力量对比、市场增长率、固定成本、产品差异性及转换成本、产业生产能力的增加幅度、退出壁垒等。

（3）替代品的威胁

替代品是指与本企业产品具有相同或类似功能的产品。替代品的竞争力越大，对现有企业的威胁就越大，反之则越小。决定替代品竞争力大小的因素主要有替代品的盈利能力、替代品生产经营企业的经营策略、购买者的转换成本等。

（4）供应商的讨价还价能力

物流企业的供应商主要是指物流技术与装备的制造商及能源提供商，它们可以通过提高价格或降低质量等手段，向物流企业施加压力，以此来获取尽可能多的利润。供应商的讨价还价能力越强，物流企业的盈利空间就越小，反之则越大。

（5）买方的讨价还价能力

买方必然希望所购买的产品物美价廉、服务周到，并从现有企业之间的竞争中获利。影响买方讨价还价能力的主要因素有买方集中度、买方从产业购买的产品在其成本中所占的比重、所买产品的标准化程度、买方的盈利能力、买方后向一体化的可能性、买方信息的掌握程度等。

（6）其他利益相关者

每个利益相关者都用自己的标准衡量企业经营业绩，按照对自己影响的好坏来衡量企业高级管理层的决策行为。例如，股东根据企业股息的大小、发放次数和股市情况，决定是投资还是出售股权；债权人通过审视企业财务、是否遵守合同条款、信誉可靠性等状况，确定对企业的信用政策和贷款条件；工会组织则从工资、就业、晋升机会等方面评估企业的优劣。

4.3 物流企业的战略选择

随着我国物流企业的不断发展和成熟，物流企业越来越重视自身的竞争战略选择，要在物流市场上获得胜利，也需要有一个好的企业经营战略。对大型物流企业来说，可以有多种战略选择。

4.3.1 物流企业战略选择的含义

物流企业的战略选择是指做出选择某一特征物流战略方案的决策。物流战略决策的制定者常常需要对未来进行评估，随着事态发展不断发现新的和谐性，并及时对企业的资源进行调整，求得新的平衡，以适应经常变化的条件。

4.3.2 物流企业战略的类型

1. 按战略发展方向分类

物流企业战略根据战略发展方向不同，可以分为进攻型战略、防御型战略和退却型战略。

（1）进攻型战略

进攻型战略又称成长型战略，是指物流企业的发展目标大大高于企业现有水平的战略。采用成长型战略的企业，一般不满足于现状，寻找一切可能的机会和途径扩大企业的经营规模，这类企业通常具有雄厚的实力或繁荣的市场。

（2）防御型战略

防御型战略又称稳定型战略，是指物流企业所追求的战略水平与企业原有水平基本持平。采用防御型战略的企业，所面临的市场通常是需求增长达到饱和状态，市场容量不可能再增加，甚至很快会出现衰退。因此，企业既没有力量在原有领域继续扩张，也没有实力进入新领域，只能采用防御型战略防止竞争对手的进攻，保持企业已有的生产和市场规模。

（3）退却型战略

退却型战略是指物流企业的战略水平低于企业原有战略的水平。退却型战略有积极退却与消极退却两种类型。积极退却战略一般是企业以退为进的战略选择。企业在发展中常会选择暂时的退却来苦练内功，养精蓄锐，以便将来能够东山再起。消极退却战略一般是由于市场衰退或企业在市场竞争中处于非常不利的位置，企业决定趁还有一定能力时及时从原有领域中退出来，以便寻找新的出路。

2. 按物流战略中心分类

物流企业战略根据物流战略中心不同，可以分为成本领先战略、差异化战略和集中化战略。

（1）成本领先战略

成本领先战略是指物流企业通过有效途径降低成本，使企业的全部成本低于竞争对手的成本，长期以低于竞争对手的价格提供与竞争对手相同或类似的产品与服务，从而获得竞争优势的一种战略。实施成本领先战略需要将目标确定在较为集中的客户需求上，向客户集中的地区提供快速、优质的服务，通过储运资源和库存政策的合理配置，使物流总成本最低。

（2）差异化战略

差异化战略是指物流企业向客户提供的产品和服务与竞争对手相比独具特色，通过产品和服务的独特性维持客户的忠诚，从而使企业建立起具有独特竞争优势的战略。物流企业作为第三方物流服务提供商，其服务的有效性不仅能降低供应方企业的成本，更重要的是通过服务提高客户的满意度，而提高客户满意度是企业取得竞争优势最重要的标志之一。物流企业差异化战略是指物流企业结合自身的实力和市场的需求，提供与其他物流企业不同的、具有独特性的产品和服务。

（3）集中化战略

集中化战略是指将物流企业的经营活动集中于某一特定的购买群体或某一地域性市场，通过为这个小市场的购买者提供比竞争对手更好的、更有效率的服务来建立竞争优势的战略。在物流业，某些行业的物流具有较为鲜明的特点，一般第三方物流供应商的通用设备和人员配置不容易为客户提供优质、高效的物流服务，或者难以跨越较高的准入门槛。例如，化工、石油、液化气等特种商品的物流服务，由于其需要相应的经营资质和经济实力，一般竞争对手较难进入该领域。

✎ 视野拓展 4-2

沃尔玛的成功秘诀

沃尔玛是美国著名的零售企业，以营业额计算为全球最大的公司之一。沃尔玛成功的重要秘诀之一就是：建立了全球第一个物流数据处理中心（沃尔玛是全球第一个

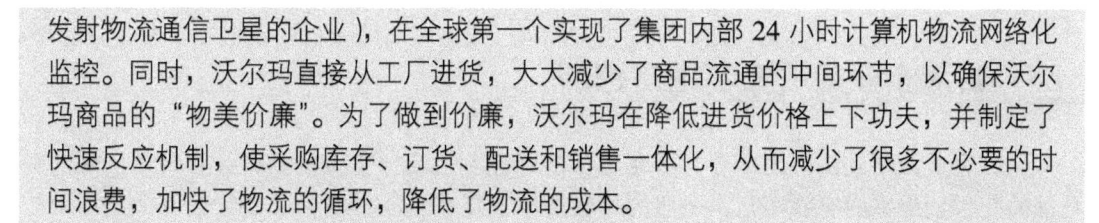

发射物流通信卫星的企业），在全球第一个实现了集团内部 24 小时计算机物流网络化监控。同时，沃尔玛直接从工厂进货，大大减少了商品流通的中间环节，以确保沃尔玛商品的"物美价廉"。为了做到价廉，沃尔玛在降低进货价格上下功夫，并制定了快速反应机制，使采购库存、订货、配送和销售一体化，从而减少了很多不必要的时间浪费，加快了物流的循环，降低了物流的成本。

4.3.3 物流企业战略选择的影响因素

影响物流企业战略选择的因素主要有以下几个。

（1）物流企业过去的战略

对大多数物流企业来说，过去的战略常常作为其战略选择过程的起点。这样，一个很自然的结果是，进入考虑范围的战略方案数量会受到企业过去的战略的限制。

（2）物流企业管理者对风险的态度

物流企业管理者对风险的态度影响着战略选择的决策。一些物流企业乐于承担风险，而另一些物流企业则对风险有一种强烈的回避倾向。风险承担者一般采取进攻性战略，以便在被迫对环境的变化做出反应之前主动地反应；风险回避者则通常采取防御性战略，只有在环境变化迫使其做出反应时才不得不这样做。

（3）物流企业环境

物流企业总是存在于一个通常受到股东、竞争者、客户、政府、行业协会和社会影响的环境之中，企业对这些环境力量中的一个或多个因素的依赖程度也影响其战略选择。如果物流企业对环境的依赖程度较高，通常会降低其在战略选择过程中的灵活性。

（4）物流企业文化与权力关系

物流企业文化与权力关系对战略选择过程有着重大影响。企业文化是一种价值观，它为物流企业的活动和行为设定了一种模式；权力则是存在于人们之间的一种相互关系，凭借这种关系，一个人能够对另一个人或群体施加影响，使之做一些没有这种关系就无法做到的事情。

（5）物流企业管理人员的素质

低层管理者和职能部门人员对物流企业的战略选择有重要影响，这种影响是通过准备提交的战略方案及通过评价与各种方案相联系的风险来实现的。

（6）企业外部的竞争行为和反应

影响物流企业战略选择的另一个因素是企业外部的竞争行为和反应。这一因素相当关键。例如，在物流行业，强势企业的竞争行为和反应将强烈影响该行业所有其他企业的战略抉择。

（7）时限考虑

影响物流企业战略选择的最后一个因素是可供做出决策所用的时间的长短。如果时限压力大，不仅限制了可能进入考虑范围的战略方案的数量，也减少了可以收集的用于方案评价的信息的数量。在时限压力之下，人们倾向于把否定性因素看得比肯定性因素更重要一些，并且在做出决策时只考虑为数更少的因素。

4.4 物流企业的战略实施与控制

物流企业战略的选择很重要，战略的实施和控制也同样重要。只有具有一个良好的企业战略并保证战略的有效实施，企业的战略目标才能够顺利实现。

4.4.1 物流企业的战略实施

1. 物流企业战略实施的原则

（1）战略协同原则

战略协同原则是实现战略规划的首要原则。物流企业战略实施过程应将企业使命、战略目标、战略优势协调起来，同时将企业总体战略、竞争战略、职能战略等协调起来，以实现企业系统的协同效应。

（2）寻求优势原则

企业战略的核心是获得竞争优势。物流企业的战略实施过程就是通过企业外部环境分析和内部资源评价，在企业战略思想的指导下，寻求和建立在物流市场上的竞争优势的过程。

（3）资源均衡原则

企业战略的实施是资源投入和效益产出的过程。在这一过程中，由于企业系统运作的要求，资源的类型、投入的方式、资源投入的比例必须均衡，只有这样才能保证企业战略实施的有效性。

（4）相对满意原则

战略规划是在一定资源限制和非完全信息条件下制定的，其本身即为相对满意的一种选择。物流企业战略实施同样受到资源的限制和信息不完全的制约，因此，企业只能在相对满意的原则指导下，通过对战略实施过程的不断调整，满足规划要求，实现企业战略目标。

（5）系统优化原则

物流企业本身是社会再生产系统中的一个子系统，物流企业战略规定了企业的使命和经营宗旨，并具体分解成一系列经营发展目标。要实现物流企业的经营发展目标，就必须遵循系统优化原则，使物流企业结构安排合理、资源配置优化、整体发展有序。

（6）统一指挥原则

战略的实施应当在统一指挥下进行，只有这样，物流企业资源的分配、组织机构的调整、企业文化的建设、信息的沟通与控制、激励制度的建立等各方面才能相互协调、平衡，才能使物流企业为实现战略目标而卓有成效地运行。

2. 物流企业战略实施的内容

（1）构建高效的组织系统

构建高效的组织系统包括：规范物流企业内部组织结构及其职责和权力范围；明确各部门之间的关系；确保战略实施过程中的协调配合。

(2) 重视人力资源开发和管理

人是物流企业战略实施的主体，是战略实施成败的关键。因此，在战略实施过程中必须重视人力资源的规划与配置、人力资源的招聘与培训，以及薪酬制度和绩效管理制度的制定与实施等。

(3) 建立有效的协调控制系统

物流企业要通过建立工作规范、工作流程和协作标准等形式来协调企业内部各部门之间的关系，通过建立目标机制、评价标准和控制要素来强化对战略实施过程的控制。

(4) 建设适应战略实施的企业文化

物流企业在战略实施过程中，只有企业内部各部门及个人目标与企业战略目标统一，才能保证企业战略的有效实施。企业文化建设使企业全体员工价值观趋同于企业战略目标，在企业战略实施过程中发挥着重要的作用。

4.4.2 物流企业的战略控制

物流企业的战略控制主要是指物流企业战略在实施的过程中，不断地检查为了达到预期目标所进行的各项活动的进展情况，评价实施企业战略后的企业绩效，把它与既定战略目标和绩效目标相比较，发现战略差距，分析产生偏差的原因，纠正偏差，使物流企业战略目标得以实现。

1. 物流企业战略控制的内容

(1) 设定绩效标准

根据物流企业战略目标，结合企业的人力、物力、财力及信息等具体条件，确定企业绩效标准，作为战略控制的参照系。

(2) 绩效监控与偏差评估

通过一定的测量方式、手段和方法，检测整个物流系统的实际绩效，并将实际绩效与标准绩效相比，进行偏差分析与评估。

(3) 设计并采取纠正偏差的措施

如果实际绩效与绩效目标的偏差没有超出允许的范围，就不需要采取纠正行动；如果偏差超出允许的范围，则需要设计并采取纠正偏差的措施，以顺应变化的条件，从而保证物流企业战略的圆满实施。

(4) 监控外部环境的关键因素

外部环境的关键因素是物流企业战略赖以生存的基础，这些外部环境关键因素的变化意味着战略前提条件发生了变动，因此必须给予充分的关注。

(5) 激励战略控制的执行主体

激励战略控制的执行主体的目的是调动其自控制和自评价的积极性，保证物流企业战略实施的切实有效。

2. 物流企业战略控制的过程

物流企业战略控制的过程一般由 3 个方面组成：一是确定定性定量的目标，并与产业内优秀的企业相比较，根据目标制定评价标准；二是在执行过程中通过信息反馈对实际效果进行控制；三是通过比较，反映出偏差，对偏差采取纠正行为。这 3 个方面结合在一起形成了一个物流企业的战略控制网络，也是一个典型的控制过程，如图 4-10 所示。

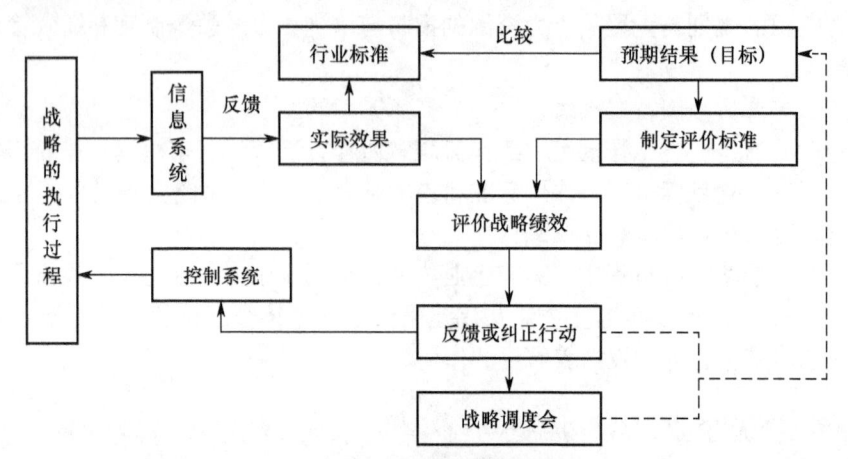

图 4-10　物流企业战略控制的过程

视野拓展 4-3　　　　　华联超市的物流发展战略

华联超市创立于 1992 年 7 月，投资 3 000 万元。自 1999 年以来，华联超市开始向发展连锁店转变。2000 年 10 月，华联超市成功上市。

华联超市决策层通过全国调研、反复论证、科学决策，制定了华联超市 5 年发展战略。该战略不仅设定了总体目标，还设定了阶段性目标，涉及销售额、门店规模和业务类型。

华联超市的发展战略包括：

① 健全全国商品采购网络。根据各地明显的经济互补性，把好的商品纳入华联超市的全国采购网络，并与各地供应商携手合作，共同开发市场。

② 完善物流中心运作体系。华联超市投资建设了地区性中转型物流配送中心，并与卖场相结合，提高配送效率；进一步提高配送技术，并实施与供应商联网的 EDI 系统及门店信息反馈，形成领先于同行的物流竞争优势。

③ 提高物流信息技术能力。华联超市建设了企业内部办公自动化系统，实现了内外网的统一；建立了数据库系统，实现了客户关系管理系统和企业资源计划管理系统。

④ 培养高素质物流管理人才。华联超市有计划、有组织地开展物流人才培训，专门建立了一支高素质的物流管理人才队伍。

课后习题

一、判断题

1．退却型战略就是指消极退却战略。　　　　　　　　　　　　　　　　　　（　　）
2．经营资源是物流企业竞争优势的根本源泉。　　　　　　　　　　　　　　（　　）

3．资源的类型、投入的方式、资源投入的比例可以随意调配。（　）
4．替代品的竞争力越大，对现有企业的威胁就越大；反之则越小。（　）
5．物流企业战略的类型可以按战略发展方向分类，也可以按物流战略中心分类。
（　）

二、单项选择题
1．（　）又叫竞争战略或分公司战略。
　　A．网络层战略　　B．公司层战略　　C．业务层战略　　D．职能层战略
2．物流企业的内部环境不包括（　）。
　　A．经营资源　　B．经营能力　　C．核心竞争力　　D．社会文化
3．（　）是指物流企业是否能够为客户企业提供足够的、需要的物流信息。
　　A．订单处理能力　　　　　　　　B．信息反馈能力
　　C．项目策划和推动能力　　　　　D．流程管理能力
4．物流企业战略根据战略发展方向不同，可分为（　）。
　　A．进攻型战略　　B．防御型战略　　C．退却型战略　　D．以上都是
5．物流企业战略根据物流战略中心不同，可分为（　）。
　　A．成本领先战略　　B．差异化战略　　C．集中化战略　　D．以上都是

三、多项选择题
1．物流企业战略管理的过程包括（　）。
　　A．战略分析　　B．战略规划　　C．战略制定　　D．战略实施
2．物流企业战略的构成要素有（　）。
　　A．服务产品与市场范围　　　　　B．增长向量
　　C．竞争优势　　　　　　　　　　D．协同作用
3．物流企业战略的层次包括（　）。
　　A．网络层战略　　B．公司层战略　　C．业务层战略　　D．职能层战略
4．物流企业战略实施的内容包括（　）。
　　A．构建高效的组织系统　　　　　B．重视人力资源开发和管理
　　C．建立有效的协调控制系统　　　D．建设适应战略实施的企业文化
5．物流企业的宏观环境主要包括（　）。
　　A．政治与法律环境　　　　　　　B．经济环境
　　C．社会环境　　　　　　　　　　D．技术环境

四、简答题
1．物流企业战略的含义是什么？
2．物流企业战略的构成要素包括哪4项？
3．物流企业的战略环境包括哪些内容？
4．请简述物流企业战略管理的重要性。
5．物流企业战略实施的原则是什么？

任务实训

1. 实训目的

理解物流企业战略管理的主要内容,能够分析现实中物流企业所处的内外部环境、战略的选择和实施。

2. 背景材料

丰田公司的实时物流战略

受经济全球化及服务灵活化的影响,当前国外企业管理理论和实践正朝着精细化方向发展,其中实时管理得到了广泛的应用并卓有成效。实时物流是伴随实时生产而产生的,随着实时生产的发展与普及,实时物流也得到了迅速发展和广泛应用。

(1)零部件厂商对整车企业的实时物流供应

在实时物流中,取消了仓库的概念。例如,丰田公司只设"置场"临时堆料,原材料和零配件只在此堆放几小时,短的只要几分钟就被领用。在看板制度下,许多零件直到下一个制造过程需要时才上线生产。为使物流跟上生产的步伐,不造成缺货或生产延误,丰田公司采用了全新的"拉出方式",即在需要时由后工序的人员去前工序领取加工品,这种方式存在于整个生产范围(包括企业外部的零部件、原材料的供给)。这种方式使主动权掌握在企业手中,在需要时可以得到物流的实时服务。

实时生产要想发挥作用,除了要求"准时化生产",还需要零配件厂商的实时物流做保障。为此,丰田公司采用了 CAD/CAM 技术生产设计,先设计车体的各部分构造,再用 CAM 生产出样机模型,然后分派给零件厂商,以适应生产需要。零配件厂商大多位于同一个工业园区,这样不仅降低了运输成本,使运送途中的损耗降到最小,而且降低了所需的库存量。

(2)整车企业对经销商和客户的实时物流服务

丰田公司将实时生产体制和销售网络相结合,将日本全国经销商的计算机和丰田总公司的计算机联网,销售人员可以将客户订货信息实时通知生产线,从而形成一个大规模的信息系统,使订货手续大大简化,订单当天就可以传入总公司的计算机系统,交货时间可以缩短 10 天以上,经销商的库存也减少了 70%~80%,大幅度降低了存货成本。由于建立了灵活销售体系,将产品分成小批量,以更快的速度销售出去,从而进一步降低了产品流通领域的费用。

在运输方面,对于出口海外的产品,丰田公司所在的丰田市距海岸只有 50 千米,汽车可以从生产线一直开到码头,远洋轮可实时等待装船,消除了由于必须凑齐一定数量的汽车才能装船而产生的库存费用。产品到岸以后,由计算机系统分配,直接交至各经销商手中,中间不需要存储。

丰田公司实施以人为本的实时物流战略,对全体经销商进行教育培训,根据市场反馈的信息,对经销商的促销政策和经营问题给予适当的指导,如商品知识指导、推销员培训、经营管理或财务指导、店铺设计、广告发布指导等,以提高销售效率,并从人员和技术上协助他们进行销售和售后服务。在经济不景气时期，通过协商，丰田公司与经销商共同承担利润减少带来的负面影响，形成一种风险共担、利益共享的关系。

3. 实训任务

① 丰田公司的物流战略是什么？
② 影响现代物流战略发展的因素有哪些？

4. 实训步骤

（1）个人阅读/小组分组

老师督促学生进行个人阅读，并让其在课前完成。建议 3～5 人一组，老师监督分组情况和任务进度。针对学生的特点，在课堂上老师再花费 5～10 分钟对案例学习要点及相关背景进行简单的陈述。

（2）案例开场白

丰田公司的物流战略是什么？

（3）小组讨论/报告

该步骤主要在课堂上进行，持续 20～30 分钟，主要围绕实训任务中的两个问题展开，学生也可自行增加感兴趣的部分。小组报告的内容应尽可能是小组成员达成共识的内容，对于未达成共识的内容可以单独提出讨论。每个小组将讨论要点的关键词按小组抄写在黑板上的指定位置并进行简要报告，便于课堂上的互动。

（4）师生互动

该步骤主要在课堂上进行，持续 30～40 分钟，老师针对学生的报告和问题与学生互动，同时带领学生对本章关键知识点进行回顾，并了解学生还有哪些问题或困惑，激发学生的学习兴趣，使学生自觉在课后进一步查询相关资料并进行系统的回顾与总结。

（5）课后作业

根据课堂讨论，要求每位学生进一步回顾本章知识点，以小组为单位形成正式的实训报告。报告要观点鲜明、思路清晰、逻辑严密、论证翔实。

（6）考核

老师根据学生的课堂表现和实训报告质量，评定实训成绩。

第 5 章

物流企业的作业管理

学习目标

- 掌握作业管理的含义、作业管理环节。
- 了解采购管理、营销管理的含义和内容。
- 掌握运输管理的含义、作用和方式。
- 掌握仓储管理的含义、方法和合理化。
- 掌握流通加工管理的含义、类型、成本构成和合理化。

引 例

物流管理的缺憾

北京的郭先生和南京的冯女士分别在某网站购买了 CD 和书籍，分别采用了不同的付款方式，网站根据顾客的不同要求，分别采用了不同的送货方式。冯女士不到 3 天就收到了全部商品，且商品完好无损。而郭先生等了 1 个多月才收到了部分所购商品。当打开 CD 的包装时，郭先生发现里面的 CD 已经有点破损了。对此，郭先生表示了极大的不满。送货员解释说，由于该网站在北京没有仓库，只好从其他地区调货，而由于中途运输不畅且 CD 包装不好，所以出现了上述问题，并表示将为郭先生调换商品。虽然该网站的服务态度让人满意，但这样的物流显然不是成功的，一方面，物流的质量得不到保证；另一方面，增加了企业的成本。

辩证与思考：

郭先生遇到的问题原因出在哪里？

答案解析：

由于该网站的物流仓库设置服务范围没有覆盖北京市场，并且物流运输和配送过程中的质量管理存在不足，导致出现郭先生遇到的问题。

物流企业作为供应链的 5 个基本主体之一，其作业活动的开展、企业目标的实现，无一不受到供应链中其他主体的影响。物流企业要实现物流作业链的整体最优，就必须站在供应链的角度对物流作业的采购、营销、运输、仓储和流通加工 5 个环节进行分析和管理。

5.1 物流企业的作业管理概述

商品的价值是在采购、制造、加工、配送、销售等一系列作业活动中形成的，企业通过连续的作业活动为消费者创造和提供价值，同时实现自身价值。同样，贯穿供应链始终的所有物流作业会形成一条联系链上所有企业的供应链，并且对该供应链的价值增值产生影响。因此，供应链物流贯穿物流企业以作业流程为基础的价值增值全过程。

5.1.1 供应链概述

1. 供应链的含义

根据国家标准《物流术语》（GB/T 18354—2021），供应链（Supply Chain）是指在生产及流通过程中，围绕核心企业的核心产品或服务，由所涉及的原材料供应商、制造商、分销商、零售商直到最终用户等形成的网链结构。

还有一种观点认为，供应链是通过前馈的信息流、反馈的物料流及信息流执行原材料采购、中间产品及成品生产、成品销售，进而把供应商、制造商、分销商、零售商、最终用户连成一体的功能网链结构模式。

2. 供应链中的 5 个主体

（1）供应商

供应商是给生产厂家提供原材料或零部件的企业。物流企业要注意避免有太多中间环节的供应商，如二级批发商、经销商、"皮包公司"等。

（2）厂家

厂家是产品制造商，是产品生产中最重要的环节，负责产品的生产、开发和售后服务等。

（3）分销企业

分销企业是指为实现将产品送到经营范围的每个角落而设的产品流通代理企业。

（4）零售企业

零售企业是指设有商品营业场所、柜台，并且不自产商品，直接面向最终消费者的商业企业，包括直接从事综合商品销售的百货商场、超级市场、零售商店等。

（5）物流企业

物流企业是上述企业之外专门提供物流服务的企业，要求至少从事运输或仓储中的某种经营业务，并能够按照客户的物流需求对运输、储存、装卸、包装、流通加工、配送等基本功能进行组织和管理，具有与自身业务相适应的信息管理系统。

3. 供应链中 5 个主体之间的关系

供应商为厂家提供原材料和零配件，厂家把商品销售给分销企业，之后分销企业将商品卖给零售企业，再由零售企业卖给最终用户。物流的过程就是从供应商开始，直到最终用户的过程。供应链就是这样一个整体，它把供应商、厂家、分销企业、零售企业等联系在一条链上，并对之优化，使企业与其他相关企业形成了一个融会贯通的网络整体。这个整体作为一个系统，相互之间若能协调合作，将产生"1+1>2"的规模效应；若供应链关系管理不当，则会产生"1+1<2"的不良后果。

5.1.2 物流企业的作业管理环节

物流企业的具体物流作业一般包括运输、仓储、装卸、配送、包装、流通加工与信息处理等。从供应链管理的角度来看，物流企业的作业管理环节可细分为物流企业的采购管理、物流企业的营销管理、物流企业的运输管理、物流企业的仓储管理、物流企业的流通加工管理等，如图 5-1 所示。

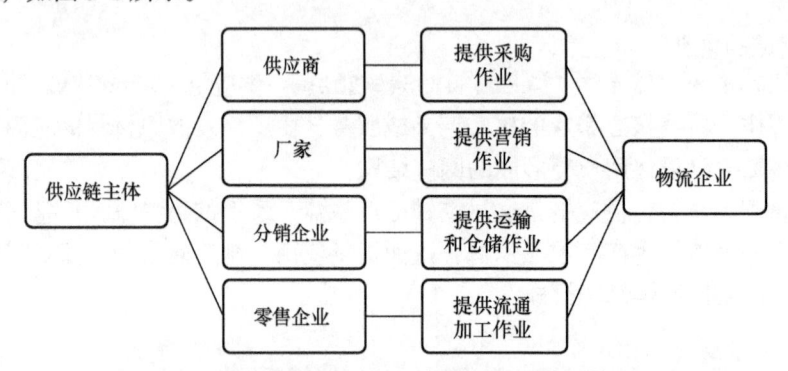

图 5-1 从供应链管理的角度看物流企业的作业管理环节

① 采购作业即从计划下达、采购单生成、采购单执行、到货接收、检验入库、采购发票的收集到采购结算的采购活动全过程。

② 营销作业是企业发现、创造和交付价值以满足一定目标市场的需求、获取利润的行为。

③ 运输作业是物质资料从供应者到使用者的运输、包装、保管、装卸搬运、流通加工、配送及信息传递的一系列过程。

④ 仓储作业一般包括收货、存货、取货、发货等环节。

⑤ 流通加工作业即在物品从生产者向消费者流动的过程中，为了促进销售、维护商品质量和提高物流效率，对物品进行一定程度的加工。

§ 知识链接 5-1

物流供应链管理

（1）提升企业管理软实力

在现代市场格局中，企业内部供应链管理已延伸和发展为产业链管理，管理的资源从企业内部扩展到了外部。在此条件下，应建成一个环环相扣的物流供应链，使多个企业能在一个整体的管理下实现协作经营和协调运作。因此，企业较强的整合能力与管理水平等软实力成为有效保障物流供应链运作的必要条件。

（2）加强物流基础设施建设

物流基础设施建设是物流供应链的基础。物流系统要做到准时交货、降低库存费用，运输环节的货车、装卸环节的起重机、仓储环节的传送带及土地、厂房等硬件设施是保证作业流程顺利进行的基础。当前，我国 50%的物流企业仍然处于基础网络建设阶段和系统建设阶段。

5.2 物流企业的采购管理

随着市场经济的发展和物流活动的日益频繁，采购已经成为物流企业经营的一项重要内容。采购工作的绩效直接影响着物流企业的利润水平和竞争能力，关系到企业的兴衰，因此，必须加强对采购全过程的管理。

5.2.1 采购管理的含义

采购管理（Procurement Management）是对计划下达、采购单生成、采购单执行、到货接收、检验入库、采购发票的收集、采购结算这一采购活动全过程中有关物流活动各个环节的状态进行计划、组织、领导、控制的管理过程。

采购管理一般可以分为 4 类：生产性采购、商贸性采购、一般日常用品性采购、项目性采购，如图 5-2 所示。

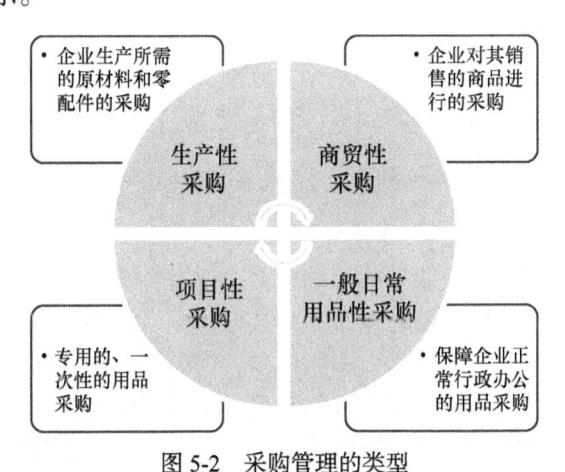

图 5-2 采购管理的类型

5.2.2 物流企业采购管理的目标和内容

1. 物流企业采购管理的目标

物流企业采购管理的最终目标是保证企业的物资供应，即在确保适当的质量的前提下，能够以适当的价格，在适当的时间，从适当的供应商那里采购到适当数量的物资和服务，如图 5-3 所示。

```
总目标            子目标              具体内容
```

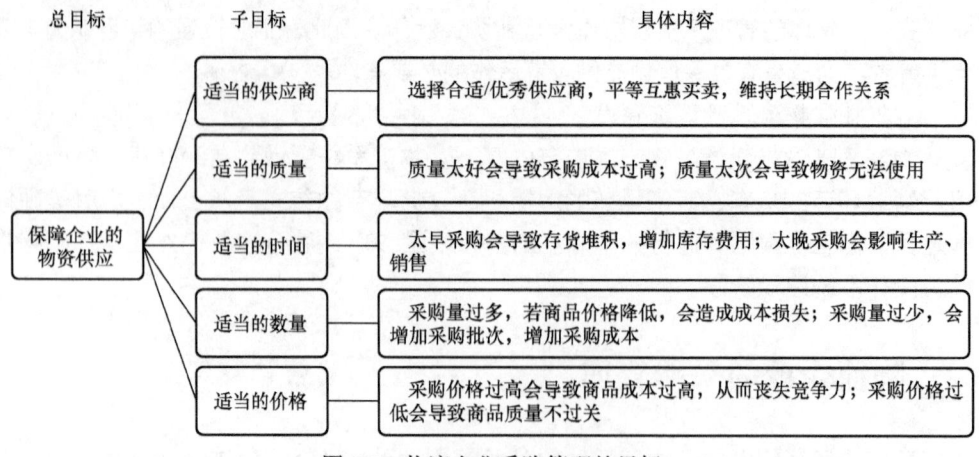

	适当的供应商	选择合适/优秀供应商，平等互惠买卖，维持长期合作关系
	适当的质量	质量太好会导致采购成本过高；质量太次会导致物资无法使用
保障企业的物资供应	适当的时间	太早采购会导致存货堆积，增加库存费用；太晚采购会影响生产、销售
	适当的数量	采购量过多，若商品价格降低，会造成成本损失；采购量过少，会增加采购批次，增加采购成本
	适当的价格	采购价格过高会导致商品成本过高，从而丧失竞争力；采购价格过低会导致商品质量不过关

图 5-3　物流企业采购管理的目标

2．物流企业采购管理的内容

物流企业采购管理包含 4 个方面的内容，如图 5-4 所示。

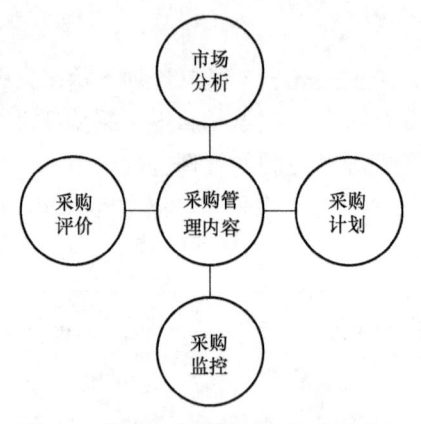

图 5-4　物流企业采购管理的主要内容

（1）市场分析

市场分析是指在制订物流企业采购计划之前需要对物流企业的需求和市场供给情况进行调查分析。其中，需求分析涉及物流企业的各个部门、各种材料、设备及办公用品等，要弄明白企业需要采购什么样的物品、采购多少、何时采购等问题；市场供给分析是指根据物流企业对商品的需求来调研市场供应的情况，包括资源分布情况、供应商情况、品种质量、商品价格、交通运输状况等，重点是供应商情况和品种质量分析。

（2）采购计划

采购计划是指物流企业管理人员在进行市场分析之后对企业计划期内物料采购管理活动所做的预见性的安排和部署。采购计划具体体现为包括采购物料、采购数量、需求日期、供货商等内容的计划表格。

（3）采购监控

采购监控是指物流企业以采购单为源头，对供应商确认订单、发货、到货、检验、入库等采购订单流转的各个环节进行准确的跟踪，以实现全过程管理。在全过程的管理中，物流企业可以实现对计划的执行状态、订单的在途状态、到货的待检状态进行监督和控制。

（4）采购评价

采购评价是指物流企业在一次采购完成后对本次采购的结果进行评价，主要包括评价采购活动的效果、总结经验教训、找出不足并提出改进方案等。唯有不断地总结、评价，才可以发现问题，改进工作流程，提高效率。

5.2.3 物流企业采购管理的成本构成

物流企业采购管理的成本不仅包括购置商品本身的价值成本，还包括商品的存储成本，以及因为采购而产生的一系列管理成本，如图5-5所示，其计算公式为：

$$物流企业采购管理成本=商品价值成本+存储成本+管理成本 \quad (5\text{-}1)$$

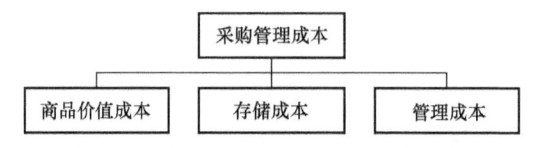

图 5-5　物流企业采购管理成本的构成

（1）商品价值成本

商品价值成本是指购买商品所花费的费用。商品价值成本受到商品单价、运输单价、税费的影响，其计算公式为：

$$商品价值成本=商品单价×数量+运输单价×运距+税费 \quad (5\text{-}2)$$

（2）存储成本

存储成本是物流企业持有采购的商品所花费的费用。存储成本受到存货占用的资金、仓库保管费用、保险费用、损失费用等的影响，其计算公式为：

$$存储成本=存货机会成本+仓库保管费用+存货损失费用+其他费用 \quad (5\text{-}3)$$

（3）管理成本

管理成本是物流企业在采购过程中发生的包含采购人员工资、奖金、办公费用、差旅费用、信息收集费用等在内的总费用，其计算公式为：

$$管理成本=人力费用+办公费用+差旅费用+信息收集费用+其他费用 \quad (5\text{-}4)$$

5.2.4 物流企业的供应商管理

1. 物流企业的供应商类型

物流企业有 3 种类型的供应商：交易型、战略型和大额型。其中，交易型供应商是指物流企业拥有数量较多，但交易金额较少的供应商；战略型供应商是指物流企业战略发展所必需的少数几家供应商；大额型供应商是指物流企业预制交易数额较大，但战略意义一般的供应商。3 种供应商如图 5-6 所示。

2. 物流企业的供应商选择标准

（1）短期标准

物流企业选择供应商的短期标准主要是 QCDS 原则，即质量（Quality）、成本

（Cost）、交付（Delivery）与服务（Service）并重的原则，如图5-7所示。

交易型供应商：通常呈现出一种短期合同关系，即物流企业同时向若干供应商购货，通过供应商之间的竞争获得价格好处，同时保证供应的连续性

战略型供应商：通常呈现出一种合作双赢关系，即物流企业对供应商给予协助，帮助供应商降低成本，改进质量，加快产品开发进度；通过建立相互信任的关系提高效率，降低交易/管理成本；用长期的信任合作取代短期的合同

大额型供应商：通常呈现出一种优于短期合同关系，但未实现合作共赢的长期合同关系，即物流企业对供应商的产品有大量的需求，但供应商与物流企业本身的战略发展没有太大关系

图5-6 物流企业的供应商类型

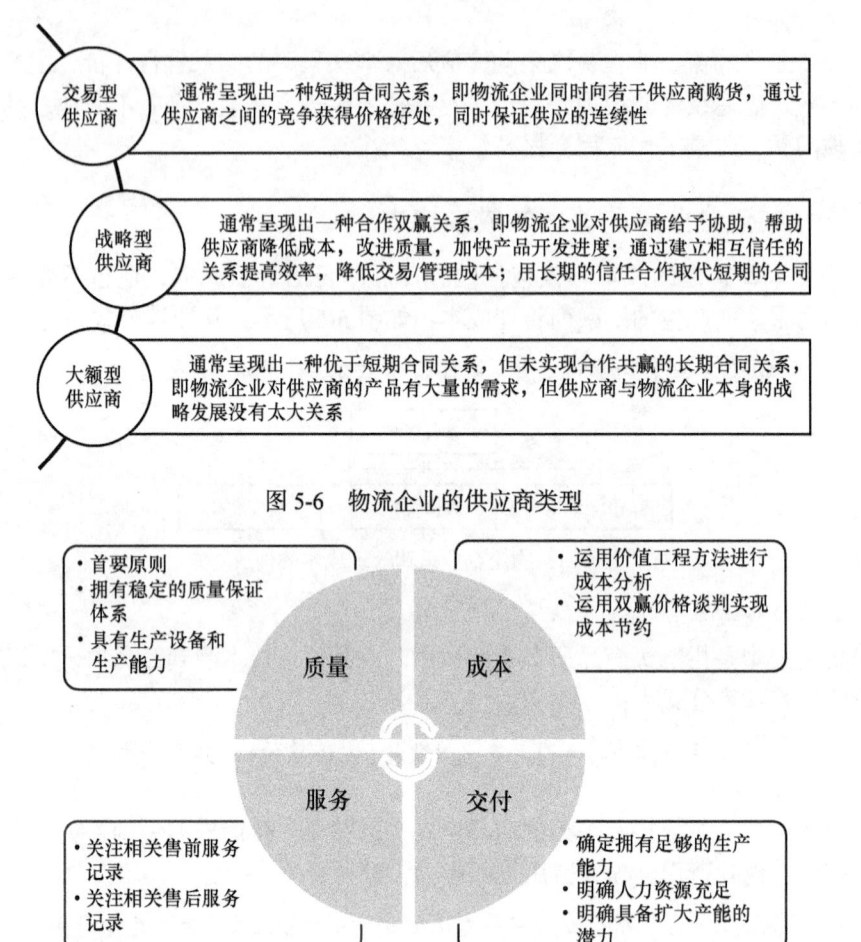

质量：
- 首要原则
- 拥有稳定的质量保证体系
- 具有生产设备和生产能力

成本：
- 运用价值工程方法进行成本分析
- 运用双赢价格谈判实现成本节约

服务：
- 关注相关售前服务记录
- 关注相关售后服务记录

交付：
- 确定拥有足够的生产能力
- 明确人力资源充足
- 明确具备扩大产能的潜力

图5-7 物流企业选择供应商的短期标准

（2）长期标准

物流企业选择供应商的长期标准是供应商能保证长期而稳定的供应，其生产能力能配合公司的成长而相对扩展，其产品未来的发展方向符合公司的需求，以及具有长期合作的意愿，等等，如图5-8所示。

3. 物流企业的供应商选择程序

物流企业无论是依据短期标准选择短期合作供应商，还是依据长期标准选择长期合作供应商，均需要依据一定的程序进行选择，如图5-9所示。

首先，物流企业需要建立一个小组来负责评价和选择供应商，小组成员应该来自采购、生产、财务、技术、市场等部门，具有相应的专业技能，且组员之间具备较好的团队合作精神。其次，通过主动问询和介绍、专业媒体广告、互联网搜索等方式进行详细的市场调研，确定适合本企业需求的候选供应商。再次，建立评价指标体系，确定指标权重并构建评价模型。接着，将候选供应商的实际数据代入模型进行实证评价。最后，在评价的

基础上选择相应数量的供应商作为物流企业合作的供应商。

- 从设备的新旧程度和保养情况判断供应商对商品质量的重视程度，以及内部管理的好坏

供应商的机器设备

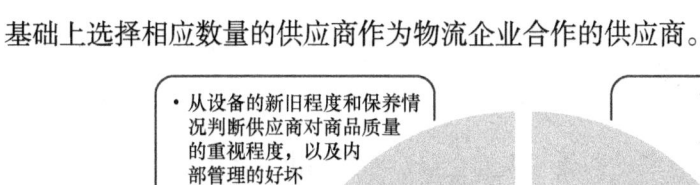

- 质量与管理通过ISO 14000质量体系认证
- 工作人员按照该质量体系不折不扣地完成各项工作

供应商质量管理体系

供应商的财务状况

- 若供应商财务出现问题，资金周转不灵，就会影响供货，进而影响制造企业的生产，甚至出现停工待料的严重危机

供应商内部组织与管理

- 若供应商组织机构设置混乱，采购的效率与质量就会下降

图 5-8　物流企业选择供应商的长期标准

建立评价小组 ➡ 确定供应商候选名单 ➡ 构建评价模型 ➡ 评价候选供应商 ➡ 确定供应商

图 5-9　物流企业的供应商选择程序

> **视野拓展 5-1**
>
> **通用汽车公司的采购体系**
>
> 　　当前，通用汽车公司的采购体系已经完全上升到企业经营策略的高度，并与企业的供应链管理密切结合在一起。
>
> 　　通用汽车公司下设 4 个地区的采购部门：北美采购委员会、亚太采购委员会、非洲采购委员会、欧洲采购委员会。这 4 个地区的采购部门定时召开视频会议，把采购信息放到全球化的平台上共享，在采购行为中充分利用联合采购组织优势协同杀价，并及时通报各地供应商情况，把某些供应商的不良行为在全球采购系统中备案。
>
> 　　在资源得到合理配置的基础上，通用汽车公司开发了一整套供应商关系管理程序，对供应商进行评估。对于表现好的供应商，采取持续发展的合作策略，并针对采购中出现的技术问题与供应商共同协商，寻找解决问题的最佳方案；而对于表现糟糕的供应商，则请其离开通用汽车公司的业务体系。同时，通过对全球物流路线的整合，通用汽车公司将各个子公司原来自行拟订的繁杂的海运路线集成为简单的洲际物流路线。采购和海运路线经过整合后，不仅总体采购成本大大降低，各个子公司与供应商的谈判能力也得到了质的提升。

5.3 物流企业的营销管理

营销是物流企业管理中十分重要的职能。物流企业市场营销出现在工商企业市场营销之后,是发生在物流领域的市场营销。与工商企业一样,物流企业也必须面对市场做好营销活动。

5.3.1 营销管理概述

1. 营销管理的含义

营销管理是指为了实现企业或组织目标,建立和保持与目标市场之间互利的交换关系,并对设计项目进行分析、规划、实施和控制。营销管理的实质是需求管理,即对需求的水平、时机和性质进行有效的调解。

在营销管理实践中,物流企业通常需要预先设定一个预期的市场需求水平。实际上市场需求水平可能与预期的市场需求水平不一致,这就需要物流企业的营销管理者针对不同的需求情况,采取不同的营销管理对策,从而有效满足市场需求,确保企业目标的实现。

> **视野拓展 5-2**
>
> **美国管理协会**
>
> 美国管理协会(American Management Association,AMA)是全球最大的管理教育机构之一,有着 90 多年的历史,在 15 个国家 27 个重要城市设立了分支机构。AMA 坚持"实践者帮助实践者"的理念,其课程注重"做中学",讲师包括来自企业界的经理、高级主管、各行业顾问甚至 CEO。AMA 为《财富》500 强企业中的 488 家提供培训服务,每年全球参加 AMA 培训的人数超过 20 万人。

2. 营销管理的基本要素

营销管理主要包含 4 个基本要素,即由美国营销专家罗伯特·劳特朋(Robert F. Lauterborn)教授于 1990 年提出的 4C 要素,如图 5-10 所示。

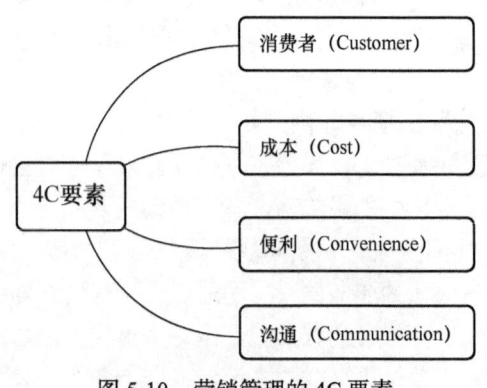

4C要素:
- 消费者(Customer)
- 成本(Cost)
- 便利(Convenience)
- 沟通(Communication)

图 5-10 营销管理的 4C 要素

（1）消费者

物流企业首先要了解、研究、分析消费者的需求与欲望，而不是先考虑企业能提供什么样的物流服务。成功的物流企业不是盲目地兴建物流中心、分拨中心，而是致力于物流市场的分析与开发，争取做到有的放矢。

市场需求使一些大型国有企业从运输、船货运代理、仓储等传统业务积极向现代物流企业转型。例如，2002年1月8日，中远集团全资子公司中国远洋物流公司成立，拉开了国有物流企业进军第三方物流市场的序幕。

（2）成本

物流企业提供服务的价格与消费者愿意支付的成本密切相关。当消费者对物流业务的费用只肯出低价时，即使某物流企业能够提供非常实惠的物流服务，但由于费用高于消费者的心理预期，物流企业与消费者之间的物流服务交易也无法实现。

物流企业首先要了解物流需求主体对物流的需要，以及他们愿意付出多少成本，而不是先给自己的物流服务定价。只有在分析目标消费者需求的基础上，为目标消费者量体裁衣，制定个性化的物流方案，才能为消费者所接受。例如，物流企业可以采取"消费者不同，运价不同""季节不同，运价不同"等以市场导向定价的策略。

（3）便利

物流企业要始终从消费者的角度出发，考虑为消费者提供物流服务能给其带来何种效益，如时间节约、资金占用减少、核心工作能力加强、市场竞争能力增强等。物流企业只有为消费者创造效益和便利，消费者才会接受物流企业提供的服务。例如，物流企业可以采取"一站式服务""绿色服务""绿色快航"等策略。

（4）沟通

物流企业需要以消费者为中心，通过互动、沟通等方式，将其所提供的服务与消费者的物流需求进行整合，从而实现物流企业与消费者双方利益的无形整合，为消费者提供一体化、系统化的物流解决方案，与消费者建立有机联系，形成互相需要、利益共享的关系，共同发展。

5.3.2 物流企业的竞争环境

一个物流企业成功与否取决于其所处的外部环境和物流企业本身对外部环境的适应能力，或者物流企业对其外部环境做出正确反应的能力。一般外部环境的构成因素包括产业政策、客户需求、竞争者、替代产品或服务、行业进入门槛、供应商影响等，根据影响物流企业管理的领域不同，可以将物流企业的竞争环境分为宏观环境、中观环境和微观环境，如图5-11所示。

（1）宏观环境

宏观环境是指那些客观存在于物流企业之外，对某一社会的所有组织活动都会产生影响的因素，包括政治环境、经济环境、社会文化环境、法律环境、科学技术环境及自然环境等。进行物流企业宏观环境分析，就是要使物流企业明确当前所面临的宏观环境会为行业的发展带来哪些机会和威胁，可以使物流企业在宏观环境发生变化之前就有所准备，同时缩短物流企业对宏观环境变化做出反应的时间。

```
            宏观环境
    （政治环境、经济环境、社会文化环境、
     法律环境、科学技术环境、自然环境等）
              中观环境
       （现有竞争对手、潜在竞争对手、
        替代品制造商、供应商、消费者）
              微观环境
         （物流企业内部职能部门、
          物流企业的生产要素）
```

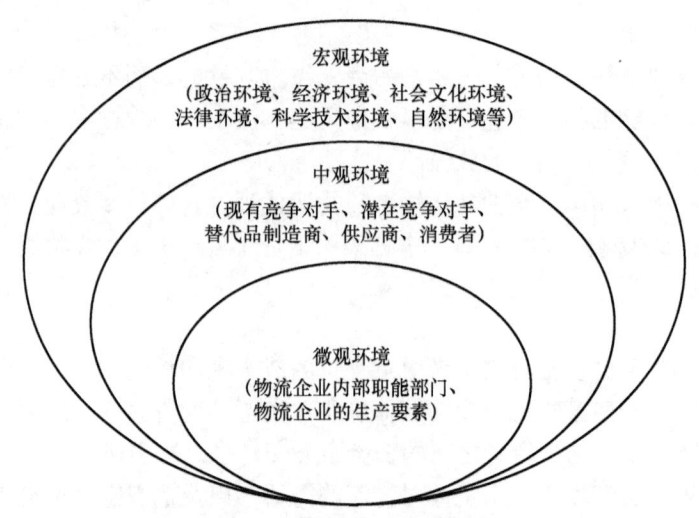

图 5-11　物流企业的竞争环境

宏观环境对物流企业的影响通常不是直接的，而是间接的。例如，经济形势的变化对运输企业的影响不会直接作用于企业，而是通过诸如路政管理政策等方面的调控来影响企业的活动。宏观环境对物流企业的影响虽然不是直接的，但造成的影响可能是非常重大的。

（2）中观环境

中观环境有时也称行业环境，是指物流行业对企业产生直接影响的环境因素。进行物流企业中观环境分析，就是要使物流企业对行业整体的发展状况和竞争态势进行详细研究，从而确定本物流企业在该行业中所处的地位。现有竞争对手、潜在竞争对手、替代品制造商、供应商、消费者等都属于中观环境因素。

相对于一般环境而言，物流企业需要注重对中观环境的研究分析。一是因为中观环境与宏观环境相比更能直接给物流企业提供有用的信息，并且这种信息更容易被物流企业的人员识别；二是因为宏观环境的变化对物流企业的影响往往要通过中观环境对物流企业的作用才能表现出来。例如，综合型物流企业为了实现收益目标，往往会对竞争对手的状况、供应商的供应情况、消费者的需求变化等因素进行分析，然后才决定自己应实施的战略和策略。

（3）微观环境

微观环境又称物流企业的内部环境，是来自物流企业内部，影响物流企业管理的因素，会随着物流企业组织结构的不同而有所变化。总体上，对物流企业内部环境的分析可以从物流企业内部各职能部门和物流企业的生产要素两个方面进行。

对物流企业内部各职能部门进行分析的方法是认真剖析企业内部的各职能部门，研究当前企业各职能部门的现状、发展趋势，以及其与业务部门之间的协调程度，而不涉及与其他相关物流企业进行比较的问题，目的是找出物流企业的"瓶颈"部门，并指出该部门的主要问题。对物流企业各生产要素进行分析的方法打破了职能部门间的严格界限，从物流企业整体发展的角度分析物流企业中各要素的影响，包括物流企业内部的人力资源分析、物质资源分析和企业的组织文化分析等,从而更有利于物流企业总体战略的制定。

5.3.3　物流企业的营销定位

物流企业的营销定位是指物流企业在细分市场的基础上经过评价筛选出特定市场,以该特定市场需求为核心,通过采取整体营销行为,以提供物流服务产品来满足客户的需要和欲望,从而实现物流企业利益目标的营销活动过程。物流企业的营销定位可从 4 个方面着手,如图 5-12 所示。

图 5-12　物流企业的营销定位

（1）服务定位

物流企业的服务有规模、服务质量和购买层次之分,既有一般商品的共性,也有无可比拟的特性。物流企业的服务内容一般分为以下 3 类。

① 提供基本的仓储和运输服务。例如,公共仓库和普通货运公司就提供这种以资产密集和标准化服务为特征的基本服务。

② 提供增值服务。例如,对仓储物流来说,可为客户提供集货配送、分拣包装、配套装配、条码生成等增值服务;对货运物流来说,可为客户提供选择承运人、协商价格、安排货运计划、优选货运路线和货运系统监测等增值服务。

③ 提供一体化物流和供应链管理服务。例如,可为客户提供市场需求预测、自动订单处理、客户关系管理、存货控制等服务。

（2）价格定位

物流企业的价格定位是根据客户的需求与成本提供一种合适的价格来吸引客户。其中最重要的一点是,要根据物流服务的过程、服务内容、服务对象来定价,同时根据地区和产业的不同等加以区分。定价的根本目的是实现物流行业的整体效益最佳,最大限度地挖掘市场的有效需求。合适的价格包括基本价格、价格的折扣与折让、付款方式等。

只要物流企业的价格低于竞争对手,那么其市场占有率就高,利润就大。因此,量入为出就是最好的方法,既降低了生产成本,又合理控制了物流费用支出,而物流费用在成本中占有较大比重。实际上很多物流货代企业都热衷于打价格战,这对小型物流企业和货代企业来说较为实用。但是,要注意不要陷入价格战的旋涡之中,长久的价格战最终只会损害整个物流行业的利益。

（3）渠道定位

物流企业的渠道定位是指如何选择最佳路径,将自己的服务或产品顺利转移给客户。

89

物流企业一般采用直销的方式，有时也会采用中介机构的方式，常见的有代理、代销等。

（4）促销定位

物流企业的促销定位是指物流企业利用各种方式与客户实现有效的沟通，向客户介绍自己的产品或服务，以引起客户的兴趣，从而提高企业知名度。它包括广告、人员推销、营业推广、公关等各种营销沟通方式。但要注意的是，促销策略是有时间限制的，只有在适当的时间提出优惠措施，才能最大限度地招揽业务。促销策略最关键的就是"特色"两个字。

5.3.4 物流企业的人员营销

物流企业的人员营销分为 3 个阶段，如图 5-13 所示。

售前客户关系开发	• 制订营销访问计划 • 实施营销访问
售中客户关系推进	• 加强营销推介 • 处理异议 • 达成交易 • 谈判销售
售后客户关系维护	• 关系试探 • 关系拓展 • 关系托付

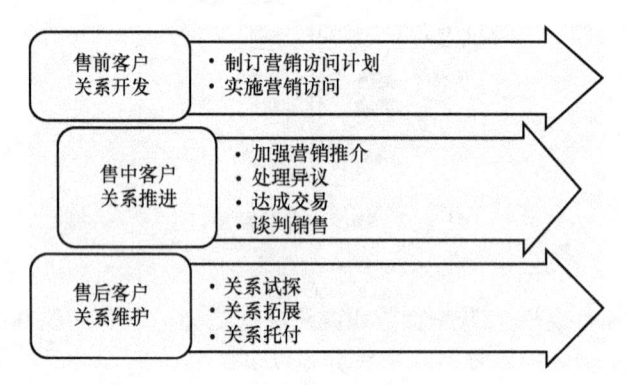

图 5-13　物流企业人员营销的 3 个阶段

1．售前客户关系开发阶段

（1）制订营销访问计划

优秀的物流企业营销人员既珍惜自己的时间，也珍惜客户的时间。通常物流企业营销人员会认真编制营销访问计划，以提高上门拜访的效率。一个较好的营销访问计划一般包括获取访前信息、设定拜访目标和预约 3 个步骤。其中，获取访前信息包括获取客户个人信息和组织信息两个方面；设定拜访目标要遵循目标具体（Specific）、可衡量（Measurable）、可达成（Attainable）、相关（Relevant）、时间明确（Time-based）的 SMART 原则；成功的预约要具备合适的人、合适的时间、合适的地点 3 个要素。

（2）实施营销访问

优秀的物流企业营销人员在成功预约客户以后，就要实施营销访问。实际的营销访问一般需要做好如下 4 个方面的工作：建立良好的印象、确认客户的需求、提供解决方案、在访问中建立良好的信誉。

2．售中客户关系推进阶段

（1）加强营销推介

物流企业营销人员在落实营销访问各项具体任务的同时，需要突出营销推介工作，根据营销推介目标来选择合适的营销推介工具。其中，营销推介的目标包括吸引客户注意力、加深客户对产品或服务的理解、帮助客户记住营销人员所说的话、提供值得信赖的证据和可感知的价值；营销推介工具包括语言工具、视觉辅助工具、产品演示、计划书、价值分析等。

（2）处理异议

物流企业营销人员在面临客户提出的时间、价格、需求产品、货源等异议的时候，应通过预先评估、先发制人、仔细聆听、正式评估、以诚相待等措施来管理异议。其中，预先评估是指物流企业将常见的异议和理想的回答提前列一张表，供营销人员记熟，营销人员也可以自己总结整理；先发制人是指营销人员深入了解自己产品的优缺点，赶在客户提出异议之前做好解释说明，防止客户提出异议；仔细聆听要求营销人员先听完客户的表述再做回答；正式评估是指对客户的异议进行评估，判断客户异议的真假；以诚相待是建立和发展客户关系的基石。

（3）达成交易

达成交易是物流企业营销工作最关键的环节，在该环节中需要注意获得关系的许诺、明确成交的条件、把握成交的原则、掌握成交的方法，并注意成交之前和成交之后的行为。特别要注意保持积极心态、让客户决定后续进展、果断而不冒进、产品及服务适当等。

（4）谈判销售

物流企业在营销过程中有时会遇到谈判，谈判时交易双方为解决冲突或分歧而讨价还价的过程即为谈判销售。在谈判环节，物流企业要做好谈判销售的准备工作和谈判会议的准备工作。

3. 售后客户关系维护阶段

（1）关系试探

关系试探是指客户试用物流企业的产品或服务，试探物流企业及其营销人员的反应。一旦发现物流企业表现很好，就会为下一步发展关系创造有利条件。因此，在关系试探阶段，物流企业营销人员一要做好客户的期望管理，预防客户的流失；二要做好订单跟踪，提升客户的满意度；三要做好售后服务，努力兑现营销承诺。

（2）关系拓展

物流企业和客户经过关系试探后，双方的合作关系便有了一个良好的开端，此时可以开展其他营销活动。营销人员可以进一步拓展关系，从现有客户身上获取更多的营销额，可以采取的方式有促进客户重复购买、推荐相关产品或服务、实施交叉营销等。

（3）关系托付

在关系托付阶段，客户通常会用口头或暗示性的行为保证继续双方的合作关系。若物流企业也认为该客户符合自身长期合作伙伴的要求，则营销人员要做好主动与客户沟通、增进互信、适应客户个人习惯及企业文化等方面的工作，同时努力成为变革型的营销人员。

5.4 物流企业的运输管理

运输是指使用某种设备和工具，将物品从一地向另一地运送的物流活动。运输与搬运不同，运输是对物品进行较长距离的空间移动的物流作业；搬运则是在同一场所内进行的物流作业活动。

5.4.1 运输管理的含义

运输管理是物流企业作业管理的关键环节，物流企业的运输管理就是对整个运输过程中的各个部门、各个环节，以及运输计划、发运、接运、中转等活动中的人力、物力、财力和运输设备进行合理组织、统一使用、实时控制、监督执行，以求用同样的劳动消耗，创造更多的运输价值，取得最好的经济效益。

5.4.2 物流企业运输管理的作用

1. 降低物流费用，减少经营成本

物流费用在企业经营成本中占有相当大的比重，通过对企业供应物流、生产物流、销售物流等物流过程进行系统的设计和改善，可充分利用企业内外部的物流资源提高物流作业效率，有效降低运输、配送、分销、装卸、搬运、仓储、流通加工等物流作业费用，从而直接降低物流企业的经营成本。

2. 缩短经营周期，加快资金周转

通过合理制订生产经营计划进行均衡生产，同时减少库存，减少物流中间环节，可以使采购的原材料在较短的时间内形成产品供给用户。这样做一方面可以有效地缩短生产经营周期，更好地适应市场的变化；另一方面可以有效地加快资金周转，提高资金的使用效率。

3. 压缩物资库存，减少资金占用

库存控制的目的是通过各种控制策略和管理方法使原材料、在制品、产成品在满足生产经营要求的前提下，库存量越少越好，库存时间越短越好，这是因为企业的流动资金主要被原材料、在制品、产成品等物资占用。因此，压缩物资库存对减少流动资金的占用有显著作用。

4. 共享社会资源，培育核心能力

根据专业化经营和物流管理的需要，重新设计物流组织结构和业务流程，充分利用企业内外部资源，对外可通过物流作业的外包实现社会资源的共享，对内可集中于关键产品的经营，培育核心能力，建设持久的竞争优势。

5. 改善物流系统，提高管理水平

物流企业中任何一个部门管理不当都会引起整个物流系统的不协调，影响企业经营绩效。例如，减少库存必须提高供应部门的工作效率，只有保证供应渠道的畅通才不会发生"断粮"的情况。因此，改善物流系统可以促进企业管理水平的提高。

5.4.3 物流企业的运输方式

物流企业的运输方式根据运输工具的不同分为公路运输、铁路运输、水路运输、航空运输和管道运输 5 种；根据具体运输形式的不同可分为包裹运输、零担运输、集中托运、整车运输、散货运输、项目货物运输、超大货物运输和危险品运输 8 种，如图 5-14 所示。

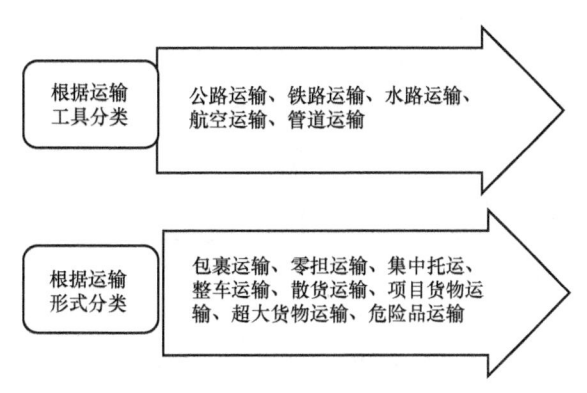

图 5-14　物流企业的运输方式分类

1．根据运输工具分类

（1）公路运输

公路运输是使用汽车在公路上进行客货运输的一种运输形式。其设施包括公路、公路车站和行驶在公路上的车辆。公路运输的优点有：覆盖面广、快速灵活，可实现门到门运输；包装简单、货损少，运费便宜。公路运输的缺点有：公路建设和维修等费用较高，运输成本相对较高。

（2）铁路运输

铁路运输是机车牵引车辆在铁路线上进行客货运输的一种运输方式。其设施包括铁路、火车机车、车站及其他辅助设施。铁路运输的优点有：运输距离较远，运量较大，安全程度高。铁路运输的缺点有：因线路限制而灵活性不高，货损率较高，投资较大。

（3）水路运输

水路运输是船舶利用天然航道或人工运河进行客货运输的一种运输方式。其设施包括天然水道、港口和船舶。水路运输的优点有：运输能力巨大，运输成本低，投资少，通用性好。水路运输的缺点有：受自然条件影响大，运输速度较慢。

（4）航空运输

航空运输是使用飞机或其他航空器进行运输的一种运输方式。其设施包括航空港、飞行器和航空设施。航空运输的优点有：速度快，安全性高。航空运输的缺点有：受天气条件影响大，货运成本高，难以实现门到门服务。

（5）管道运输

管道运输是随着石油的生产而发展起来的一种特殊的货运方式。其设施包括管道线路和管道两端的气泵站，货物直接在管道内运输。管道运输的优点有：不间断运输，可靠性好，能耗性小，无包装，成本较低。管道运输的缺点有：灵活性差，运输品种单一，固定投资较大。

上述 5 种运输方式的成本结构对比如表 5-1 所示。

表 5-1　5 种运输方式的成本结构对比

运输方式	固定成本	可变成本
公路运输	高	适中
铁路运输	高	低
水路运输	适中	低
航空运输	低	高
管道运输	最高	最低

2．根据运输形式分类

（1）包裹运输

包裹运输是指客户只需将包裹送到包裹公司各地的营业点，填写一张委托单，就可将包裹运到指定的地点，但对包裹的大小有一定的限制。包裹运输服务除普通包裹运输服务外，还包括快递服务，提供的业务种类也越来越多，包括加快服务、专人专递和预约服务等。

（2）零担运输

零担运输的货物较包裹运输的货物体积和重量更大，重量从几十千克到几百千克不等，通常需要专门的搬运装卸工具来搬运，但货物的数量往往不足以装满一辆载货汽车。与整车运输相比，零担运输货物的特点是小批量、单位价值高和时效性较强。

（3）集中托运

集中托运是指将几个托运人从同一发运地发往同一目的地的几个收货人、单独托运的小件货物集中起来进行托运。

（4）整车运输

当运输的货物数量较大，可以装满一辆载货汽车（或火车车厢、集装箱和飞机机舱）时，就可以采用整车运输方式。一般而言，整车运输的单位运输成本比零担运输要低。

（5）散货运输

散货是没有具体形状和特定包装的货物。散货可以使用载货汽车、火车、船舶和管道等多种方式进行运输。在运输过程中，散货的搬运需使用专用设备，如气泵、挖斗和传送带。散货的体积因包装或容器的不同而不同，在运输过程中，是否能最大限度地利用货舱，节约成本，取决于具体的包装和容器。

（6）项目货物运输

项目货物运输是指专门为完成一个大项目需要的所有货物所进行的运输。项目货物运输涉及的货物种类繁多并常常涉及国际运输，其运输线路、方式、单据和运输关系也繁多复杂，并且承运人通常派专人对该类货物进行专项管理。

（7）超大货物运输

超大货物是指重量或体积超过正常标准的货物。精心选择运输工具和路线是成功运输超大货物的关键，有时可能还需要与途经的公路、铁路管理部门进行协商。

（8）危险品运输

危险品是指可能对运输设备、其他货物、人与环境造成潜在危害的货物，如易爆物品、易燃物品、剧毒品、放射性物品及需控温的有机过氧化物等。通常，危险品运输需要使用专用设备，采用特殊的运输包装。在危险品运输过程中，首要考虑的是运输安全问题。

5.4.4 物流企业的运输合理化

1. 合理选择运输方式

不同的运输方式有着各自的适用范围和不同的技术经济特征，选择时应当进行比较和综合分析。应对运输成本的高低和运行速度的快慢进行考虑，有时甚至还应考虑商品的性质、数量、运距、货主需要的缓急及风险程度。

2. 合理选择运输工具

应根据不同商品的性质和数量选择不同类型、核定吨位及对温湿度等有要求的车辆。

3. 正确选择运输路线

在运输路线的选择上，一般应尽量安排直达、快速运输，尽可能缩短运输时间。也可安排沿路或循环运输，以提高车辆的容积利用率和车辆的里程利用率，从而达到节省运输费用和节约运力的目的。

4. 提高货物包装质量并改进配送中的包装方法

货物运输线路的长短、装卸操作次数的多少都会影响商品的完好情况，所以应合理地选择包装物料，以提高包装质量。另外，有些商品的运输线路较短，且要采取特殊的放置方法（如烫好的衣服应垂挂），则应改变相应的包装。货物包装的改进对减少货物损失、降低运费支出和降低商品成本有明显的效果。

5. 提高车船装载技术和质量

要提高车船装载技术和质量，一方面应最大限度地利用车船载货吨位；另一方面应充分利用车船装载容积，既要装足车船核定吨位，又要装满车船容积。主要做法是：根据货物的不同属性选择适合装运的车船；对所装的货物实行轻重搭配，这样既能装满车船容积，又可避免车船超载；在保证货物质量和运输安全的前提下，尽量压缩货物包装体积，使用标准包装尺寸和标准包装模数等，使装载容积被充分利用；对各种不同特点的货物实行科学装载，要巧装密摆，做到码得稳、间隙小；同时还需注意货物安全，做到大不压小、重不压轻和木箱不压纸箱等。

6. 推广先进实用的运输技术方式

集装箱运输、冷藏运输和特种运输等先进实用的运输技术方式，近年来都有很大的发展，应进一步推广运用。

视野拓展 5-3

宅急便的由来

日本大和运输株式会社曾经推出了一种全新的运输服务，叫作"宅急便"。它类

> 似目前的快递业务，但服务的内容更广。在运送货物时，宅急便讲究 3 个 S，即速度（Speed）、安全（Safety）、服务（Service）。在这三者之中，最优先考虑的是速度。因为只有保证速度，才能抢先顺应时代的需求，在激烈的竞争中取胜。而在速度中，宅急便又特别重视发货的速度。宅急便的配送，除了夜间配送，基本是一天两回，即一天 2 次循环。凡时间距离在 15 小时以内的货物，保证在翌日送达。后来宅急便逐步实现一日 3 次循环，即时间距离在 18 小时以内的货物，可以翌日送达。也就是说，可以将截止接收货物的时间延长到每天下午 3:00，从而使翌日送达的达成率达到 95%，展现了大和运输株式会社更周到的服务。

5.5 物流企业的仓储管理

仓储管理是物流企业管理的核心内容之一。仓储管理的核心目标是提高仓库的运作效率，以达到降低物流成本和提高企业经济效益的目的。

5.5.1 仓储管理概述

1. 仓储管理的含义

仓储管理是指对仓库及仓库内的物资所进行的管理，是仓储机构为了充分利用自己的仓储资源、提供高效的仓储服务而进行的计划、组织、协调和控制过程。其中，"仓"即仓库。仓库的种类有很多，依据保管货物的特性可以将其分为原料仓库、产品仓库、冷藏仓库、恒温仓库、危险品仓库和水面仓库，如表 5-2 所示。

表 5-2 仓库的种类

序号	类别	功能
1	原料仓库	存储生产所用的原材料
2	产品仓库	存储已经完成的但还未进入流通领域的产品
3	冷藏仓库	存储需要进行冷藏存储的货物
4	恒温仓库	存储对储藏温度有要求的产品
5	危险品仓库	存储可能对人体和环境造成危害的物品
6	水面仓库	存储类似圆木、木排等能够在水面上漂浮的物品

2. 仓储管理的任务

仓储管理的任务一般有 5 个：①利用市场经济手段获得最优仓储资源配置，如图 5-15 所示；②开展以不断满足社会需要为原则的仓储商务活动；③以高效、低耗为原则组织仓储生产；④以优质的服务建立企业形象；⑤通过制度化和科学化手段不断提高管理水平。

3. 仓储管理的原则

（1）效益原则

物流企业生产经营的目的就是追求利润最大化。要实现利润最大化，需要做到经营收入的最大化和经营成本的最小化。仓储管理活动中的各项耗费构成了仓储成本，仓储成本的高低直接影响企业的经济效益。因此，仓储管理的基本原则是在满足客户需求的同时，实现成本最小化、效益最大化。

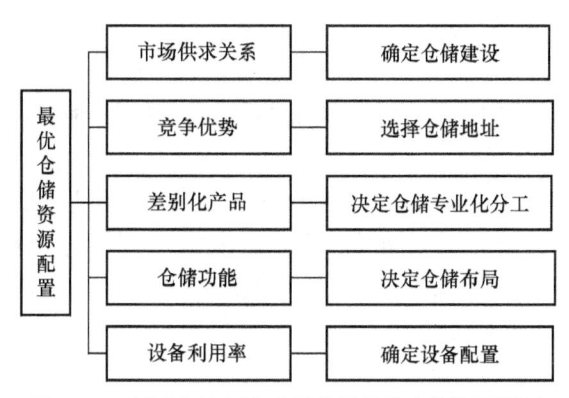

图 5-15　利用市场经济手段获得最优仓储资源配置

（2）效率原则

效率是指一定劳动要素投入量下的产品产出量。仓储管理的核心是效率管理，仓储管理的效率表现在仓容利用率、货物周转率、进出库时间和装卸车时间等指标上，即"快进、快出、多存储、保管好"的高效率仓储。

（3）服务原则

仓储活动本身是向社会提供服务产品。服务是贯穿仓储活动的一条主线，仓储管理中的所有活动都要围绕服务来定位。由于仓储的服务水平与仓储经营成本有着密切的相关性，两者相互对立，因此仓储管理应在降低成本和提高服务水平之间寻求最佳的平衡点。

5.5.2　物流企业仓储的管理方法

1. ABC 分类法

ABC 分类法以某类库存物资品种数占全部库存物资品种数的百分比和该类物资金额占库存物资总金额的百分比为标准，将库存物资分为 A、B、C 3 类进行分级管理。其基本原理是：对库存按其重要程度、价值高低、资金占用或消耗数量等进行分类和排序。

（1）A 类物资

A 类物资的品种数一般占全部库存物资品种数的 10%左右，其金额占全部库存物资总金额的 70%左右。A 类物资的管理办法是：进行重点管理，特别是现场管理要更加严格；应将其放在更安全的地方；为了保持库存记录的准确，要经常进行检查和盘点；预测时要更加仔细。

（2）B 类物资

B 类物资的品种数一般占全部库存物资品种数的 20%左右，其金额占全部库存物资总金额的 20%左右。B 类物资的管理办法是：进行次重点管理；现场管理不必投入比 A 类物资更多的精力；库存检查和盘点的周期可以比 A 类物资长一些。

（3）C 类物资

C 类物资的品种数一般占全部库存物资品种数的 70%左右，其金额占全部库存物资总

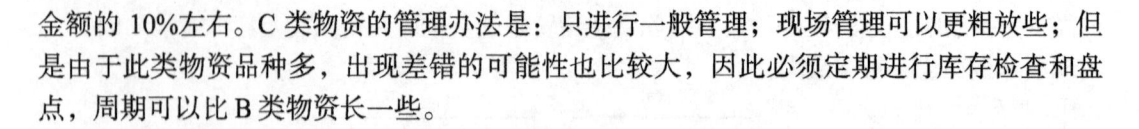

金额的 10%左右。C 类物资的管理办法是：只进行一般管理；现场管理可以更粗放些；但是由于此类物资品种多，出现差错的可能性也比较大，因此必须定期进行库存检查和盘点，周期可以比 B 类物资长一些。

2. 定量订货法

定量订货法是指预先确定一个订货点和订货批量，随时检查库存，当库存量下降到规定的订货点时就立即提出订货，订货批量采用经济订货批量。其运行原理为：当库存量下降到订货点 R 时，即按预先确定的订购量 Q 发出订货单，经过交纳周期（订货至到货间隔时间）T，库存量继续下降，到达安全库存量 S 时，收到订货量 Q，库存水平上升。该方法主要靠控制订货点 R 和订货批量 Q 两个参数来控制订货，达到既能最好地满足库存需求，又能使总费用最低的目的。

5.5.3 物流企业仓储的合理化

物流企业仓储的合理化是指用最经济的办法实现仓储的功能。仓储的合理化对协调上下游企业间的供应链、整合企业间的各个物流环节具有重要的作用。一方面，仓储合理化可以帮助物流企业加快物资流动的速度，保障生产的顺利进行，降低库存成本，更有效地利用资金；另一方面，仓储合理化可以有效地利用空间，提高物流企业在单位占地面积上的投入产出比。因此，合理储存的实质是，在保证实现储存功能的前提下尽量少地投入，这是一个投入产出的关系问题。

1. 建立健全仓库质量保证体系

仓库质量管理是指"全面质量管理"的理论和方法在仓库技术经济作业活动中的具体运用，是提高物流企业经济效果的必要途径。一方面，由企业管理者通过全面质量管理的方法，发现影响仓库效率的薄弱环节，以便采取改进措施；另一方面，企业中人人都要牢固树立"质量第一"的思想，工作积极主动，以达到供应好、消费低、效益高的要求。

2. 加强对仓储管理各个基本环节的管理

物流企业的仓储业务包括物资验收、入库、出库等一系列基本环节，这些基本环节工作质量的好坏直接关系到整个仓储工作能否顺利进行，直接影响整个仓储工作质量的好坏。因此，物流企业加强各个基本环节的管理是搞好仓储工作的前提。

3. 完善物资保管和保养工作

物流企业应该在物资入库验收时进行一次严格的检查后再进入储存阶段。入库后必须实行"四号定位""五五摆放"，标识清楚，合理堆放。管理者更要做好"三化""五防""5S"等工作，以保障物资在存储中不受损失。由于物资本身的性质、自然条件或人为因素会造成难以避免的自然损耗，需要物流企业掌握和运用所储存货物的性质及货物受到各种自然因素影响而发生的质量变化规律，从根本上采取"预防为主、防治结合"的方针，做到早防早治，最大限度地避免和减少货物损失。

第 5 章 物流企业的作业管理

> ▶ 视野拓展 5-4
>
> **5S 的内涵**
>
> 5S 起源于日本,是指在生产现场对人员、机器、材料、方法等生产要素进行有效的管理,具体是指整理、整顿、清扫、清洁和素养 5 个项目,因其日文的拼音均以 S 开头,所以简称 5S。
>
> 总体来说,5S 只是一种管理方法,要真正实现 5S 管理,必须借助一些工具,如看板、5S 巡检系统等,进行生产现场管理,从而真正实现 5S 目标。

5.6 物流企业的流通加工管理

流通加工的目的是更有效地利用资源、方便用户、提高物流效率和促进销售。流通加工最能体现物流企业为顾客提供的增值服务,该服务不一定以单独的功能出现,有时会隐含在包装、仓储、运输等服务功能中,因此对流通加工的管理往往分散在其他服务功能中。

5.6.1 物流企业流通加工概述

1. 物流企业流通加工的含义

流通加工(Distribution Processing)是指物品在从生产地到使用地的过程中,根据需要施加包装、分割、加热、冷却、计量、分拣、刷标志、拴标签、组装等作业的总称。流通加工的具体内容如图 5-16 所示。

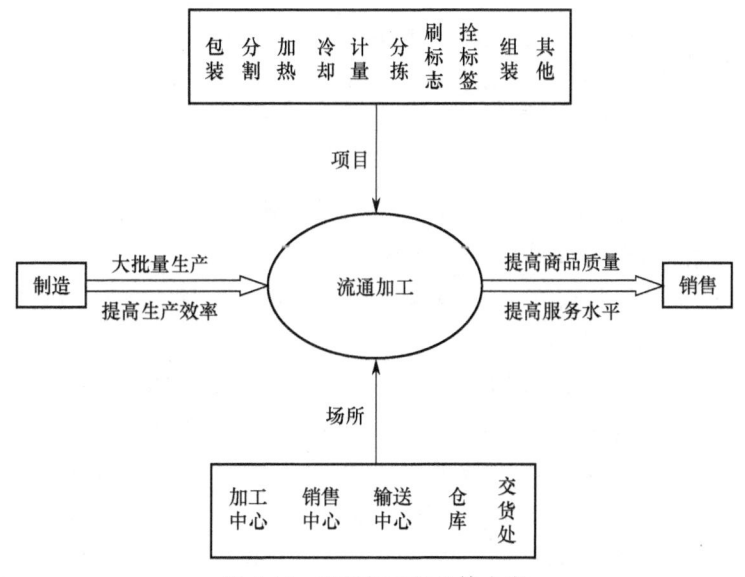

图 5-16 流通加工的具体内容

流通加工和一般生产性加工在加工方法、加工组织、生产管理方面并无显著区别,但在加工对象、加工程度、加工目的和加工单位方面区别较大，如表5-3所示。

表5-3 流通加工与一般生产性加工的区别

	一般生产性加工	流通加工
加工对象	原材料、零配件、半成品	商品
加工程度	大部分加工活动	生产加工的一种辅助
加工目的	创造价值及使用价值	完善使用价值、提高价值
加工单位	生产企业	物资流通企业

2．物流企业流通加工的分类

依据不同的目的，可以将物流企业的流通加工分为10个类别：为适应多样化需要的流通加工，为弥补生产领域加工不足的流通加工，为提高加工效率的流通加工，为方便消费、省力的流通加工，为保护商品的流通加工，为促进销售的流通加工，为提高物流效率、降低物流损失的流通加工，为衔接不同运输方式的流通加工，为实施配送的流通加工，为使生产-流通一体化的流通加工，如表5-4所示。

表5-4 物流企业流通加工的类型

目 的	应 用 场 景
适应多样化需要	木材改制成枕木、板材、方材等的加工；钢材卷板的舒展、剪切加工；平板玻璃按需要的规格进行的开片加工
弥补生产领域加工不足	钢铁和木材在生产领域完成标准化生产后进一步的下料、切裁、处理等加工工作
提高加工效率	一家流通加工企业集中多家企业的初级加工工作
方便消费、省力	将木材制成可直接投入使用的各种型材；将钢材根据需要进行定尺、定型，按要求下料；将水泥制成混凝土拌和料，使用时只需稍加搅拌即可
保护商品	肉禽类保鲜、保质的冷冻加工、防腐加工；丝、麻、棉等织品的防虫、防霉加工
促进销售	将过大的包装或散装物分装成适合批量销售的小包装的分装加工；将蔬菜、肉类洗净切块以满足消费者要求的加工
提高物流效率、降低物流损失	自行车在消费地区的装配加工；造纸用的木材磨成木屑的流通加工；对输送的石油气进行液化加工
衔接不同运输方式	散装水泥中转仓库把散装水泥装袋、将大规模散装水泥转化为小规模散装水泥的流通加工，衔接了水泥厂大批量运输和工地小批量装运的需要
实施配送	混凝土搅拌车可以根据客户的要求，把沙子、水泥、石子、水等各种不同的材料按比例装入可旋转的罐中；在配送途中，汽车边行驶边搅拌，到达施工现场后，混凝土已经被均匀搅拌好，可以直接投入使用
使生产-流通一体化	制造企业和流通企业联合，或者制造企业涉足流通领域，或者流通企业涉足制造领域，对生产与流通加工进行合理分工

> **视野拓展 5-5**
>
> **金鼎前程物流公司的流通加工作业**
>
> 金鼎前程物流公司的流通加工类型很多。例如，该公司在超市货柜里摆放的各类洗净的蔬菜、水果、肉末、鸡翅、香肠、咸菜等都是流通加工的结果。金鼎前程物流公司将商品在摆进货柜之前先对其进行分类、清洗、贴商标和条形码、包装、装袋等操作，这些流通加工作业都不在产地进行，已经脱离了生产领域，进入了流通领域。金鼎前程物流公司会帮助企业为提高物流效率而对蔬菜和水果进行加工，如去除多余的根叶等。农副产品规格、质量离散情况较大，为获得一定规格的产品，金鼎前程物流公司会采取人工或机械分选的方式进行分选加工。

5.6.2 物流企业流通加工成本的构成

物流企业的流通加工成本一般包括流通加工的设备费用、材料费用、劳务费用和其他费用。

1. 设备费用

设备费用是指为流通加工而购置的设备支出，该支出最终会以流通加工费的形式转移到被加工的产品中。

2. 材料费用

材料费用是指在流通加工过程中，投入到加工过程中的一些材料消耗的支出。

3. 劳务费用

劳务费用是指在流通加工过程中从事加工活动的管理人员、工人及有关人员的工资、奖金等支出。

4. 其他费用

其他费用是指除上述费用外，包含在流通加工中的电力、燃料、油料等费用。

5.6.3 物流企业的流通加工合理化

流通加工合理化的目的是实现流通加工的最优配置。合理的流通加工不仅可以避免各种不合理的情况发生，使流通加工有存在的价值，还可以实现最优的选择。

1. 加工和配送相结合

加工和配送相结合是指将流通加工设置在配送点。一方面按配送的需要进行加工；另一方面加工又是配送业务流程中分货、拣货、配货的一环。加工后的产品直接投入配货作业，无须单独设置一个加工的中间环节，使流通加工有别于独立的生产，从而使流通加工与中转流通巧妙地结合在一起。

2. 加工和配套相结合

在对配套要求较高的流通加工中，配套的主体来自各个生产单位，但是，完全配套有时无法全部依靠现有的生产单位来实现，进行适当的流通加工可以有效促成配套，大大提高流通加工的桥梁与纽带作用。

3. 加工和运输相结合

流通加工能有效衔接不同的运输方式，促进运输形式的合理化。利用流通加工，在支线运输转干线运输或干线运输转支线运输这些本来必须停顿的环节，按干线或支线运输的合理要求进行适当的加工，可以大大提高运输及运输转载水平。

4. 加工和节约相结合

节约能源、节约设备、节约人力、节约耗费是流通加工合理化的重要考虑因素，也是目前我国设置物流流通加工，考虑其合理化的普遍形式。

课后习题

一、判断题

1. 在 ABC 分类法中，应该重点管理的是 C 类物资。（   ）
2. 危险品仓库存储的是可能对人体和环境造成危害的物品。（   ）
3. 仓储既有积极的一面，也有消极的一面，只有考虑仓储作用的两面性，尽量使仓储合理化，才有利于物流业务活动的顺利开展。（   ）
4. 按照运输工具的不同，运输方式可以分为公路运输、铁路运输、水路运输、航空运输和管道运输。（   ）
5. 运输的过程不产生新的产品，但可以创造时间和空间效益。（   ）

二、单选题

1. 以下不属于仓储管理原则的是（   ）。
   A. 效益原则   B. 效率原则   C. 安全原则   D. 服务原则
2. 营销管理的基本要素包括（   ）。
   A. 消费者、成本   B. 沟通、便利   C. 成本、便利   D. 以上都是
3. 售中客户关系推介阶段的工作包括（   ）。
   A. 关系试探   B. 关系拓展   C. 处理异议   D. 关系托付
4. （   ）是随着石油的生产而发展起来的一种特殊的货运方式。
   A. 公路运输   B. 铁路运输   C. 水路运输   D. 管道运输
5. 在物流企业所使用的运输方式中，成本最低的是（   ）。
   A. 铁路运输   B. 航空运输   C. 水路运输   D. 公路运输

三、多选题

1. 物流企业的供应商有（   ）。
   A. 交易型供应商   B. 战略型供应商   C. 大额型供应商   D. 生产型供应商
2. 供应链中的主体有（   ）。
   A. 供应商和厂家   B. 分销企业   C. 零售企业   D. 物流企业

3. 物流企业的营销阶段包括（　　）。
   A．售前阶段　　　B．售中阶段　　　C．售后阶段　　　D．谈判阶段
4. 根据影响物流企业管理的领域不同，可以将物流企业的竞争环境分为（　　）。
   A．宏观环境　　　B．经济环境　　　C．中观环境　　　D．微观环境
5. 物流企业的营销定位包括（　　）。
   A．服务定位　　　B．价格定位　　　C．渠道定位　　　D．促销定位

四、简答题

1. 简述物流企业作业管理的环节。
2. 简述物流企业采购管理4个方面的内容。
3. 简述物流企业运输管理的作用。
4. 仓储管理的任务包括哪些？
5. 流通加工的类型有哪些？

任务实训

1. 实训目的

理解物流企业的作业环节及各环节的主要内容，能够分析现实中物流企业的具体作业流程和相关工作内容。

2. 背景材料

亲历邮车配药

邮车正飞奔在平罗县驶回银川市的高速公路上，现在已经是下午2：00，司机王师傅刚完成一单药品配送。就在前一天（5月7日），也是下午2：00，平罗县人民医院向宁夏中邮物流有限公司（以下简称宁夏中邮）下了一份电子申购单，到现在订单执行完毕，正好24小时。按照宁夏药品"三统一"邮政配送的工作要求，县级以上医疗机构的订单要在24小时内处理完毕，县级以下医疗机构的订单处理时间则控制在两天以内。

5月8日上午8：30，王师傅来到宁夏中邮仓储中心的院内，驾驶着满载410件药品的邮政厢式货车出发了。为了切身体验宁夏实施药改后的"三统一"配送工作流程，记者按照预订行程跟上这趟邮车，一同前往申购单位——平罗县人民医院。一路上，记者通过与王师傅闲聊得知，车厢里装的410件药品，主要是规格为250ml的直立式输液袋装葡萄糖，以及一种消炎药品，要求温度保持在20℃以下，湿度为45%～75%。有些药品的保存对外部环境的温湿度要求较高，如不符合要求，将影响药品的稳定性和使用功效。因此，在仓储中心，宁夏中邮按照中药、西药、片剂等不同药品分区，将仓库分为常温库、阴凉库和冷藏库3种，分别用于储存温度要求为0~30℃、0~20℃和2~8℃的药品，仓库内湿度常年保持在45%~75%，并安排了专门的药品养护人员实施监控，定时记录药库的温湿度。

在配送过程中，对于要求保持在20℃以下恒温的药品，宁夏中邮视不同季节通过车厢内配置的温控设备进行调节；对于温度要求为2~8℃的药品，则主要通过恒温箱载运，

也就是说，根据室外温度、保温箱里的药量及配送距离，在恒温箱里放置一定量的冰块，连同药品一起密封在内，从出库到重新进入冷藏环境之前，在发生物理移动的整个过程中，药品都被放置在恒温箱内。

平罗县距离银川市有68千米，经过1小时左右的车程，5月8日上午9：30，邮车顺利抵达了平罗县人民医院。这时，宁夏中邮预先接到通知前来卸药的两名客服人员已经在医院门口等待，王师傅将邮车的车厢打开后，他们便迅速地将一件件药品搬下来，熟练地按照最大装载量的排放方式，很快就将其中310件药品摆放到了小配车上，并推进医院的药剂科，让等候的医疗机构人员进行清点和接收。

截至5月8日下午1：30，送至平罗县人民医院的310件药品和送至该医院一家分院（唐徕社区卫生服务站）的100件药品，均已配送、卸货、清点完毕。

在配送药品的过程中，如果订单量不够整车，为了充分整合现有资源，宁夏中邮主要依托大网邮路进行药品"三统一"配送工作（需要恒温箱配送的药品除外）。按照规定，恒温箱内的药品必须由中邮物流专用的药品配送冷藏车直接送达申购单位。就拿本次配送来说，5月7日下午2：00，在线收到平罗县人民医院的电子订单之后，宁夏中邮仓储中心的订单录入人员开始受理订单。通过与仓储配送信息系统中的库存信息进行核对，订单员在10分钟之内将其所能提供的药品种类、数量及配送率迅速回馈至申购单位，申购单位能够马上查看到供货信息，并进行确认。确认后，再由信息操作人员将订单分发到各个仓库进行拣货出库。由于这天订单量比较大，又多数集中在下午，为了将医院急需的药品及时发送出去，仓储中心的工作人员计划连夜将所有订单分拣、装车完毕，这样配送人员第二天一早就可以发车了。

3. 实训任务

① 特殊商品在配送过程中，对外部环境有什么要求？本案例中的宁夏中邮是如何满足这些要求的？

② 通过分析本案例，你在作业流程和技术应用方面有哪些建议，能够使作业更加合理、作业效率更高？

4. 实训步骤

（1）个人阅读/小组分组

老师督促学生进行个人阅读，并让其在课前完成。建议3~5人一组，老师监督分组情况和任务进度。针对学生的特点，在课堂上老师再花费5~10分钟对案例学习要点及相关背景进行简单的陈述。

（2）案例开场白

特殊商品在配送过程中，对外部环境有什么要求？本案例中的宁夏中邮是如何满足这些要求的？

（3）小组讨论/报告

该步骤主要在课堂上进行，持续20~30分钟，主要围绕实训任务中的两个问题展开，学生也可自行增加感兴趣的部分。小组报告的内容应尽可能是小组成员达成共识的内容，对于未达成共识的内容可以单独提出讨论。每个小组将讨论要点的关键词按小组抄写在黑板上的指定位置并进行简要报告，便于课堂上的互动。

（4）师生互动

该步骤主要在课堂上进行，持续 30～40 分钟，老师针对学生的报告和问题与学生互动，同时带领学生对本章关键知识点进行回顾，并了解学生还有哪些问题或困惑，激发学生的学习兴趣，使学生自觉在课后进一步查询相关资料并进行系统的回顾与总结。

（5）课后作业

根据课堂讨论，要求每位学生进一步回顾本章知识点，以小组为单位形成正式的实训报告。报告要观点鲜明、思路清晰、逻辑严密、论证翔实。

（6）考核

老师根据学生的课堂表现和实训报告质量，评定实训成绩。

第 6 章
物流企业的设施设备管理

学习目标
- 掌握物流设施设备的含义、分类、作用和管理内容。
- 了解物流设施设备的选择、评价。
- 理解物流设施设备的合理使用、保养维护和检查修理。
- 理解物流设施设备的改造和更新。

引 例

小周的困惑

小周在某物流公司的运营部工作,时常与仓储部门打交道。一天,小周去仓库办事,发现很多托盘货物堆放在收货区,显得非常拥挤,就问仓库管理员是怎么回事。仓库管理员抱怨说,他所在的仓库面积近 4 000 平方米,有一半是托盘货架与普通货架储存,其余都是堆放储存。仓库的利用率达到 90%,基本没有剩余空间。货物进出仓库的频率很高,装卸搬运作业频繁。整个仓库有一台 3 吨重的电瓶叉车,还有一台与其他仓库共用的 5 吨重的内燃机叉车,手动液压叉车 8 台,电动堆高车 2 台,平板车 10 台。因内燃机叉车有故障,两天没工作了,收货区的大量货物来不及搬运到货架上,所以出现了目前的情况。小周听了仓库管理员的话,尴尬地笑了一下,心想:"叉车为什么老出故障?前几天那台电瓶叉车刚换了电瓶,现在内燃机叉车又出毛病了。"

辩证与思考:
该公司配置的设施设备是否合理?

答案解析:
不合理,该公司需要合理地对设施设备进行分类使用、维护和修理。

设施设备是物流企业经营运作的物质基础,是体现物流服务水平的重要保证。物流企业设施设备的状况不仅直接影响物流企业为物流需求者提供的物流量、物流服务质量及作业效率，而且决定物流企业的生存与发展。设施设备管理是物流企业管理的一个重要组成部分。

6.1 物流企业的设施设备管理概述

随着科学技术的进步和物流需求的增加，物流企业的设施设备也在不断地发展。物流相关业务所依赖的设施设备（物流设施设备）也越来越现代化、精密化、高效化。物流设施设备不但直接影响企业为物流需求者提供的物流量、物流作业效率和服务质量，而且影响物流企业的物流速度、物流成本、安全生产及物流作业的生产秩序。因此，物流设施设备状况的好坏对物流企业的生存与发展有着非常重大的影响，管理好物流设施设备对提高物流企业的经济效益和管理水平有着重大的意义。

6.1.1 物流设施设备的含义及分类

1. 物流设施设备的含义

物流设施设备是指物流企业在进行物流作业活动、实现物流功能过程中所使用的各种设施和装备的总称。它既包括各种机械设备、器具等可供企业长期使用，并在使用过程中基本保持原有实物形态的物质资料，也包括办公设施、运输通道、货运站场和仓库等基础设施。

2. 物流设施设备的分类

（1）根据内容不同分类

根据内容不同，可以将物流设施设备分为物流基础性设施、物流功能性设施和物流技术装备3类，如表6-1所示。其中，物流基础性设施一般具有公共设施的性质，主要特点是由政府投资建设，战略地位高，辐射范围广；物流功能性设施往往属于第三方物流企业，是提供物流功能性服务的基本手段；物流技术装备是进行各项物流活动所需的机械设备、器具。

表6-1 根据内容不同分类的物流设施设备

分　　类	具　体　体　现
物流基础性设施	·物流网络结构中的枢纽点、储备基地、物流基地等 ·物流网络结构中的线，如铁路、公路、航路、航道、管道等 ·物流基础信息平台
物流功能性设施	·以存放货物为主的节点，如仓库、货栈 ·组织物资在系统中运动的节点，如流通中心、配送中心 ·物流系统中的载体，如货运汽车、船舶、飞机、管道
物流技术装备	·物流仓储设备、起重机械、输送机械 ·流通加工机械、信息技术装备 ·集装单元器具、工业搬运车辆

（2）根据功能不同分类

根据功能不同，可以将物流设施设备分为起重设施设备、装卸设施设备、输送设施设备、物流专用机械设备、储存保管设施设备 5 类，如表 6-2 所示。

表 6-2　根据功能不同分类的物流设施设备

分　　类	具 体 体 现
起重设施设备	各式起重机、装卸机、绞车、千斤顶、堆垛机、升降机等
装卸设施设备	各式叉车、单斗车、牵引车、平板车、搬运及站台、码头和货场等
输送设施设备	带式输送机、链式输送机、斗式提升机、轨道式输送机等
物流专用机械设备	装卸机、装船机、取料机、堆料机、码垛机、集装箱牵引车等
储存保管设施设备	库房、货场、货架、货盘、托盘、分拣设施等

（3）根据作业环节不同分类

根据作业环节不同，可以将物流设施设备分为储藏保管设施设备、运输与配送设施设备、物流加工设施设备、物流信息管理设施设备 4 类，如表 6-3 所示。

表 6-3　根据作业环节不同分类的物流设施设备

分　　类	具 体 体 现
储藏保管设施设备	仓库库房、货架、托盘、叉车、提升机、温控与制冷设备等
运输与配送设备设施	运输工具、装卸机具、自动化分拣设备等
物流加工设施设备	保鲜防腐加工设备、防潮设施、冷冻加工设备、捆扎包装设备等
物流信息管理设施设备	条码扫描器、电子数据交换设备、货物跟踪设备、监控设备等

6.1.2　物流设施设备的地位和作用

物流设施设备担负着各项物流作业的物质保障任务，影响着物流活动的每个环节，在物流活动中处于十分重要的地位。物流设施设备是物流系统的重要组成要素，是实现高效物流系统的物质技术基础，是组成现代系统软、硬件的必不可少的基本手段。离开物流设施设备，物流企业的物流系统就无法运行，服务水平和运行效率有可能极其低下。

1．物流设施设备是物流系统的物质技术基础

物流设施设备是进行物流活动的物质技术基础，也是生产力发展水平与物流现代化程度的重要标志。物流设施设备作为生产力要素，对发展现代物流，改善物流状况，促进现代化大生产、大流通，强化物流系统的能力，具有十分重要的作用。

2．物流设施设备影响物流活动的每个环节

物流设施设备和物流活动紧密相关。在整个物流过程中，从物流功能来看，物料或商品要经过包装、运输、装卸、储存等作业环节，而且伴随着附加的辅助作业，这些作业的高效完成需要借助不同的物流设施设备。因此，物流设施设备在物流活动中处于十分重要的地位，影响物流活动的每个环节。

3. 物流设施设备是提高物流系统效率的主要手段

物流设施设备是现代物流发展的基础，是提高物流效率的根本途径，许多新物流设施设备的研制开发，为现代物流的发展做出了积极的贡献。事实证明，先进的物流设施设备和先进的物流管理是提高物流能力、推动现代物流迅速发展的两个"车轮"，缺一不可。

4. 物流设施设备是反映物流技术水平的主要标志

物流技术是推进科技进步、加快物流现代化的重要环节，而先进物流技术的应用是通过物流设施设备来实现的。物流设施设备的应用和普及程度如何，将直接影响整体物流技术水平。因此，物流设施设备是物流技术水平的主要标志。

5. 物流设施设备是构筑物流系统的主要成本因素

现代物流设施设备既是技术密集型的生产工具，也是资金密集型的社会投资。物流设施设备的购置投资相当昂贵。此外，在购置之后，为了维持系统正常运转，发挥设施设备效能，还需要持续不断地投入大量的资金。物流设施设备的价值占物流系统总价值的比例较大。

6.1.3 物流设施设备管理的任务

物流设施设备管理是指为使物流设施设备在整个寿命周期中的费用达到最经济的程度，对其从选择、使用、养护、修理直到报废为止所开展的一系列管理工作的总称。其目的是使物流活动过程中的设施设备经常处于最佳状态，使其作业效率最高，支付的费用最低，把物流企业的物流作业活动建立在最佳的物质技术基础之上。

物流设施设备管理的基本任务，就是在提高经济效益的前提下，通过一系列技术、经济、组织措施，充分发挥设施设备的效能，不断改善和提高物流技术装备素质，减少设施设备闲置，避免资源浪费，降低物流损失，提高物流的效率和效益。物流设施设备的具体管理任务主要包括以下几个方面。

① 根据技术先进、经济合理的原则，正确选择物流设施设备，为企业物流活动提供最优的技术装备。

② 针对各种设施设备的特点，合理使用，精心维护，并建立健全有关正确使用和维护物流设施设备的规章制度和管理制度。

③ 认真做好物流设施设备的日常管理工作。

④ 在节省物流设施设备管理费用和维修费用的条件下，保证物流设施设备始终处于良好的技术状态。

⑤ 做好现有物流设施设备的挖潜、革新、改造和更新工作，提高物流设施设备的现代化水平。

6.1.4 物流设施设备管理的内容

物流设施设备在现代物流企业的经营活动过程中，表现为两种运动形态：一是物流设施设备的物质运动形态，即从物流设施设备的选购、安装调试、日常使用、维护保养到物流设施设备的改造、更新、报废等；二是物流设施设备的价值运动形态，包括物流设施设备最初投资、折旧费、维护修理费及更新改造资金的提取与支出等。物流设施设备管理则是对上述两种运动形态的全过程管理。我们把前者称为物流设施设备的技术管理，把后者称为物流设施设备的经济管理。具体管理内容如下。

① 根据物流设施设备的生产效率、投资效果及配套性和可靠性，正确选择技术上先进、经济上合理、生产上适用的物流设施设备。

② 根据物流设施设备的性能、使用要求，结合企业物流作业计划，合理使用物流设施设备，提高物流设施设备的利用率。

③ 及时、经常地做好物流设施设备的维护保养工作，提高物流设施设备的完好率，延长物流设施设备的寿命。

④ 制定并认真贯彻执行合理的物流设施设备预防修理制度。

⑤ 做好物流设施设备的验收、登记、保管、调拨、报废等日常管理工作。

⑥ 有计划、有步骤、有重点地进行物流设施设备的改造和更新工作。

视野拓展 6-1

香港机场货运中心

香港机场货运中心是现代化的综合性货运中心。在该中心 1 号货站，货运管理部对需要入库的货物按标准打包。之后，一般规格的包装通过货架车推到进出口并一列摆开，在计算机系统中输入指令，货架车就会自动进入轨道，运送到 6 层楼高的库房，自动进入指定的仓位。对于需从库房提取的货物，只要在计算机系统中输入指令，货物就会自动从进出口输送出来。搬动货物主要用叉车、拖车，整个库房几乎看不到人工搬运。

香港现代物流业利用现代化的物流设施设备，实现了高质量的服务和高水平的管理。现代化物流设施设备与行业的结合相得益彰，一系列现代化科技都派上了用场。全新的理念和新科技的应用，使香港的物流业越来越现代化，在香港的经济发展中扮演着越来越重要的角色。

6.2 物流企业设施设备的选择与评价

在配置和选择物流设施设备时，一定要进行科学和统一的规划。物流设施设备的选择是物流设施设备管理的开始阶段，同时也是影响物流设施设备管理水平和企业经济效益的关键。另外，在物流设施设备购置审批程序完备的条件下，应当根据企业自身情况、当地物流市场的需求、物流设施设备的运行条件，对物流设施设备的生产性、可靠性、安全性、维修性、配套性、适应性、经济性和环保性等方面进行综合论证与评价。

6.2.1 物流设施设备的选择

1. 物流设施设备的选择原则

物流企业设施设备选择的总体原则是技术上求先进、经济上求合理。具体而言，物流设施设备的选择应该考虑如下 6 个原则。

（1）生产性原则

生产性原则是指物流企业在选择物流设施设备时要与企业自身的物流量、物流速度等一致。一方面，要求物流设施设备生产效率能够满足物流作业的要求；另一方面，要求物流设施设备在成效性方面能满足技术发展的要求，不会造成设施设备的产能浪费。

（2）配套性原则

配套性原则是指物流企业在选择物流设施设备时要符合物流作业对其功能的需要，功能不宜过多或过少。同时，还要考虑使物流设施设备的寿命周期成本最低，即通过对物流设施设备的购置费、运行费、维修费、寿命周期、先进性等进行综合权衡和详细分析，选择适用的物流设施设备。

（3）可靠性原则

可靠性原则是指物流企业在选择物流设施设备时要保证其能在规定的时间和条件下完成规定的功能。可靠性是与经济性密切相关的，设备安全装置的增加、故障率的下降一般是以增加购置费和运行费为代价的，所以要适当考虑。

（4）维修性原则

维修性原则是指物流企业在选择物流设施设备时要选择维修性好的物流设施设备，即结构合理、维修时便于检查和拆卸、零件互换性强等，因为这些因素会直接影响维护修理的作业量及费用的支出额，最终影响物流设施设备的经济效益。

（5）灵活性原则

灵活性原则是指物流企业在选择物流设施设备时要尽可能实现一机多用，即一机同时适宜多种作业环境的连续作业，以减少作业环节，提高作业效率。物流企业应选择对环境变化适应性强，具有通用、多功能、灵活等特点的物流设施设备。

（6）节能环保性原则

节能环保性原则是指物流企业在选择物流设施设备时要尽可能选择热效率高、能源利用率高、能耗低、噪声小、排放有害物质少、对环境污染程度小的设备，以节省能源消耗，承担起保护环境的社会责任与义务。

2．物流设施设备的选择流程

物流设施设备的选择一般会经历 5 个阶段：了解物流设施设备的规划要求、收集资料并进行整理分析、拟订设备配置并选择初步方案、技术经济评价和方案确定、物流设施设备选型，如图 6-1 所示。

了解物流设施设备的规划要求 → 收集资料并进行整理分析 → 拟订设备配置并选择初步方案 → 技术经济评价和方案确定 → 物流设施设备选型

图 6-1　物流设施设备的选择流程

（1）了解物流设施设备的规划要求

物流设施设备的规划要求主要包括物流企业的设备更新计划、设备现代化的改造计划和新增的设备计划。物流设备设施的规划主要依据物流企业自身发展的需要，现有设备的技术状况、安全、环保、节能的要求，相关新设备的信息，物流企业的资金情况等来确定。

（2）收集资料并进行整理分析

在做好物流设施设备的规划之后，接下来就要开始收集包含物流量、作业能力等在内的经济资料，包含技术水平、发展趋势在内的技术资料，以及包含仓库条件、作业空间等在内的自然条件资源资料，以便为之后的评价和选择工作打好基础。

（3）拟订设备配置并选择初步方案

在收集并整理分析资料的基础上，对同一货物、同一物流作业过程选用不同的物流设施设备，按配置原则和作业要求经初步分析确定 2~3 个可行的方案，作为初步待选方案。

（4）技术经济评价和方案确定

采用一定的经济评价方法，对初步待选方案进行定性或定量分析，对比确定最佳的配置方案。

（5）物流设施设备选型

在确定最佳物流设施设备配置方案以后，针对相应的设备，需要进行物流设施设备型号的选择。首先经过预选筛选出可供选择的机型和厂家。然后详细了解物流设施设备的性能参数、反馈信息、供货情况、价格、售后服务等，选出 2~3 个厂家作为联系目标。最后选出最优的厂家作为第一方案，同时准备好第二、第三方案，报主管部门批准或以招标形式确定。

6.2.2 物流设施设备的评价

物流设施设备的经济性将直接影响物流企业的经济效益。目前，比较常用的经济评价方法有两种：投资回收期法和费用换算法。

1. 投资回收期法

投资回收期法又称"投资返本年限法"，首先应分别计算各备选方案的投资总额，同时要考虑由于采用该方案而分别在提高劳动生产率、节约能源消耗、提高物流服务质量、增加资源回收和利用率、节省劳动力等方面所带来的费用节约额，并依据投资费用与节约额分别计算各备选方案的投资回收期，然后进行方案比较。一般在其他条件相同的情况下，投资回收期最短的方案被认为是经济上最优的方案。

投资回收期的计算公式为：

$$投资回收期 = \frac{物流设施设备投资费用总额}{采用该方案后年节约额} \tag{6-1}$$

式中，采用该方案后年节约额是指物流设施设备在提高劳动生产率、节约能源消耗、提高服务质量、增加资源回收和利用率、节省劳动力等方面的费用节约，单位为元/年。

> **例 6-1**
>
> 投资回收期法的计算
>
> 某配送中心购进一台装卸设备，期初投资 20 万元，该设备投入使用后由于装

卸效率提高，每年可节约装卸费用 4 万元，试问该设备的投资回收期是多久？

解：

$$投资回收期 = \frac{物流设施设备投资费用总额}{采用该方案后年节约额} = \frac{20\,0000}{40\,000} = 5（年）$$

2．费用换算法

任何资金都有其时间价值，随着时间的推移，物流企业投资购买的物流设施设备会产生各种费用，如折旧费、维修费等。为了更好地进行投资决策，企业需要将每个方案期初的一次性投资和每年支出的各项费用合并进行计算，并换算成平均每年的总费用或物流设施设备预计寿命周期的总费用，然后对方案进行比较分析和评价，选择最优方案。根据换算方法的不同，费用换算法可以分为年费用比较法和现值法两种。

（1）年费用比较法

年费用比较法是把物流设施设备的原始投资费用，根据物流设施设备的预计寿命周期，按一定的年复利利率换算成相当于每年的费用支出，然后加上每年的运营维持费，得出不同物流设施设备在预计寿命周期内平均每年支出的总费用，从中选择总费用最低的物流设施设备作为最优方案。

（2）现值法

现值法是把物流设施设备在预计寿命周期内每年支付的维持费和残值，按现值系数换算成相当于物流设施设备的初期费用，然后和物流设施设备的原始投资费用相加，进行总费用现值的比较。

例 6-2　费用换算法的计算

某物流配送中心欲购置一台装卸搬运设备，现有 A、B 两个型号可供选择，A 型号设备的购置价格为 60 万元，投产后平均每年的维持费用为 6 万元，预计期末残值为 5 万元；B 型号设备的购置价格为 80 万元，投产后平均每年的维持费用为 8 万元，预计残值为 10 万元。两种型号装卸设备的使用寿命预计均为 10 年，设基准收益率为 5%。两种型号设备的其他情况均相同。试根据以上资料分别用年费用比较法和现值法对两种型号设备进行经济评价。

解：① 根据资金时间价值的系数表可知：

资金回收系数为 0.129 5；等额年金现值系数为 0.079 5。

A 型号设备的平均年度总费用=60×0.129 5+6+5×0.079 5=14.167 5（万元）

B 型号设备的平均年度总费用=80×0.129 5+8+10×0.079 5=19.155（万元）

根据以上计算结果，可以得出结论：应选择 A 型号设备，采用 A 型号设备每年可以节约 4.987 5 万元。

② 根据资金时间价值的系数表可知：等额年金现值系数为 7.221 7；一次性付现值系数为 0.613 9。

A 型号设备的平均年度总费用=60+6×7.221 7+5×0.613 9=109.399 7（万元）

> B 型号设备的平均年度总费用=80+8×7.721 7+10×0.613 9=147.912 6（万元）
>
> 根据以上计算结果，可以得出结论：应选择 A 型号设备，采用 A 型号设备每年可以节约 38.512 9 万元。

6.3 物流企业设施设备的使用、维护和修理

物流设施设备的使用是否正确合理，很大程度上影响了物流设施设备使用寿命的长短和生产效率的高低。正确使用、维护和修理物流设施设备可以最大限度地在节省费用的条件下减小物流设施设备的损耗，保持其良好的性能和应用的精度，延长其使用寿命，充分发挥其效率和效益。物流设施设备的使用、维护和修理是物流设施设备管理中的一个重要环节。

6.3.1 物流设施设备的合理使用

1. 物流设施设备使用管理的含义

物流设施设备使用管理是指对物流企业的设施设备从采购到报废的全过程管理，包括设施设备的组织管理、技术管理、安全管理、经济管理等，如表 6-4 所示。

表 6-4 物流设施设备使用管理的含义

物流设施设备使用管理	组织管理	对操作人员的选拔、聘用和培训；制定物流设施设备管理制度；对物流设施设备的监控、考核等
	技术管理	对物流设施设备进行的规划、研制、建设、安装、调试，以及合理使用、维护、检修、状态监控、技术诊断、配件检查、技术资料的统计与处理等
	安全管理	对物流设施设备进行的使用安全、安全检查、安全系数、性能、安全资料、制度制定等方面的管理
	经济管理	对物流设施设备的投资效益分析、资金筹措分析、资金使用监控、统计、库存、年终盘点等资产管理工作

2. 物流设施设备的使用合理化

物流设施设备的正确、合理使用包括两个方面的含义：一是要防止对物流设施设备的滥用；二是要防止物流设施设备的闲置不用。具体说来，主要应做好以下 5 个方面的工作。

（1）做好物流设施设备的安装、调试工作

物流设施设备在正式投入使用前，物流企业应严格按质量标准和技术说明安装、调试，安装调试后，经试验运转验收合格才能投入使用。安装、调试是正确使用设备的前提和基础。

（2）合理安排生产任务

物流企业在使用物流设施设备时，必须根据工作对象的特点和物流设施设备的结构、性能特点来合理安排生产任务，防止和消除物流设施设备的无效运转。使用时，既要严禁物流设施设备超负荷工作，也要避免"大马拉小车"现象，造成物流设施设备和能源的浪费。

(3) 切实做好操作人员的技术培训工作

操作人员在上机操作之前,需做好上岗前的培训工作,认真学习有关物流设施设备的性能、结构和维护保养等知识,掌握操作技能和安全技术规程等,经过考核合格后方可上岗。严禁无证者操作物流设施设备。

(4) 建立健全科学的管理制度

物流企业要针对物流设施设备的不同特点和要求,建立各项管理制度、规章制度和责任制度等,如持证上岗制、安全操作规程、操作人员岗位责任制、定人定机制、定期检查维护制、交接班制度及设备档案制度等。

(5) 创造使用物流设施设备的良好工作条件和环境

物流企业要始终保持物流设施设备作业条件和环境的整齐、清洁,并根据物流设施设备本身的结构、性能等特点,安装必要的防护、防潮、防尘、防腐、防冻、防锈等装置。有条件的还应配备必要的测量、检验、控制、分析及保险用的仪器、仪表、安全保护装置。

视野拓展 6-2

手动液压叉车的使用规定

① 在良好的路面上,叉车的额定起重为 3 吨;在较差的道路条件下作业,叉车的起重量应适当降低,并降低行驶速度。

② 在装载货物时,应按货物大小来调整货叉的高度,货物的重量应由两货叉平均分摊,以免偏载导致货物向一边滑脱。货叉插入货堆后,叉壁应与货物一面相接触,然后调整货叉的高度,将货叉升起离地面 20 毫米以上再行驶。

③ 在超过 7°的坡上运载货物时,应使货物在坡的上方。运载货物行驶时不得急刹车,以防货物滑出。在搬运大体积货物时,如果货物挡住视线,叉车应倒车低速行驶。

④ 在工作过程中,如果发现可疑的不正常现象,必须立即停车检查,及时采取措施加以排除,在没有排除故障前不得继续作业。

6.3.2 物流设施设备的保养与维护

1. 物流设施设备保养与维护的含义

物流设施设备保养与维护是指通过擦拭、清扫、润滑、紧固、调整、防腐、检查等一系列方法对物流设施设备进行护理,以维持和保护物流设施设备的性能和技术状况。物流设施设备要经常处于完好状态,除正确使用物流设施设备外,正确的维护保养也非常重要。良好的维护保养可有效减少物流设施设备故障及修理次数,延长物流设施设备的使用寿命。

2. 物流设施设备保养与维护的基本要求

物流设施设备保养与维护的目的是减少设备的磨损,及时发现和处理物流设施设备运行中出现的异常现象。尽管物流设施设备的结构、性能和使用方法各不相同,维护保养工作的具体内容也不完全相同,但维护保养工作的基本要求是一致的,即清洁、安全、润滑、防腐。

清洁是指各种物流设施设备要做到无灰、无尘、整齐,保持良好的工作环境。安全是指物流设施设备的保护装置要齐全,各种装置不漏水、不漏油、不漏气、不漏电,保证安全不出事故。润滑是指物流设施设备要定时、定点、定量加油,使运转部件正常润滑,保证运转畅通。防腐是指要防止物流设施设备的腐蚀损失,提高物流设施设备运行的可靠性和安全性。

3. 物流设施设备保养与维护的内容

物流设施设备的保养与维护需要建立三级保养制度,即日常保养、一级保养和二级保养,如表 6-5 所示。

表 6-5 物流设施设备的三级保养制度

名 称	内 涵
日常保养	操作人员每天要做的工作,包括操作前的检查、擦拭、润滑;操作中的检查、加油、排故、做好交接班记录;操作后的检查保养等
一级保养	以操作人员为主、维修人员为辅,对设备进行局部或重点拆卸、检查、清洗、疏通、调整、紧固等工作
二级保养	以维修人员为主、操作人员为辅,对设备进行部分解体、检查和修理,更换或修复磨损件,对润滑系统进行清洗、换油,对电气系统进行检查、修理、局部恢复精度等

视野拓展 6-3

物流设施设备的磨损与故障

物流设施设备的磨损分为有形磨损和无形磨损。其中,有形磨损是指物流设施设备实体的磨损,是由运转过程中外力或自然力的作用而引起的实体磨损;无形磨损是指物流设施设备实体上看不见的磨损,由于科技进步、技术更新,同样用途和性能的物流设施设备价格明显降低,但性能和优越性明显提高,使物流企业原有的设施设备在无形中贬值。

物流设施设备的磨损程度分为三级:初级磨损、正常磨损和严重磨损。其磨损曲线如图 6-2 所示。

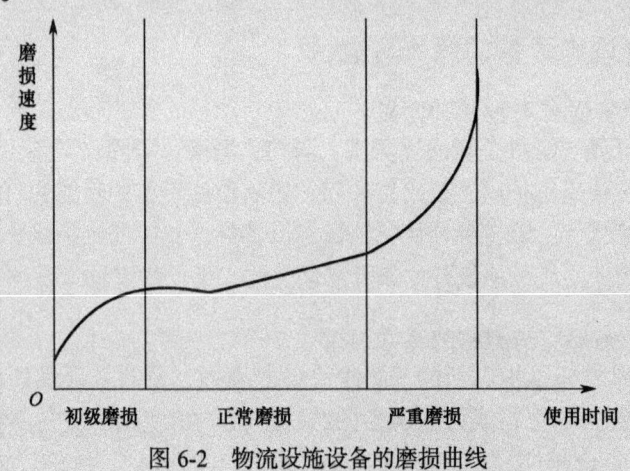

图 6-2 物流设施设备的磨损曲线

物流设施设备的故障发生分为 3 个阶段:初期故障期、偶发故障期和磨损故障

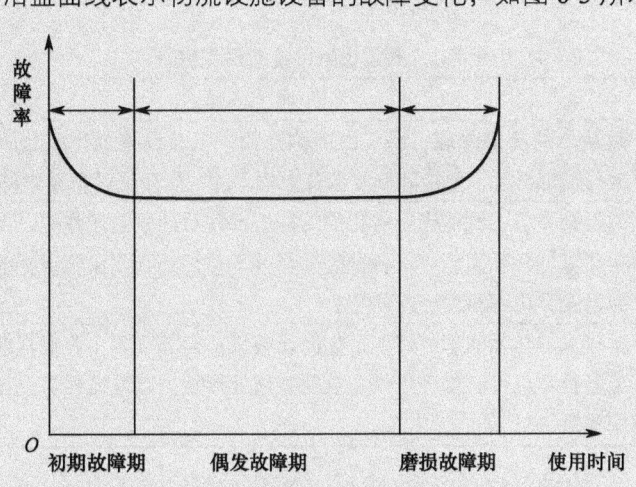

期。一般可以用浴盆曲线表示物流设施设备的故障变化，如图 6-3 所示。

图 6-3　物流设施设备的故障变化曲线（浴盆曲线）

物流企业可以通过修理、技术改造、更新等不同措施，对物流设施设备的磨损部分进行弥补；通过掌握异常信息、收集故障资料、信息处理、故障处理和信息反馈等措施来实施故障管理。

6.3.3　物流设施设备的检查与修理

1．物流设施设备的检查方法

物流设施设备的检查方法较多，依据不同的标准可以进行不同的分类。

① 按检查手段不同可分为人工检查和状态检查。人工检查是指用目、耳、嗅、触等感官进行的物流设施设备检查；状态检查则是在物流设施设备的特定部位安装仪器、仪表，对物流设施设备的运转情况进行自动监测。

② 按时间间隔不同可分为日常检查、定期检查和维修前检查。

③ 按检查内容不同可分为功能检查和精度检查。

2．物流设施设备的修理制度

物流设施设备的修理制度主要包括 3 类：计划保养修理制度、计划预防修理制度和全员参与修理制度，如表 6-6 所示。

表 6-6　物流设施设备的修理制度

类　别	内　涵
计划保养	明确各种维护保养和修理的周期、内容和具体要求
计划预防	日常维护、定期清洗、定期检查和计划修理
全员参与	全员、全过程、全效率

3．物流设施设备的修理级别

物流设施设备的修理是指修复由于各种原因而损坏的设施设备，使其功能得到恢复。物流设施设备的修理过程包括修复和更换已经磨损、腐蚀的零部件。修理的级别一般分为小修理、中修理和大修理 3 种，如表 6-7 所示。

表 6-7　物流设施设备的修理级别

级　　别	内　　涵
小修理	工作量最小的局部修理，属于维持性修理；不对设备进行较全面的检查、清洗和调整，只进行局部拆卸、更换和修复部分失效零件，以保证设备正常的工作能力
中修理	对物流设施设备中性能已经劣化的结构进行针对性的局部修理，更换与修复物流设施设备的主要零件和数量较多的各种磨损零件，并校正物流设施设备的基准，以恢复和达到规定的精度、功率和其他技术要求
大修理	工作量较大的全面修理；需要把物流设施设备全部拆解，修复基准件和不合格零件，更换部分磨损零部件，修理电气系统及整修外形等，以恢复物流设施设备原有的性能，延长使用寿命

§知识链接 6-1

物流设施设备维修管理的评价指标

（1）反映物流设施设备技术状态的指标

物流设施设备完好率=完好物流设施设备总台数/物流设施设备总台数

物流设施设备故障率=物流设施设备故障停机时间/物流设施设备生产运转时间

物流设施设备待修率=平均待修物流设施设备台数/平均实有物流设施设备台数

（2）反映物流设施设备维修管理的经济性指标

物流设施设备维修费用效率=物流作业总工作量/维修费用总额

单位物流工作量（产值）维修费用=维修总费用额/物流总工作量（产值）

（3）反映物流设施设备利用情况的指标

物流设施设备台数利用率=使用物流设施设备台数/在册物流设施设备总台数×100%

物流设施设备时间利用率=物流设施设备实际工作台时数/物流设施设备日历总台时数×100%

物流设施设备能力利用率=单位台时实际工作量/单位台时额定工作量×100%

6.4　物流设施设备的改造与更新

追求技术进步和提高经济效益是研究物流设施设备改造与更新决策问题的根本出发点，而追求技术进步的最终目的还是提高经济效益。因此，确定物流设施设备改造与更新最佳周期的总原则是：使物流设施设备一次性投资和各年费用的综合达到最小。

6.4.1　物流设施设备的寿命周期

1. 物流设施设备的寿命周期类型

物流设施设备的寿命一般可以分为物理寿命、技术寿命、经济寿命和折旧寿命 4 种，如表 6-8 所示。

表 6-8 物流设施设备的寿命类型

类　别	内　涵
物理寿命	从物流设施设备投入使用开始到报废退出使用领域为止所经历的时间
技术寿命	从技术角度确定物流设施设备最合理的使用年限，即从物流设施设备投入使用开始，直至因技术落后而被淘汰为止所经历的时间
经济寿命	从物流设施设备的经济效益角度来确定最合理的使用年限，即由物流设施设备开始使用到年平均总费用最低所经历的时间
折旧寿命	使用部门预计提取设备折旧费的时间年限

2．物流设施设备的寿命周期费用

物流设施设备的寿命周期费用是指物流设施设备从规划、采购、安装调试、使用、维修、改造直至报废的全过程中发生的费用，主要包括购置费用和维持费用两部分。其中，购置费用是指在购买和安装过程中的所有花费；维持费用是指在设备实际运行过程中所花费的运行费用和维修费用之和。

物流设施设备在不同的寿命周期阶段，其费用的支出也大不相同，且支出费用体现出了一定的变化规律，如图 6-4 所示。

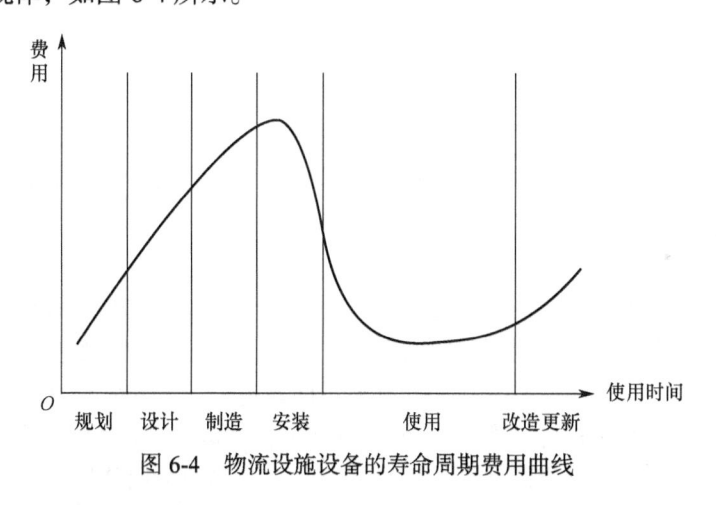

图 6-4 物流设施设备的寿命周期费用曲线

6.4.2 物流设施设备改造与更新的内涵

1．物流设施设备的改造

物流设施设备的改造是指在原有物流设施设备的基础上进行的以提高技术性能和经济效益为目的的改善活动。这种改善活动根据物流作业的需要，应用现代科技成果，改造现有物流设施设备的局部结构，补偿物流设施设备的有形磨损和无形磨损，从而提高物流设施设备的使用寿命和技术水平。

通常物流设施设备的技术改造包括：改造和更新动力装置，提高技术性能和作业效率；加装或改善节能装置，降低运行费用；更新安全装置或改造原机结构，提高安全性和环保性；加装必要的装置，扩充功能，做到一机多用；改造薄弱环节，提高可靠性和耐用性；统一机型，以利于维修和配件供应。

物流企业在进行物流设施设备的技术改造时需要注意：①从实际出发，充分考虑企业资源，选择改造项目；②保证技术上的可行性和经济上的合理性；③将当前利益与长远技术经济效益相结合；④在技术改造过程中，注意技术人员的培养。

2. 物流设施设备的更新

物流设施设备的更新是指以技术性能更完善、经济效益更显著的新设备代替原有的技术上不能继续使用或经济上不宜继续使用的旧物流设施设备。物流设施设备的更新分为简单更新和技术更新两种方式。

（1）简单更新

简单更新是指用相同型号的新物流设施设备替换原来使用的物流设施设备。其特点是只能补偿有形磨损，不能提高原物流设施设备的技术水平。该方式主要在物流设施设备严重磨损，已无修复价值或无新型物流设施设备替代的情况下应用。

（2）技术更新

技术更新是指用结构更完善、性能更先进、作业效率更高、更节能省材的新型物流设施设备替换原来使用的物流设施设备。其特点是能完全补偿有形磨损和无形磨损，提高物流设施设备的技术水平。技术更新是物流设施设备更新的主要方式。

3. 物流设施设备改造更新的时机选择

物流设施设备的改造更新需要从定性和定量两个方面进行分析和论证。定性分析主要根据国家规定的机械报废条件进行；定量分析主要是利用效益原理，对设备更新后的经济效果进行比较后确定。不同物流设施设备的服务寿命不同，通常可以用低劣化数值法和列表法来确定物流设施设备改造更新的时机。

（1）低劣化数值法

物流设施设备在使用过程中，随着其完成的物流作业量（或使用时间）的不断增加，其技术性能不断下降，这种现象叫作物流设施设备的低劣化。物流企业一台物流设施设备的总费用主要包括折旧费和使用费（包括物流设施设备维护保养和修理费、能源消耗费、物流设施设备事故停产损失与效率损失费等）两部分。物流设施设备使用年限越长，年平均折旧费越少。此时，由于物流设施设备日益老化，支出的使用费用就会增加。只要保证上述两项费用之和，即物流设施设备的总费用最小，对物流企业来说，就是最经济的。物流设施设备的经济寿命实质上就是使物流设施设备总费用最低的年限，也是物流设施设备的最佳更新周期，物流设施设备总费用曲线如图6-5所示。

例 6-3

低劣化数值法的计算

某物流企业购进一台新设备，初始投资费用为 12 500 元，设经营费用第一年为 2 000 元，以后每年增加 1 000 元，不论何时其残值均为 0 元。试计算该设备的经济寿命周期及最小平均总费用。

解：该设备的经济寿命周期为：

$$T = \sqrt{\frac{2 \times 12\,500}{1\,000}} = 5\;(年)$$

该设备经济寿命周期内最小平均总费用为：

$$C = 2\,000 + \sqrt{2 \times 12\,500 \times 1\,000} - \frac{1\,000}{2} = 6\,500\;(元)$$

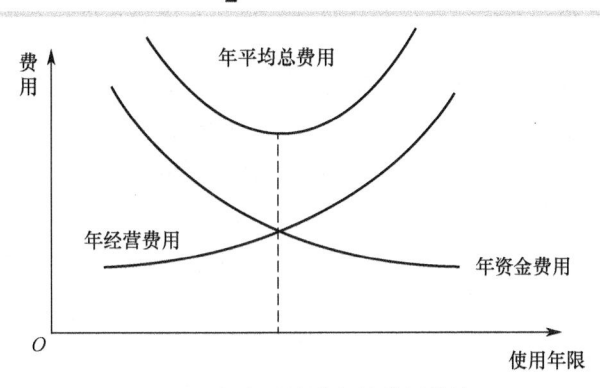

图 6-5　物流设施设备总费用曲线

（2）列表法

如果物流设施设备残值不能视为常数，即物流设施设备残值随着完成的物流作业量（或使用时间）的变化而变化，运行成本不与物流作业量（或使用时间）呈线性关系，且无规律可循，则可根据物流企业的记录或同类物流设施设备的统计资料，或者通过对物流设施设备将来实际运行情况的预测，用列表法来判断物流设施设备的经济寿命。

例 6-4　列表法的计算

某物流配送中心有旧叉车一台，若现在出售，预计市场价格为 40 000 元，估计还可以继续使用 4 年。目前市场上的新型叉车价格为 100 000 元。新旧叉车的年经营费用及残值如表 6-9 所示。当利率≤10%时，试确定旧叉车的合理更新时间。

表6-9　新旧叉车的年经营费用及残值（单位：元）

使用年限（年）	旧叉车			新叉车		
	年经营费	残值	年总费用	年经营费	残值	年总费用
1	30 000	30 000	40 000	20 000	75 000	45 000
2	35 000	20 000	45 000	22 500	56 200	44 400
3	40 000	10 000	50 000	26 000	43 000	45 000
4	45 000	0	55 000	29 600	33 000	46 350
5				34 000	21 000	45 600
6				38 500	10 000	53 500
7				50 000	1 000	64 142

解：从表中可以看出，旧叉车使用第 2 年时年费用超过了新型叉车的第 2 年总费用，即 45 000 元＞44 400 元。因此，旧叉车的合理使用年限为 1 年，说明旧叉车只能再使用 1 年就应该更换新叉车。

课后习题

一、判断题

1．离开物流设施设备，物流系统就无法运行。（　　）
2．物流设施设备的保养和维护应建立二级保养制度。（　　）
3．物流设施设备维护保养工作的基本要求是：清洁、安全、润滑和防腐。（　　）
4．物流设施设备的修理级别包括小修和大修。（　　）
5．物流设施设备更新就是用新型物流设施设备代替原有物流设施设备完成相同的工作（或服务）。（　　）

二、单项选择题

1．物流设施设备是指在进行物流（　　）、实现物流功能过程中所使用的各种设施和装备的总称。
    A．作业活动　　　B．组织设计　　　C．战略管理　　　D．财务管理
2．（　　）是实现高效物流系统的物质基础。
    A．物流人力资源　B．物流战略管理　C．物流组织管理　D．物流设施设备
3．以下不是物流设施设备故障 3 个阶段的是（　　）。
    A．正常磨损　　　B．初期故障　　　C．偶发故障　　　D．磨损故障
4．物流设施设备保养和维护的主要内容不包括（　　）。
    A．清洁　　　　　B．润滑　　　　　C．干燥　　　　　D．防腐
5．物流设施设备的寿命不包括（　　）。
    A．设计寿命　　　B．物理寿命　　　C．技术寿命　　　D．折旧寿命

三、多项选择题

1．以下属于物流基础性设施的有（　　）。
    A．铁路　　　　　B．公路　　　　　C．汽车　　　　　D．管道
2．以下属于物流专用机械设备的有（　　）。
    A．装卸机　　　　B．堆料机　　　　C．码垛机　　　　D．集装箱牵引车
3．物流设施设备的选择原则有（　　）。
    A．生产性和配套性原则　　　　　　B．可靠性和灵活性原则
    C．节能环保性原则　　　　　　　　D．维修性原则
4．物流设施设备的保养和维护需要建立三级保养制度，即（　　）。
    A．日常保养　　　B．一级保养　　　C．二级保养　　　D．三级保养
5．物流设施设备更新的两种方式是（　　）。
    A．旧设备更新　　B．简单更新　　　C．新设备更新　　D．技术更新

四、简答题

1. 物流设施设备的分类有哪些？
2. 物流设施设备的管理原则有哪些？
3. 物流设施设备的选择流程是什么？
4. 物流设施设备的寿命周期类型有哪些？
5. 物流设施设备故障变化曲线的内容是什么？

任务实训

1. 实训目的

理解物流设施设备的重要性，以及物流设施设备的选择、使用、维护修理和改造更新的主要内容，能够分析现实中物流企业的物流设施设备管理实践活动。

2. 背景材料

先进的物流设施设备提高物流中心服务水平

爱川集装送货中心是日本全农果蔬中心创建的物流服务网点，位于日本神奈川县爱川町，于2009年2月投入运行。该中心可以完全实现温度管理，在保持果蔬的高质量和新鲜度的同时，确保足够的工作空间，完善夜间收货体制及将来物流量增加的应对措施。在物流设施设备方面，装配了预先拣选和带自动补充机能的新式数字拣选系统，达到了较高的处理能力，节省了人力，还加强了商品追踪功能。

据介绍，该中心为两层结构。一层包括入库和出库区、带泥土的蔬菜（如土豆等）加工区、周转冷藏箱存放区及包装箱处理室；二层为不带泥土的蔬菜加工区和集货区等。对于仓库内的温度，入库区和带泥土的蔬菜加工区保持在20~22℃，其他工作区保持在15~17℃。仓库的运转期间是每周日到周四；切整、小分拣及装袋等加工作业是从上午9：00到下午6：00；向37处前端配送网点的出货作业，是从下午6：00到第二天早上5：00。

该中心内的核心物流设备是带临时预放台、具有节拍输送功能的多订货式组合数字拣选系统（Combination-Digital Pick System，C-DPS）和自动货物补充系统。C-DPS以6箱为一个区间单位进行搬送，在搬送的间隙，货物放入冷藏箱，临时预放台上总能保有等待拣选的6批订货，从而保证了更加准确的装箱，并大幅度减少了作业的等待时间。此外，凭借高速堆垛机的无人操作和向拣选滚轮式货架供给商品的自动货物补充系统，实现了快捷处理和节省占地空间。自动货物补充系统的精确性可使补充作业更加简便，保证补充作业"零出错"，商品追踪准确无误。同时，采用滑块式分拣系统和码垛堆积机器人等，积极推进各个工作区的自动化，使货物从放入冷藏箱到出库全过程的各条流水线的员工人数均减少到28名（各减7名），取得了节省人力的极好效果。

据统计，该中心2008年高峰期处理货物能力为4 200万件，2012年为5 000万件左右，货物量呈现不断增加的趋势。

3. 实训任务

① 爱川集装送货中心的设备使用包含哪些内容？应该遵从哪些原则？

② 爱川集装送货中心设备正确、合理使用的衡量标准有哪些？

4. 实训步骤

（1）个人阅读/小组分组

老师督促学生进行个人阅读，并让其在课前完成。建议 3～5 人一组，老师监督分组情况和任务进度。针对学生的特点，在课堂上老师再花费 5～10 分钟对案例学习要点及相关背景进行简单的陈述。

（2）案例开场白

爱川集装送货中心的设备使用包含哪些内容？应该遵从哪些原则？

（3）小组讨论/报告

该步骤主要在课堂上进行，持续 20～30 分钟，主要围绕实训任务中的两个问题展开，学生也可自行增加感兴趣的部分。小组报告的内容应尽可能是小组成员达成共识的内容，对于未达成共识的内容可以单独提出讨论。每个小组将讨论要点的关键词按小组抄写在黑板上的指定位置并进行简要报告，便于课堂上的互动。

（4）师生互动

该步骤主要在课堂上进行，持续 30～40 分钟，老师针对学生的报告和问题与学生互动，同时带领学生对本章关键知识点进行回顾，并了解学生还有哪些问题或困惑，激发学生的学习兴趣，使学生自觉在课后进一步查询相关资料并进行系统的回顾与总结。

（5）课后作业

根据课堂讨论，要求每位学生进一步回顾本章知识点，以小组为单位形成正式的实训报告。报告要观点鲜明、思路清晰、逻辑严密、论证翔实。

（6）考核

老师根据学生的课堂表现和实训报告质量，评定实训成绩。

第 7 章 物流企业的财务管理

学习目标

- 掌握物流企业财务管理的含义、内容和目标。
- 了解物流企业筹资的目标、渠道、方式和决策方法。
- 了解物流企业投资的目标、方式和决策方法。
- 掌握物流企业成本的构成、分类、管理途径及控制。
- 掌握物流企业财务分析的定义、方法和分析指标。

引例

胜达物流公司的成本核算

随着油品价格的不断上涨,胜达物流公司的经营费用急剧上升,公司利润明显下降。运营部的刘经理密切关注同行企业,看看大家对油价上涨带来的不利影响有何应对措施:是提高收费标准还是内部挖潜?公司高层有何打算?公司总经理召集部门经理开会,研究如何消化油价上涨带来的成本增加。公司财务部的蒋经理将几个月以来的财务数据进行了分析,提出了适当涨价的建议。而运营部的刘经理提出了异议,认为涨价可能会导致失去客户,但一时又拿不出说服依据。散会后,刘经理复印了几张财务报表,把小周叫到办公室,让他计算一下财务指标,对公司的偿债、运营和盈利能力进行分析,预估提高与不提高服务费用将如何影响公司的业务发展及公司财务状况。小周对财务知识并不陌生,也计算过财务指标,但他并非财会专业出身,对财务分析并不内行,好在他学习能力很强,根据资产负债表、利润表、现金流量表中的资料,很快就按照刘经理的要求完成了工作。

辩证与思考:

常用的财务分析指标有哪些?财务分析有什么作用?非财会岗位是否需要掌握必要的财务管理知识和技能?

> **答案解析：**
> 常用的财务分析指标有流动比率、速动比率、资产负债率、产权比率、应收账款周转率、存货周转率等。财务分析的作用有：为企业经营者提供财务分析信息，有助于国家制定经济政策，为企业投资人提供决策依据，为债权人提供决策依据。非财会岗位也需要掌握必要的财务管理知识和技能。

财务管理是企业组织财务活动、处理各方面财务关系的一项重要管理工作。物流企业的财务管理一般包括筹资管理、投资管理、成本管理和财务分析等内容，是通过对资金的控制和管理来达到对企业管理的一种方式。

7.1 物流企业的财务管理概述

资金是现代企业的"血液"。在企业生产经营过程中，钱和物不断发生变化，现金变为非现金，非现金又变为现金，形成企业的资金运动：资金筹集—资金投放—资金耗费—资金收回—资金分配，从而形成企业的财务管理活动。

7.1.1 物流企业财务管理的含义及内容

1. 物流企业财务管理的含义

物流企业财务管理是对物流企业资金运动全过程进行决策、计划和控制的管理活动。其实质是以价值形式对企业的生产经营全过程进行综合管理。

2. 物流企业财务管理的内容

物流企业财务管理的内容贯穿物流企业完整的资金运动。物流企业的资金运动包括资金的筹集、投资、成本管理和财务分析等，具体包括如下内容。

（1）筹资

筹资即筹集资金，是物流企业筹措和集中经营活动所需资金的财务活动，是物流企业资金运动的起点。在筹资过程中，物流企业一方面要预测筹资的总规模，以保证投资和营运所需要的资金；另一方面要通过筹资渠道和筹资方式的选择，确定合理的筹资结构，使筹资的代价降低而风险不变甚至降低。

（2）投资

物流企业取得资金后，必须将其投入使用，以取得良好的经济效益。物流企业投资是指物流企业以现金流出来获得未来收益的行为。物流企业投资管理是对物流企业的投资活动实施控制，以期在风险既定的前提下，以最小的投入获得最大的产出，或者以最小的风险和投入获得既定收益的行为。

（3）成本管理

成本管理是指对物流企业经营过程中各项费用的发生和成本的形成进行的预测、计划、控制、核算和分析评价等管理工作，以节约费用的行为。就其经济实质来看，成本费用是产品价值的重要组成部分，是不变资本和可变资本两部分价值的等价物；从资金运动过程来看，成本费用反映的是物流企业经营过程和资产使用中的资金耗费。

（4）财务分析

财务分析是指在财务报表反映物流企业财务状况和经营成果的基础上，运用科学的方法对相关财务指标进行比较，并对物流企业的偿债能力、运营能力和盈利能力做出评价，以使企业经营管理者、投资者、债权人及国家财税机关掌握企业财务活动规律和进行相关决策的一项财务管理工作。财务分析有利于物流企业经营管理者进行经营决策和改善经营管理，有利于企业投资者做出投资决策和债权人制定信用政策，有利于国家财税机关等政府部门加强税收征管和进行宏观调控。

7.1.2 物流企业的货币时间价值

货币时间价值的大小取决于货币数量的多少、占用时间的长短、收益率的高低等因素。按利息部分是否计息，货币时间价值的计算可分为单利计算法和复利计算法两种。按确定的可比基准日不同，货币时间价值的计算可分为现值、终值和年金3种。

1. 货币时间价值的含义

货币时间价值是指货币的拥有者因放弃对货币的使用而根据其放弃时间的长短所获得的报酬。例如，企业将所拥有的货币存入银行、购买债券、出借给其他单位而获得的利息，或者出租给其他单位而获得的租金，在假设没有通货膨胀和风险的情况下，就是企业因放弃对这笔货币的使用而获得的时间价值。

货币时间价值有两种表现形式：一种是绝对数，即利息；另一种是相对数，即利率。在不考虑通货膨胀和风险的情况下，通常以银行利率为基准。货币时间价值一般可理解为企业利润率的最低界限。

2. 货币时间价值的计算

在财务管理中，要应用货币时间价值，就必须首先弄清楚"终值"和"现值"两个概念，如表7-1所示。货币时间价值即"本利和"和"本金"之间的差额。

表7-1 终值与现值

名 称	含 义	在银行存款中的称呼
终值	指一定量货币按规定利率折算的未来价值	本利和
现值	指一定量未来的货币按规定利率折算的现在价值	本金

（1）单利计算法

单利计算法是指只对本金计算利息，而对本金在借贷期内产生的利息不再计算利息，其计算公式为：

$$F=P(1+i \times n) \quad (7-1)$$

式中，F 为 n 年后的本利和；P 为本金（现值）；i 为利率（收益率）；n 为计算期限。

单利计算法不符合国际惯例，也不符合实际借贷情况，因此实际中一般使用复利计算法。复利计算法不仅计算利息，还计算利息的利息。

（2）复利计算法

① 复利终值。复利终值是指现在一定数量的本金（现值），按复利计算在将来某一特定时间的本利和。其计算公式为：

$$F=P(1+i)^n \tag{7-2}$$

式中，F 为复利终值；P 为本金；i 为利率；n 为期数。

② 复利现值。复利现值是指未来一定时间的特定资金按复利计算的现在价值，或者说将来某一时间特定的本利和所需要的现值（本金）。现值的计算公式为：

$$P=F/(1+i)^n \tag{7-3}$$

式中，$(1+i)^n$ 是利率为 i、期数为 n 的复利现值系数，一般记为 $(P/F,i,n)$，可通过查"1元的复利现值表"得到。

例 7-1

复利终值和现值的计算

（1）某人将 10 000 元投资于一项事业，年报酬率为 6%，经过 1 年时间，期终金额为：

$F=P(1+i)= 10\,000 \times (1+6\%) = 10\,600$（元）

若此人并不提走现金，而是将 10 600 元继续投资于该事业，则第二年的本利和为：

$F= [P(1+i)](1+i) = P(1+i)^2 = 10\,000 \times (1+6\%)^2 = 10\,000 \times 1.123\,6 = 11\,236$（元）

同理，第三年的期终金额为：

$F= P(1+i)^3 = 10\,000 \times (1+6\%)^3 = 10\,000 \times 1.191 = 11\,910$（元）

（2）某人拟在 5 年后获得本利和 10 000 元。假设投资报酬率为 10%，他现在应投入多少元？

$P=F(1+i)^{-n} = 10\,000 \times (1+10\%)^{-5} = 10\,000 \times 0.621 = 6\,210$（元）

因此，此人应投入 6 210 元。

（3）年金终值和年金现值

年金是指等额、定期的系列收支，即每隔一定相同时期（1 年、半年、1 季、1 个月等）收入或支出相等金额的款项。年金按其每次收付发生的时点不同，可分为普通年金、即付年金、递延年金和永续年金等。

① 普通年金。普通年金是指从第一期起，在一定时期内每期期末等额发生的系列收付款项，又称后付年金。

普通年金终值的计算公式为：

$$F = A\frac{(1+i)^n - 1}{i} \qquad (7\text{-}4)$$

式中，F 为年金终值；A 为年金；i 为利率；n 为期数。

普通年金现值的计算公式为：

$$P = A\frac{1-(1+i)^{-n}}{i} \qquad (7\text{-}5)$$

式中，P 为年金现值；A 为年金；i 为利率；n 为期数。

② 即付年金。即付年金是指从第一期起，在一定时间内每期期初等额收付的系列款项，又称先付年金。它与普通年金的区别仅在于付款时间不同。

即付年金终值的计算公式为：

$$F = A\frac{(1+i)^n - 1}{i}(1+i) = A\left[\frac{(1+i)^{n+1} - 1}{i} - 1\right] \qquad (7\text{-}6)$$

式中，F 为年金终值；A 为年金；i 为利率；n 为期数。

即付年金现值的计算公式为：

$$P = A\left[\frac{1-(1+i)^{-n}}{i}\right] \times (1+i) = A\left[\frac{1-(1+i)^{-(n-1)}}{i} + 1\right] \qquad (7\text{-}7)$$

式中，P 为年金现值；A 为年金；i 为利率；n 为期数。

③ 递延年金。递延年金是指每次收付款发生时间与第一期无关，而是隔若干期（假设为 s 期，$s \geqslant 1$）后才开始发生的系列等额收付款项。凡不是从第一期开始发生的年金都是递延年金。

递延年金的现值计算公式为：

$$P = A\left[\frac{1-(1+i)^{-n}}{i} - \frac{1-(1+i)^{-s}}{i}\right] = A[(P/A, i, n-s) - (P/A, i, s)] \qquad (7\text{-}8)$$

$$P = A\frac{1-(1+i)^{-(n-s)}}{i}(1+i)^{-s} = A[(P/A, i, n-s) \times (P/F, i, s)] \qquad (7\text{-}9)$$

式（7-8）是先计算出 n 期的普通年金现值，然后减去前 s 期的普通年金现值；式（7-9）是先将此递延年金视为 (n-s) 期普通年金，求出 (n-s) 期的现值，然后折算为递延年金的现值。

④ 永续年金。永续年金是指无限期等额收付的特种年金，可视为普通年金的特殊形式，即期限趋于无穷的普通年金。由于永续年金持续期无限，没有终止的时间，因此没有终值，只有现值。

永续年金的现值计算公式为：

$$P = A \times \sum_{t=1}^{\infty} \frac{1}{(1+i)^t} = \frac{A}{i} \qquad (7\text{-}10)$$

7.1.3 物流企业财务管理的目标

物流企业财务管理的目标取决于企业的总目标,并且受企业财务管理自身特点的限制。关于财务管理目标的3种观点如表7-2所示。企业一旦成立,就面临激烈的竞争。这时,企业必须先求生存,然后才能求盈利,只有不断发展,才能追求进一步的盈利。因此,企业的目标可以概括为生存、发展、获利3个。企业要实现这些目标,就必须要求财务管理活动完成资金筹集并有效地投放和回收。出资者创办一个企业,目标是扩大财富,使企业的价值最大化。因此,财务管理的目标,实际上就是企业价值的最大化(也称为股东财富的最大化)。

表7-2 关于财务管理目标的3种观点

观　点	理　由	存在的问题
利润最大化	① 剩余产品的多少可以用利润指标来衡量 ② 资本的使用权最终属于获利最多的企业 ③ 只有每个企业都最大限度地获利,整个社会的财富才能实现最大化	① 没有考虑资金时间价值 ② 没有反映创造的利润与投入的资本之间的关系 ③ 没有考虑风险因素 ④ 可能导致企业的短期行为
资本利润率最大化	① 将实现的利润同投入的资本或股本数对比,能反映企业的盈利水平 ② 便于不同资本规模企业或同企业的不同期间之间的比较	① 没有考虑资金时间价值和风险因素 ② 不能避免企业的短期行为
企业价值最大化	① 考虑了资金时间价值和投资的风险价值 ② 反映了对企业资产保值、增值的要求 ③ 有利于克服片面性和短期行为 ④ 有利于社会资源的合理配置	① 在即期市场上的股价不一定能直接揭示企业的获利能力 ② 法人股东对股价没有足够的兴趣 ③ 企业价值的确定比较困难

7.2 物流企业的筹资管理

物流企业为了保证物流服务活动的正常进行,扩大服务范围,拓展物流功能,必须具有一定金额的资金。资金是物流企业进行生产经营活动的必要条件。物流企业筹资是指物流企业为了满足其经营活动、保证物流活动的顺利开展,向外部有关单位或个人,以及从物流企业内部筹措和集中经营所需资金的财务活动。

7.2.1 筹资管理的含义

筹资管理是指在筹资活动中,发挥财务人员的能力,按照有关的政策、法律和法规,采取科学的方法对企业的筹资活动进行规划、组织和控制的过程。筹资管理能够保证企业以最小的成本获得最合适的资金,为实现企业价值最大化的财务目标服务。

7.2.2 物流企业的筹资目标和原则

1. 物流企业的筹资目标

为了保证生产的正常进行和满足扩大再生产的需要,企业必须具有一定金额的资金。企业的资金可以从多种渠道、用多种方式来筹集。物流企业筹资管理的目标是:在满足经营所需的情况下,预测物流企业需要的合理资金量,并通过选择合理的筹资方式和筹资渠道,确定理想的资金结构(包括负债资金与权益资金、长期资金与短期资金的比例关系),在不断降低资金成本的前提下,使风险与收益(资金成本)达到均衡。

2. 物流企业的筹资原则

(1)科学预测、及时供应原则

物流企业应正确预测资金需要量,这是进行筹资工作的前提。物流企业既要做到及时筹集资金,又要做到防止资金过剩造成的积压浪费。

(2)合理选择、降低成本原则

物流企业的筹资方式有很多,不同的筹资方式所需资金成本也不一样,因此,成本是筹资时应考虑的重要因素。另外,不同筹资方式的约束条件、约束程度也不同,筹资者应根据资金需要量合理选择筹资方式,争取最大的利益。

(3)测算效益、明确方向原则

物流企业之所以筹资,无外乎创建企业的需要、企业发展的需要、补充资金短缺的需要、偿还债务的需要、调整资金结构的需要等。尽管物流企业筹资的资金成本低,但若资金投向不合理、收益低,就难以取得满意的资金效益,所以物流企业筹资时必须明确资金的投向,并测算投资利益。

(4)合理负债经营、正确处理风险原则

负债经营就是合理地举债发展企业。正确把握资本政策,避免可能产生的财务风险,这样既有利于筹资,又能提高资金的使用效率。

7.2.3 物流企业的筹资渠道

物流企业的筹资渠道是指物流企业筹集资金来源的方向与通道,详细释义如表 7-3 所示。研究筹资渠道是为了明确物流企业资金的来源并选择有效的筹资方式,经济有效地筹集到企业所需资金。

表 7-3 物流企业的筹资渠道及释义

筹资渠道	释 义
国家财政资金	国家财政资金进入物流企业有两种方式:一是以所有者的身份直接向企业投入资金,这部分资金在企业中形成国家的所有者权益;二是通过银行以贷款的方式向物流企业投资,形成企业负债。国家财政资金具有贷款利率优惠、可使用期限较长等优点
银行信贷资金	银行贷款是指银行以贷款形式向企业投入资金,形成企业负债。银行贷款是目前我国物流企业比较常用的资金来源渠道

（续表）

筹资渠道	释　义
非银行金融机构资金	非银行金融机构包括信托投资公司、保险公司、租赁公司、证券公司、企业集团财务公司等不以银行命名，但从事相应金融服务的金融企业。这些金融机构的资金力量比银行要小，目前只起辅助作用
其他企业资金	其他企业资金来源体现在以下两个方面：其他单位通过联营、入股、合资、合作等形式对企业投资；企业在购销业务中因形成债权债务关系而造成的债务人对债权人的短期资金占用
个人资金	个人资金主要是指银行及非银行金融机构之外的居民个人闲散资金。本企业职工和城乡居民的投资都属于个人资金。职工入股可以更好地体现劳动者与生产资料的直接结合。有些企业则向城乡居民发行股票债券
物流企业自留资金	物流企业自留资金是指物流企业通过有效的经营活动产生了盈利，并从盈利中保留部分资金不予分配，从而形成物流企业内部的资金供应渠道
外商资金	外商资金是指境外及我国香港、澳门、台湾地区投入的资金。通过吸收外商资金，不但可以满足物流企业对资金的需求，而且能够引进先进的技术和管理经验，促进物流企业技术的进步和服务水平的提高

视野拓展 7-1

贷款融资让航运企业尝到"甜头"

中国海运集团旗下的中海集装箱运输股份有限公司曾与荷兰商业银行等 9 家境外银行签订总额为 1 亿美元的贷款融资合同，相关款项将全部用于订造集装箱。

融资之前中海集装箱运输股份有限公司已经跻身世界班轮公司五强，其集装箱运输船队规模发展迅速，经营和拥有的船只达 119 艘，总运力突破 33 万标准箱，船队拥有和租赁的集装箱有约 67 万标准箱。此次融资的 1 亿美元主要用于订造新箱，可以新增标准集装箱 7 万多个。

中海集装箱运输股份有限公司的这次融资行为，既是公司发展的需要，也有助于提高客户服务水平，体现了中国海运集团坚定不移发展集装箱运输核心主业的决心和信心。

7.2.4 物流企业的筹资方式

物流企业的筹资方式是指物流企业取得资金的方式，即企业筹资采取的具体形式。筹资方式不仅会受到国家财政体制和金融体制的制约，还会受到企业筹资的外部环境和内部环境等多种因素的影响。物流企业应针对客观存在的筹资渠道，选择合理的筹资方式。目前，常用的筹资方式可分为如下几种。

1. 吸收直接投资

吸收直接投资是指物流企业根据现代企业制度，按照"共同投资，共担风险、收益，共享利润"的原则吸收来自国家、其他企业、个人和外商的资金。这种筹资方式是非股份制企业筹集权益资本的重要形式。以直接投资方式投资给物流企业的出资者是物流企业的所有者。

2. 发行股票

股票是股份有限公司为筹集资金而发行的有价证券,是持有人拥有公司股份的凭证,用来证明持股人在股份有限公司中拥有的所有权。发行股票能使大量社会游资得到集中和运用,并能把一部分消费资金转化为生产资金,是物流企业筹集长期资金的一个重要途径。

3. 银行借款

银行借款是物流企业与银行签订借款合同,向银行借入款项,到期还本付息的筹资方式。银行借款按期限不同可分为长期借款、中期借款和短期借款。银行借款筹资的优点是筹资速度快、筹资成本低;缺点是财务风险大、限制条件多、筹资金额有限。

4. 发行债券

债券是物流企业按照法定程序发行的,约定在一定期限内还本付息的有价证券。它代表债券持有者和物流企业之间的一种债务关系。物流企业发行债券一般不涉及企业资产所有权、经营权,企业债权人对企业的资产和所有权没有控制权。

5. 商业信用

物流企业商业信用是交易中提供服务的时间和款项结算时间的分离。它是物流企业在资金紧张的情况下,为保证生产经营活动的连续进行,采用延期支付购货款和预收销货款而获得短期资金的一种形式。

6. 租赁

租赁是一种以一定费用借贷实物的经济行为,即物流企业依照契约规定通过向资产所有者定期支付一定的费用,从而长期获得某项资产使用权的行为。现代租赁按其形态主要可以分为两大类:融资性租赁和经营性租赁。

7.2.5 物流企业的筹资决策

筹资决策是指物流企业对各种筹资方式的资金代价进行比较分析,使物流企业资金达到最优结构的过程。其核心是在多渠道、多种筹资方式下,力求筹集到资金成本最低的资金。

1. 负债和所有者权益的比例决策

负债和所有者权益的比例决策实际上就是确定负债和所有者权益的比例关系,分析物流企业是否合理利用了财务杠杆的作用。其决策指标主要有以下几个。

(1) 负债比率

负债比率是物流企业全部负债与全部资金的比率,用以表明物流企业负债占全部资金的比重。其计算公式为:

$$负债比率 = \frac{流动负债 + 长期负债}{资金总额} \times 100\% \qquad (7\text{-}11)$$

负债比率过高,表明物流企业资金实力较弱,财务风险较大;负债比率过低,表明物流企业不善于发挥财务杠杆的作用。

（2）所有者权益比率

所有者权益比率是物流企业的所有者权益与全部资金的比率，用以表明物流企业所有者权益占全部资金的比重。其计算公式为：

$$所有者权益比率 = \frac{实收资本 + 资本公积 + 盈余公积 + 未分配利润}{资金总额} \times 100\% \quad (7\text{-}12)$$

所有者权益与全部资金的比率越高，说明企业资金实力越强，财务风险越小。但如果比率过高，则说明企业不善于利用财务杠杆作用提高权益资金的盈利能力。

（3）期望所有者权益资金收益率

在期望投资收益率大于负债利息率的情况下，企业可适当提高负债比率，以促使企业期望所有者权益资金收益率增加。其计算公式为：

$$期望所有者权益资金收益率 = 期望投资收益率 + \left(\frac{负债资金}{所有者权益资金}\right) \times \quad (7\text{-}13)$$
$$(期望投资收益率 - 负债利息率)$$

2. 资金成本决策

资金成本是物流企业为筹措和使用一定量的资金而支付的各种费用，包括筹资费用和使用费用。资金成本是企业选择资金来源、拟订筹资方案、进行筹资决策的主要依据。由于采用不同的筹资形式获取的资金成本不同，为便于比较，通常采用资金成本率这一相对指标来衡量资金成本的大小，其计算公式为：

$$资金成本率 = \frac{使用费用}{筹资总额 - 筹资费用} \times 100\% \quad (7\text{-}14)$$

例 7-2

最佳筹资方案的选择

假设某物流企业拟投资 5 000 万元建立一个项目，3 种筹资方案如表 7-4 所示。试比较这 3 种筹资方案，从中选择最佳方案。

表 7-4 3 种筹资方案

项目 方案	所有者权益比率	负债比率	期望投资收益率	负债利息率
方案 A	70%	30%	20%	10%
方案 B	50%	50%	20%	10%
方案 C	25%	75%	20%	10%

解：

方案 A 的期望所有者权益资金收益率 $= 20\% + \dfrac{30\% \times 5\,000}{70\% \times 5\,000} \times (20\% - 10\%) = 24.28\%$

方案 B 的期望所有者权益资金收益率 $= 20\% + \dfrac{50\% \times 5\,000}{50\% \times 5\,000} \times (20\% - 10\%) = 30\%$

方案 C 的期望所有者权益资金收益率 $= 20\% + \dfrac{75\% \times 5\,000}{25\% \times 5\,000} \times (20\% - 10\%) = 50\%$

通过计算可知，在期望投资收益率大于负债利息率的条件下，负债比率越大，期望所有者权益资金收益率越高，用同样多的所有者权益资金能获得更多的盈利。因此，应选择方案 C，即资金结构为：所有者权益比率 25%，负债比率 75%。

7.3 物流企业的投资管理

投资是指某经济主体投入一定金额的货币或其他资产以期在未来获得收益的行为。在物流企业的财务活动中，投资是价值创造的关键环节，占据最重要的地位。物流企业在取得资金后应将其进行投放和使用，以取得投资效益。

7.3.1 投资管理的含义

投资管理是指企业对资金投入生产经营的过程进行管理，期望从中取得收益的一种行为。在物流企业中，投资管理着重研究物流企业资金的投向、规模和不同投资项目的组合，以及如何避开和消除风险，获得预期收益。

7.3.2 物流企业的投资目标和原则

1. 物流企业的投资目标

企业无论是对内投资还是对外投资，都是为了获取利润，取得投资效益。但是投资可能成功，也可能失败，也就是说投资会产生投资风险。因此，物流企业投资的目标是进行投资项目的可行性研究，力求提高投资报酬，降低投资风险，保障企业的可持续发展。

2. 物流企业的投资原则

物流企业投资应遵循的原则有以下 3 个。

（1）正确处理企业微观环境与宏观环境之间的关系

物流企业的生存和发展离不开客观的经济环境。企业只有认真分析投资环境，才能保证投资决策的正确性和有效性。

（2）正确处理投资需求与资金供应的关系

对一个企业来说，用于投资的资金来源总是有限的，这就要求物流企业在众多的投资项目中，根据经济环境及企业自身条件做出合理的选择，即根据经济效益和适度规模原则，做好物流市场需求调查和预测，科学选择企业发展的目标和定位。

（3）正确处理内部投资和外部投资的关系

从总体上看，物流企业外部投资与内部投资的根本目标是一致的，但就具体目标而言又有一定的差异。因此，物流企业在做投资决策时，对投资的集中化和多元化战略要慎重考虑，必须认真协调内部投资和外部投资的关系。

7.3.3 物流企业的投资方式

科学合理地对物流企业的投资方式进行分类，有利于物流企业认清投资的性质，加强投资管理，提高经济效益。物流企业的投资方式按照不同的标准可以分下如下几个类别。

1. 长期投资和短期投资

按照投资期限的长短，可将物流企业的投资方式分为长期投资和短期投资。长期投资是指在1年以上的营业周期才能收回的投资，主要包括对厂房、机器、设备等固定资产的投资，也包括对无形资产和长期有价证券的投资。短期投资又称为流动资产投资，是指能够在1年或少于1年的营业周期内回收的投资，主要包括对现金、应收账款、存货、短期有价证券等的投资。

2. 对内投资和对外投资

按照资金投放的方向，可将物流企业的投资方式分为对内投资和对外投资。对内投资是指将资金投放在物流企业内部，购置各种生产经营用的资产。对外投资是指物流企业将资金以现金、实物、无形资产等形式，或者以购买股票、债券等有价证券的方式对其他单位投资。

3. 直接投资和间接投资

按照投资与企业生产经营的关系，可将投资方式分为直接投资和间接投资。直接投资是指把资金投放于生产经营性资产，以便获取利润的投资。间接投资又称有价证券投资，是指把资金投放于证券等金融资产，以便取得股利和利息收入的投资。

7.3.4 物流企业的投资决策

物流企业投资决策的方法分为非贴现和贴现两大类。前者没有考虑资金时间价值，计算较为简单，如投资回收期法、投资收益率法等；后者则考虑了资金时间价值对投资决策的影响，比前者更加准确、合理，但计算比较复杂，如净现值法、现值指数法、内含报酬率法等。

1. 非贴现的投资决策方法

（1）投资回收期法

投资回收期法又称还本期限法，是指收回全部原始投资所需要的时间。一般来说，回收期越短，收回投资的速度越快，投资方案所承担的风险就越小；回收期越长，收回投资的速度越慢，投资方案所承担的风险就越大。投资回收期法正是据此来判断有关投资方案的优劣并从中选出最佳方案的。

投资回收期的计算公式为：

$$投资回收期 = \frac{原始投资额}{年净现金流量} \tag{7-15}$$

（2）投资收益率法

投资收益率法是指通过计算投资方案的平均现金净流量或净利润与原始投资额的比值

来确定获利水平，以确定投资方案的优劣。在进行投资决策时，应将投资方案的投资收益率与企业的期望收益率进行比较，对于投资收益率低于期望收益率的方案应放弃。如果有若干投资方案可供选择，则应选择投资收益率最高的方案。

投资收益率的计算公式为：

$$投资收益率 = \frac{年现金净收益}{投资总额} \times 100\% \tag{7-16}$$

2．贴现的投资决策方法

（1）净现值法

净现值是指投资方案中未来现金流入现值与其现金流出现值的差额。净现值大于零，方案有利；净现值小于等于零，则该方案无利。

净现值的计算公式为：

$$净现值 = 未来报酬总现值 - 初始投资额 \tag{7-17}$$

（2）现值指数法

现值指数是指投资方案中未来现金流入总额现值与现金流出总额现值的比值。当现值指数大于1时，方案可行。现值指数越大，方案越优。

现值指数的计算公式为：

$$现值指数 = \frac{未来报酬的总现值}{初始投资额} \tag{7-18}$$

（3）内含报酬率法

内含报酬率也称内部收益率，是指能够使未来现金流入现值等于未来现金流出现值的贴现率，或者说是使投资方案净现值为零的贴现率。内含报酬率法是根据投资方案本身的内含报酬率来评价投资方案优劣的一种方法。内含报酬率大于资金成本率，则投资方案具有财务可行性。

内含报酬率的计算公式为：

$$\sum_{t=1}^{n} \frac{NCF_t}{(1+K)^t} - C = 0 \tag{7-19}$$

式中，K 为内含报酬率；NCF_t 为第 t 年的净现金流量；K 为预定贴现率；C 为项目的初始投资额；n 为项目经济寿命周期。求出公式中使等式成立的 K 值，就是内含报酬率的值。

例 7-3

最佳投资方案的选择

某物流公司欲投资某建设项目，有A、B和C 3个备选方案可供选择，设定的贴现率是10%，有关的现金流量资料如表7-5所示。要求：

① 计算各方案的净现值并进行分析。
② 如果只能选择一个方案，该如何选择？
③ 计算各方案的投资报酬率并进行分析。

表7-5 3个方案现金流量资料（单位：万元）

期间	A方案		B方案		C方案	
	净收益	净现金流量	净收益	净现金流量	净收益	净现金流量
0	—	−20 000	—	−9 000	—	−12 000
1	1 800	11 800	−1 800	1 200	600	4 600
2	3 240	13 240	3 000	6 000	600	4 600
3	—	—	3 000	6 000	600	4 600
合计	5 040	5 040	4 200	4 200	1 800	1 800

解：

① 各方案的净现值计算如下：

A 方案的净现值=11 800×(P/F,10%,1)+13 240×(P/F,10%,2)−20 000
　　　　　　=1 669（万元）

B 方案的净现值=1 200×(P/F,10%,1)+6 000×(P/F,10%,2)+6 000×(P/F,10%,3)−9 000
　　　　　　=1 557（万元）

C 方案的净现值=4 600×(P/A,10%,3)−12 000
　　　　　　=−560（万元）

通过计算可知，A、B 两个方案的净现值均为正数，说明这两个方案的报酬率超过 10%。如果投资者预期的报酬率是 10%，则这两个方案均可行；C 方案的净现值是负数，说明该方案的报酬率达不到 10%，应放弃。

净现值法考虑了资金时间价值、项目计算期的全部净现金流量和投资风险，但它反映的是净现值的绝对值，无法反映项目的实际收益水平。

② 如果只能选择一个方案的话，应对比这 3 个方案的现值指数。

A 方案现值指数=[11 800×(P/F,10%,1)+13 240×(P/F,10%,2)]/20 000=1.08

B 方案现值指数=[1 200×(P/F,10%,1)+6 000×(P/F,10%,2)+6 000×(P/F,10%,3)]/9 000
　　　　　　=1.17

C 方案现值指数=4 600×(P/A,109%,3)/12 000=0.95

通过计算可知，A、B 两个投资方案的现值指数都大于 1，说明这两个方案的收益超过成本，即投资报酬率超过预定的贴现率。其中，B 方案的现值指数大于 A 方案，应选 B 方案。C 方案现值指数小于 1，应放弃。

③ A 方案投资收益率=(1 800+3 240)/2/20 000×100%=12.6%

B 方案投资收益率=(−1 800+3 000+3 000)/3/9 000×100%=15.6%

C 方案投资收益率=600/12 000×100%=5%

从计算结果看，A 方案和 B 方案的投资收益率都超过了 10%，说明两个方案都可行，B 方案最佳；C 方案的投资收益率仅为 5%，不可行。

7.4 物流企业的成本管理

物流企业是提供专业物流服务的企业,通过提供专业化的物流服务来降低货主企业物流运营的成本,并从中获得利润。也就是说,物流企业的整个运营成本和费用实际上就是货主企业物流成本的转移。物流企业的全部运营成本费用都可以看作广义上的物流成本。

7.4.1 成本管理的含义

成本管理是企业生产经营过程中的成本核算、成本分析、成本决策和成本控制等一系列科学管理行为的总称。成本管理的目的在于通过降低成本来获取更大的利润。

7.4.2 物流企业成本的构成

按照我国会计制度的规定,物流企业成本的构成包括营业税及附加、经营费用和管理费用三大类,如图 7-1 所示。营业税及附加中的营业税是以物流企业营业收入为课税对象的一个税种,是根据规定的营业税税率来计算的;城市维护建设税、教育费附加均是根据应缴纳的营业税总额,按照税法规定的税率计算缴纳的一种地方税。经营费用可以看作与物流企业经营业务直接相关的各项费用。管理费用是指物流企业为组织和管理整个企业的生产经营活动而发生的费用。

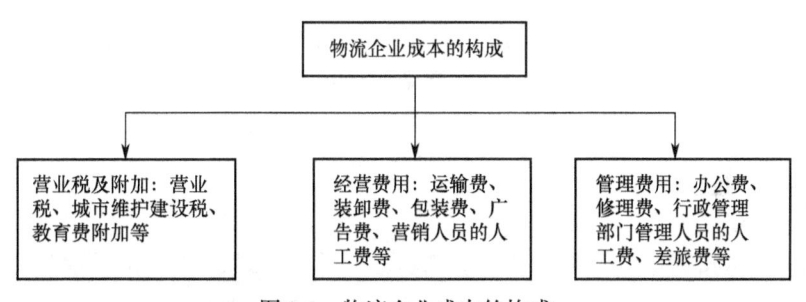

图 7-1 物流企业成本的构成

7.4.3 物流企业成本的分类

依据不同的分类方式,可以对物流企业成本进行不同的分类,具体可按照物流活动环节不同分类、按照经济用途不同分类、按照物流费用发生于企业内外部分类,如表 7-6 所示。

表 7-6 物流企业成本的分类

分类依据	分类名称	成 本 内 容
按照物流活动环节不同分类	运输成本	汽车物流运输成本、营运费用、其他费用等
	仓储成本	仓储持有成本、订货或生产准备成本、缺货成本、在途库存持有成本等
	配送成本	配送运输费用、分拣费用、配装费用、流通加工费用等
	包装成本	包装设备费用、包装材料费用、包装劳务费用等

（续表）

分类依据	分类名称	成 本 内 容
按照物流活动环节不同分类	装卸搬运成本	装卸时的人力、物力费用等
	流通加工成本	流通加工的设备、材料、劳务及其他费用
	物流信息管理成本	物流信息的设备、通信、处理、人工费用等
按照经济用途不同分类	固定资产折旧费	折旧和固定资产大修理费用等
	材料费	一切材料、包装物、修理用配件和低值易耗品费用等
	燃料动力费	各种固体、液体、气体燃料、水电费用等
	工资	职工工资、职工福利等
	利息支出	企业借入款项的利息支出减去利息收入后的净值
	税金	房产税、车船使用税、土地使用税、印花税等
	其他支出	差旅费、保险费、外部加工费等
按照物流费用发生于企业内外部分类	企业内部物流费用	企业内部人员、设备完成物流活动所产生的人工费、材料费、运输费、折旧费、管理费等
	企业外部物流费用	物流业务外包过程中产生的物流费用，包括委托运输公司的运输费、装卸费、包装费等

7.4.4 物流企业成本管理的途径

物流企业的成本管理，首先是制定成本控制的目标，即以物流企业的目标——盈利为基准，层层分解目标成本，落实到最基本的活动单位。其次是核算成本、控制绩效，检查实际执行状况，分析偏差并制定控制决策。最后是实施控制措施，修正控制目标。

1．影响物流企业成本的因素

（1）物流合理化水平

物流合理化是指物流设备配置和一切物流活动趋于合理，具体表现为以尽可能低的物流成本，获得尽可能高的服务水平。物流合理化水平是影响物流企业成本的关键因素，直接关系到物流企业的效益，是物流企业管理追求的总目标。

（2）物流质量

提高物流质量是降低物流企业成本的有效途径，只有不断提高物流质量，才能不断减少和消灭各种差错事故，降低物流过程中的消耗，保持良好的信誉，不断提高物流效率，从根本上降低物流企业成本。

（3）物流效率

提高物流效率，可以减少资金占用，缩短物流周期，降低储存费用，从而节省物流企业成本。物流企业应注重对现有资源和流程的不断改造，提高作业效率，同时配置一些基础性的设施，如计算机、各种管理软件、系统联网等。

（4）物流人才

无论是物流合理化还是提高物流服务质量和物流效率，都离不开专业的人员，人员工作的态度、方法，都会间接影响物流企业成本的大小。同时，一个好建议或好方案也可能会给企业带来巨大的收益。因此，物流企业需要重视对物流人才的培养和培训，为其创造良好的工作环境，制定培养人才、留住人才、使用人才的管理办法。

2．降低物流企业成本的具体途径

物流企业的实际情况具有复杂性和多变性的特点，降低物流企业成本的方法也是多种多样、变化不定的，一般常见的降低物流企业成本的途径有以下 5 种：①采用统进分销、连锁经营模式，实现集约经营，这是现代物流企业的理性选择；②加快物流速度，扩大物流量；③减少物资周转环节，即减少流通环节和物流时间，尽可能地直达供货，减少物资的集中和分散；④采用先进合理的物流技术，提高物流的速度，增加物流量；⑤改善物流管理，建立科学合理的物流成本核算体系，加强经济核算，以保证不断降低物流成本。

7.4.5 物流企业成本的控制

在实际工作中，影响物流企业成本的因素有很多，物流企业成本的控制要在遵循全面性、开源与节流相结合、权责利相结合、目标管理、例外管理的原则下，在不同的环节采取不同的措施。

1．物流企业运输成本的控制

物流企业运输成本的控制目的是在不影响运输可靠性、安全性和快捷性的前提下，使总运输成本最低。物流企业运输成本控制的主要途径有 5 种，如表 7-7 所示。

表 7-7　物流企业运输成本控制的主要途径

序号	途径	内容
1	选择最佳的运输方式	根据不同货物的特点及对物流运输服务的要求，对各种运输方式进行综合评价，选择最佳运输方式
2	合理确定自有运输车辆的数量	根据发货量的多少，对自备用车费用、自备用车闲置费用和租车费用等因素进行综合权衡，做出配置自有车辆数量的合理决策
3	提高运输工具的实载率	充分利用运输工具核定的运载能力，减少空载和不满载行驶时间，如拼装整车运输、轻重配载、货物解体运输等
4	采用直达运输或直拨运输方式	直达运输适用于运输批量大的中长途运输；直拨运输适用于运输里程较近、批量较小的货物运输
5	采用集运方式	货物运输中，运输批量越大，运输费用越低，因此可将小批量货物合并成大批量货物进行运输，减少运输成本

2．物流企业仓储成本的控制

仓储成本是指企业为完成货物的存储业务而发生的全部费用。物流企业仓储成本控制的关键是简化出入库手续、提高仓储空间的利用效率、降低仓储成本、缩短存储时间等。物流企业仓储成本控制的主要途径有 4 种，如表 7-8 所示。

表7-8 物流企业仓储成本控制的主要途径

序号	途径	内容
1	优化仓库布局	优化仓库布局，减少库存点，实现库存适度集中
2	确定合理库存量	根据企业自身特点，采用经济订货批量控制法确定合理库存
3	控制存货成本	运用ABC分类法管理企业库存以控制存货成本
4	加强日常管理	提高仓储空间利用率和保管人员工作效率，做好库存盘点工作

3. 物流企业包装成本的控制

必要的包装可以方便存储和运输、吸引消费者，但是过度的包装会造成不必要的浪费。物流企业包装成本的控制，关键在于包装的标准化和包装材料的耗费，主要途径有以下5种。①优化包装设计，从产品性质、外观、储运要求等方面综合考虑降低包装成本的可能性，运用价值分析法优化包装材料价值功能，剔除过剩功能；②强化包装物的领用管理，避免浪费；③努力实现包装尺寸的标准化、包装作业的机械化；④加强包装物的回收和再利用；⑤有条件时组织散装运输。

4. 物流企业装卸搬运成本的控制

装卸搬运是物流企业各作业环节衔接和正常进行的保障，其成本控制的关键是保护好装卸搬运的物品，提高装卸搬运作业效率，降低损耗率。物流企业装卸搬运成本控制的主要措施有以下6种：①减少作业次数，防止和消除无效作业；②缩短作业距离；③增加作业的容易度，减少装卸搬运作业的工作量；④提高货物灵活性，即在装卸搬运作业中，上一个作业环节必须为下一个作业环节的物流活动提供方便；⑤合理选择装卸搬运设备，合理规划装卸搬运方式和装卸搬运作业方法；⑥加强装卸搬运作业的安全管理，减少装卸搬运损失。

5. 物流企业流通加工成本的控制

流通加工成本控制的关键在于对反映流通加工特征的经济指标进行监控。物流企业进行流通加工成本控制的措施主要包括合理确定流通加工的方式、合理确定加工能力和改进流通加工的生产管理等。

知识链接 7-1

ABC分类法

ABC分类法的全称为ABC分类库存控制法，是指将库存物资按照重要程度分为特别重要物资（A类物资）、一般重要物资（B类物资）和不重要物资（C类物资）3个等级，根据不同类型的物资进行分类管理和控制。

7.5 物流企业的财务分析

通过财务分析，物流企业能够评价自己的财务状况与经营成果，揭示企业经营活动中存在的问题和矛盾，为改善物流企业的经营和管理提供方向和线索，为投资者、债权人和经营者的决策提供帮助。

7.5.1 财务分析的含义

财务分析是指以企业财务报告及其他相关资料为主要依据，运用科学的方法，通过对企业活动的财务报表和管理会计报告所提供的数据信息进行加工处理和比较，以分析企业过去的财务状况、经营成果及未来前景，从而为企业及各有关方面进行经济决策、提高资产管理水平提供重要依据。

7.5.2 物流企业财务分析的目的及要求

1. 物流企业财务分析的目的

物流企业财务分析对物流企业经营管理者、投资者和债权人都是至关重要的。物流企业进行财务分析的目的是充分了解企业的财务状况、资产管理水平、投资项目获利能力及企业的未来发展趋势。

2. 物流企业财务分析的要求

为使财务分析的结果尽可能准确、有效和及时，满足物流企业内外各方面对财务分析信息的需要，进行财务分析时需做到以下几点：①财务分析要满足企业所有者、企业债权人、企业经营决策者、政府机关等多元分析主体的需求（见表7-9）；②财务分析要以公认的会计准则和有关法规制度为依据；③物流企业需要及时提供财务分析的结果；④在财务分析中需要注意各指标的综合运用情况，以便取长补短，发挥财务分析的功能效应。

表7-9 财务分析中多元分析主体的需求

序号	分析主体	财务分析的关注点
1	企业所有者	关注投资回报率。一般股东关心股息、红利；控股权股东关心企业获利能力指标
2	企业债权人	关注债权的安全性，重视企业偿债能力指标
3	企业经营决策者	关注企业经营理财的各个方面，如营运能力、偿债能力、获利能力、发展能力等
4	政府机关	关注稳定的财政收入；关注社会资源的合理配置

7.5.3 物流企业财务分析的依据

物流企业财务分析的依据主要是企业的会计核算资料和财务报告，其中以财务报告为主。财务报告是物流企业向政府部门、投资者、债权人等与本企业有利害关系的组织或个人提供的，反映本企业在一定期间的财务状况、经营成果及影响企业未来经营发展的经济事项的文件，主要包括资产负债表、损益表、现金流量表、其他附表及财务状况说明书，其中资产负债表、损益表、现金流量表应用较广。

1. 资产负债表

资产负债表是以"资产=负债+所有者权益"为根据编制的，按照一定的分类标准和次序反映物流企业在某一时点的资产、负债及所有者权益的基本状况的会计报表。资产负债表可以提供企业的资产结构、资产流动性、资金来源状况、负债水平及负债结构等信息。分析者可根据资产负债表了解企业拥有的资产总额及其构成状况，考察企业资产结构的优劣和负债经营的合理程度，评估企业清偿债务的能力和筹资能力，预测企业未来的财务状况和财务安全度，从而为债权人、投资人及企业管理者提供决策依据。

2. 损益表

损益表是以"利润=收入-费用"为根据编制的，反映物流企业在一定经营期间经营成果的财务报表。通过损益表可以考核物流企业利润计划完成情况，分析企业实际的盈利水平及利润增减变化原因，预测利润的发展趋势，为投资者和企业管理者等各方面提供决策依据。

3. 现金流量表

物流企业的现金流量表是以"净现金流量=现金流入-现金流出"为根据编制的，通过现金和现金等价物的流入、流出情况，反映物流企业在一定期间的经营活动、投资活动和筹资活动的动态情况的财务报表。它是计算物流企业内含报酬率、财务净现值和投资回收期等反映投资项目盈利能力的指标的依据。

7.5.4 物流企业财务分析的方法

1. 比较分析法

比较分析法是指通过两个或两个以上相关经济指标的对比，确定指标间的差异，并进行差异分析或趋势分析的一种分析方法。物流企业财务分析中最常见的3种比较分析法是会计报表的比较、重要财务指标的比较、财务报表项目构成的比较。采用比较分析法时，要注意以下问题：①所对比指标的计算口径务必一致；②剔除偶发性项目的影响；③运用例外原则对某项有显著变动的指标做重点分析。

（1）会计报表的比较

会计报表的比较是指将连续数期的会计报表的金额并列起来，比较其相同指标的增减变动金额和幅度，据以判断物流企业财务状况和经营成果的发展变化。该方法主要比较资产负债表、利润表、现金流量表等。比较时，既要计算出表中有关项目增减变动的绝对额，又要计算出其增减变动的百分比。

（2）重要财务指标的比较

重要财务指标的比较是指将不同时期财务报告中的相同指标或比率进行比较，直接观察其增减变动情况及变动幅度，考察其发展趋势，预测其发展前景。对不同时期财务指标的比较，可以使用两种方法，具体如下。

① 定基动态比率：以某一时期的数值为固定基期数值而计算出来的动态比率。其计算公式为：

$$定基动态比率 = \frac{分析期数值}{固定基期数值} \times 100\% \qquad (7\text{-}20)$$

② 环比动态比率：以每一分析期的前期数值为基期数值而计算出来的动态比率。其计算公式为：

$$环比动态比率 = \frac{分析期数值}{前期数值} \times 100\% \tag{7-21}$$

（3）财务报表项目构成的比较

财务报表项目构成的比较是指以财务报表中的某个总体指标作为 100%，再计算出其各组成项目占该总体指标的百分比，从而比较各个项目百分比的增减变动，以此来判断有关财务活动的变化趋势。

2．比率分析法

比率分析法是指通过计算各种比率指标来确定财务活动的变化情况。比率指标的类型主要有构成比率、效率比率、相关比率 3 类。采用比率分析法时，要注意以下问题：①对比项目之间的相关性；②对比口径的一致性；③衡量标准的科学性。

（1）构成比率

构成比率又称结构比率，是指某项财务指标的各组成部分数值占总体数值的百分比，反映部分与总体的关系。利用构成比率可以考察总体中某个部分的形成和安排是否合理，以便协调各项财务活动。其计算公式为：

$$构成比率 = \frac{某个组成部分数值}{总体数值} \times 100\% \tag{7-22}$$

（2）效率比率

效率比率是指某项财务活动中所费与所得的比率，反映投入与产出的关系。利用效率比率指标可以进行得失比较，考察经营成果，评价经济效益。

（3）相关比率

相关比率是指以某个项目和与其有关但又不同的项目加以对比所得的比率，反映有关经济活动的相互关系。利用相关比率指标可以考察企业相互关联的业务安排得是否合理，以保障经营活动顺畅进行。

3．因素分析法

因素分析法又称连环替代法，是指依据分析指标与其影响因素的关系，从数量上确定各因素对分析指标影响方向和影响程度的一种分析方法。采用这种方法的出发点在于，当有若干因素对分析指标发生影响作用时，假定其他各个因素都无变化，顺序确定每个因素单独变化所产生的影响。采用比率分析法时，要注意以下问题：①要求因素分解具备关联性；②要求因素替代具有顺序性；③要求顺序替代具备连环性；④要求计算结果具备假定性。

因素分析法具体有两种：连环替代法和差额分析法。

（1）连环替代法

连环替代法是指将分析指标分解为各个可以计量的因素，并根据各个因素之间的依存关系，依次用各因素的比较值（通常为实际值）替代基准值（通常为标准值或计划值），据以测定各因素对分析指标的影响。

（2）差额分析法

差额分析法是连环替代法的一种简化形式，利用各个因素的比较值与基准值之间的差额来计算各因素对分析指标的影响。

7.5.5 物流企业财务分析的指标

物流企业财务分析按照分析的目的不同可以分为偿债能力分析、营运能力分析、获利能力分析等。其中，偿债能力是指物流企业偿还各种到期债务的能力；营运能力是指物流企业充分利用现有资源创造社会财富的能力；获利能力是指物流企业赚取利润的能力。

偿债能力指标是用来总结和评价企业长期和短期内能够用其资产偿还负债的能力的大小，或者用来判断企业举债经营安全程度的指标；营运能力指标是用来总结、分析和评价物流企业销售能力、资金流动性等正常经营运转能力的指标，主要反映物流企业资产管理的效率和水平；获利能力指标是重要的经营指标，是物流企业生存和发展的物质基础。物流企业财务分析指标如表 7-10 所示。

表 7-10 物流企业财务分析指标

序号	分析目的	具体指标	指标释义
1	偿债能力分析	流动比率	物流企业流动资金与流动负债的比率，反映流动资产对流动负债的保障程度
		速动比率	物流企业速动资产与流动负债的比率，反映物流企业短期债务的偿还能力
		资产负债率	物流企业负债总额与资产总额的比率，反映物流企业长期偿债能力
		产权比率	物流企业负债总额与所有者权益总额的比率，反映物流企业对长期债务的偿还能力和财务结构的稳定状况
		利息保障倍数	物流企业经营业务的收益与利息费用的比率，反映物流企业在一定盈利水平下支持债务利息的能力
2	营运能力分析	存货周转率	一定时期内的销货成本与平均存货的比率，反映物流企业购货、销售各环节的管理效率
		应收账款周转率	物流企业赊销收入净额与应收账款平均余额的比率，反映企业应收账款的回收速度和管理效率
		流动资产周转率	销售收入与流动资产平均余额的比率，反映企业全部流动资产的利用效率
		固定资产周转率	物流企业销售收入与固定资产平均净值的比率，反映物流企业固定资产的利用效率
		总资产周转率	销售收入与平均资产总额的比率，反映物流企业全部资产的使用效率

（续表）

序号	分析目的	具体指标	指标释义
3	获利能力分析	净利润率	净利润与净销售收入的比率，反映物流企业每 1 元销售收入可以实现的净利润是多少
		资产报酬率	物流企业利润总额同利息的和与平均资产总额的比率，反映物流企业的资产利用效率
		销售利税率	一定时期内利税总额与净销售收入的比率，反映物流企业的销售收益水平
		成本费用利润率	税后利润净额与成本费用总额的比率，反映物流企业付出与所得的关系

课后习题

一、判断题
1．资金是现代企业的"血液"。（   ）
2．货币时间价值有两种表现形式：利息和利率。（   ）
3．银行贷款是指银行以贷款形式向企业投入资金，形成企业负债。（   ）
4．物流企业商业信用是交易中提供服务的时间和款项结算时间的分离。（   ）
5．材料费包括各种固体、液体、气体燃料、水电费用等。（   ）

二、单项选择题
1．（   ）能够保证企业以最小的成本获得最合适的资金，为实现企业价值最大化的财务目标服务。
　　A．筹资管理　　　B．投资管理　　　C．成本管理　　　D．财务分析
2．货币时间价值的计算按确定的可比基准日不同，可以分为现值、终值和（   ）。
　　A．年金　　　　　B．单利　　　　　C．复利　　　　　D．资金
3．（   ）是指一定量未来的货币按规定利率折算的现在价值。
　　A．终值/本利和　 B．现值/本金　　 C．终值/本金　　 D．现值/本利和
4．（   ）是指从第一期起，在一定时期内每期期末等额发生的系列收付款项，又称后付年金。
　　A．普通年金　　　B．即付年金　　　C．递延年金　　　D．永续年金
5．（   ）是物流企业按照法定程序发行的，约定在一定期限内还本付息的有价证券。
　　A．股票　　　　　B．银行借款　　　C．债券　　　　　D．租赁

三、多项选择题
1．物流企业的投资方式有（   ）。
　　A．长期投资　　　B．短期投资　　　C．对内投资　　　D．对外投资
2．非贴现的投资决策方法有（   ）。
　　A．投资回收期法　B．投资收益法　　C．净现值法　　　D．内含报酬率法

3．物流企业的成本构成包括（　　）。
   A．营业税　　　　　　　　　　B．城市维护建设税
   C．经营费用　　　　　　　　　D．管理费用
4．依据物流活动环节的不同，可以将物流企业成本分为（　　）。
   A．运输和仓储成本　　　　　　B．配送和包装成本
   C．装卸搬运成本　　　　　　　D．流通加工和物流信息管理成本
5．ABC分类法是将库存物资按照重要程度分为（　　）3个等级。
   A．特别重要物资　B．一般重要物资　C．非常重要物资　D．不重要物资

四、简答题

1．物流企业财务管理的内容是什么？
2．货币时间价值的含义是什么？
3．物流企业筹资的原则是什么？
4．物流企业成本控制的措施有哪些？
5．物流企业常用的财务分析方法有哪些？

任务实训

1．实训目的

理解资本整合对公司发展的作用，进而理解物流财务管理在物流公司中的方式、表现及推动作用。

2．背景材料

京东物流30亿元收购跨越速运

2020年，京东物流从负责京东自营商品的运送转变为第三方物流平台，为其他企业提供服务，再向上游延伸进入生产端企业的物流业务领域，快递与物流的界限逐渐模糊。2020年8月17日，京东集团发布了第二季度财报。与此同时，京东集团在港交所发布公告称，已于2020年8月订立最终协议，京东物流将以总对价30亿元人民币收购跨越速运集团有限公司（以下简称跨越速运）现时股份并认购跨越速运已发行新股份。该交易于2020年三季度完成。

作为物流界的"顺丰"，跨越速运向来以"快"著称。据公开资料显示，跨越速运创建于2007年。跨越速运在以高端信息网络管理系统为保障平台的基础上，推出了当日达、次日达、隔日达三大时效产品，以及同城当日、同城次日、陆运件、生鲜速运等特色服务模式，拥有丰富的航空物流网络资源，在物流科技、智能仓储等领域也进行了多维探索。此外，跨越速运分别于2018年5月、2019年5月完成了A轮、B轮融资，投资方包括红杉资本中国、钟鼎创投、天壹资本。而这次"交易"，也是刘强东和跨越速运的创始人兼董事长胡海建直接洽谈的，这一过程持续了将近9个月。对于此次合作的价值和意义，双方表示："希望携手在供给端和消费端协同升级物流服务体验，共建智能供应链服务生态。"事实上，京东物流在物流界的优势从来都是领先的，此番收购跨越速运对于京

东物流体系的完善提升，又将带来哪些帮助呢？

跨越速运董事长胡海建表示："这将是一次优势互补、协作共赢的合作。十多年来，京东物流不仅打造了层次丰富的物流网络，还形成了开放和领先的智能供应链服务系统。"在早期，京东大量的资金投入都在物流体系、仓储、配送、人员等方面，京东旗下物流公司的物流体量仅次于顺丰速运。业界认为，此番收购将补齐京东在大宗货运领域的短板，利用京东现有的仓储和物流基地优势，大举进军新的 B2B 物流领域，这无疑是京东一个非常重要的利润增长点。

30 亿元，这个收购价格听起来似乎很高，那么这个价格到底值不值呢？"对比国内同类公司和部分上市公司的估值，30 亿元的价格并不贵，对京东物流来说是个相对不错的交易，不过也不算便宜。"快递物流专家赵小敏表示。跨越速运不是上市公司，其公司价值和财务状况都没有经过资本市场的公开检验。但显而易见的是，收购跨越速运可以给京东物流带来更多的故事，提升京东集团的估值和竞争力。

3．实训任务

① 你认为京东物流以 30 亿元收购跨越速运是否值得？
② 从公司财务管理的角度看，此次收购对双方公司的发展各起到什么样的作用？
③ 京东物流的收购行为对现代物流企业有着怎样的启示？

4．实训步骤

（1）个人阅读/小组分组

老师督促学生进行个人阅读，并让其在课前完成。建议 3~5 人一组，老师监督分组情况和任务进度。针对学生的特点，在课堂上老师再花费 5~10 分钟对案例学习要点及相关背景进行简单的陈述。

（2）案例开场白

你认为京东物流以 30 亿元收购跨越速运是否值得？

（3）小组讨论/报告

该步骤主要在课堂上进行，持续 20~30 分钟，主要围绕实训任务中的 3 个问题展开，学生也可自行增加感兴趣的部分。小组报告的内容应尽可能是小组成员达成共识的内容，对于未达成共识的内容可以单独提出讨论。每个小组将讨论要点的关键词按小组抄写在黑板上的指定位置并进行简要报告，便于课堂上的互动。

（4）师生互动

该步骤主要在课堂上进行，持续 30~40 分钟，老师针对学生的报告和问题与学生互动，同时带领学生对本章关键知识点进行回顾，并了解学生还有哪些问题或困惑，激发学生的学习兴趣，使学生自觉在课后进一步查询相关资料并进行系统的回顾与总结。

（5）课后作业

根据课堂讨论，要求每位学生进一步回顾本章知识点，以小组为单位形成正式的实训报告。报告要观点鲜明、思路清晰、逻辑严密、论证翔实。

（6）考核

老师根据学生的课堂表现和实训报告质量，评定实训成绩。

第8章 物流企业的人力资源管理

学习目标

- 了解物流企业人力资源规划的含义、内容、作用和流程。
- 掌握物流企业员工招聘、录用、培训的含义、方式和流程。
- 掌握物流企业员工绩效评估的含义、原则、流程和典型模式。
- 了解物流企业员工薪酬管理的含义、内容、目标和基本工资制度。

引例

腾达的人力资源管理问题

腾达是一家物流企业。自创建以来,在短短 10 年时间里,腾达不断发展壮大。然而,随着近年来物流行业的竞争加剧,腾达面临的人力资源管理问题日益突出:企业的业务正在迅速扩展,如企业的产品技术层次不断地提升,经营开始走向多元化,现有的人员已经无法满足新增业务对技能方面的要求,特别是有经验的技术人员与管理干部匮乏,严重地影响了业务的发展。可正是在这个时候,又有几个非常重要的核心员工被竞争对手挖角,使企业发展蒙受了巨大的损失。腾达高层领导开始意识到,如果这个问题不尽快解决,企业在今后更加激烈的市场竞争中必将败下阵来。

为此,腾达聘请人力资源管理咨询专家进行了大规模的调查研究。调查结果表明,腾达的员工对工资福利较为满意;企业的高层次人才大多采用校园招聘的形式,但招聘人才的条件与专业是由人力资源部制定的,员工的工作安排随意性较大,专业不对口的现象较为普遍。此外,企业内部的调动非常频繁,升迁多由高层管理者仓促任命;而企业的培训大多根据现有的环境与条件安排,不得影响正常工作。因此,员工对自己职业发展的满意度不高,不少人都有离职的想法。

辨证与思考:
你认为腾达在人力资源管理方面的症结是什么?

> **答案解析：**
> 从企业外部来看，腾达缺乏合理的外部人力资源补充计划；从企业内部来看，员工的内部补充渠道不通畅。总体而言，腾达缺乏人力资源的合理配置。

物流企业人力资源管理是物流企业为了实现既定目标，运用现代管理方法和手段，对人力资源的取得、开发、保持和利用等进行的计划、组织、指挥、协调和控制的活动。人力资源管理的主要内容包括人力资源规划、员工招聘和录用、员工培训、绩效管理、薪酬管理等。

8.1 物流企业人力资源规划概述

人力资源规划是人力资源管理的重要内容，是一种整体性的、基础性的工作，通常由人力资源部或战略规划部的专业人员来设计，是对企业的人力资源进行系统的构想和部署，是企业人力资源开发与管理的核心内容和核心职能。

8.1.1 物流企业人力资源规划的含义

物流企业人力资源规划是指为实现企业目标，在综合考虑企业发展战略和内外部环境的基础上，通过对企业一定时期内人力资源的变化、需求、供给等状况的分析和预测，制定相应的政策和措施。物流企业人力资源规划的目标是保障物流企业在需要的时间和需要的岗位上，获得所需要的合适数量、质量和种类的人力资源，从而确保人力资源供需平衡，满足员工与企业可持续协调发展的管理过程。物流企业人力资源规划具备战略性、动态性、前瞻性、综合性、双赢性等特征。

8.1.2 物流企业人力资源规划的内容

物流企业人力资源规划的内容与一般企业人力资源规划的内容相同，主要包括总体规划和业务规划两个层次。其中，总体规划是指根据物流企业总体战略，确定在规划时间内人力资源管理的总目标、配套政策、实施步骤及总预算支出的安排；业务规划是指具体业务方面的规划，包括人员编制、人员补充、人员使用、员工培训开发、员工职业发展、薪酬福利、劳动关系等方面的规划。下面重点讲述业务规划的具体内容。

1. 人员编制规划

人员编制规划是指根据企业的发展规模，制定与之相适应的人员结构和人员数量方案。设置多少岗位，设置什么样的岗位，岗位要求的资格和条件是什么等，都要根据企业生产经营的需要进行规划，要因事设岗，尽量做到事得其人，人适其位，人事相宜。

2. 人员补充规划

由于企业规模扩大，员工离职、退休、晋升、调离等原因，企业出现岗位空缺，这时就需要企业有一定的后备人员保证空缺岗位工作的连续性，维持企业的稳定发展，保证企业在出现职位空缺时及时获得所需数量和质量的人员。

3. 人员使用规划

人员使用规划是指企业对人员进行有计划、有目的的调整,以实现内部人力资源的最佳配置,主要包括对企业内部员工的晋升和轮换做出的规划。晋升规划就是根据企业的人员分布状况和层次结构,拟订人员的提升政策;轮换规划就是为实现工作内容的丰富化,保持和提高员工的创新热情和能力,培养员工多方面的素质,拟订的在大范围内对员工的工作岗位进行定期变换的规划。

4. 员工培训开发规划

为了让员工更好地适应和胜任工作,完成工作任务,企业应制定相应的培训和开发规划,具体包括培训的数量和类型、培训时间的安排、培训效果的保证等。通过培训,可以提高员工的素质,从而改善员工的工作绩效,使其端正工作态度,并树立良好的工作作风。

5. 员工职业发展规划

企业为了不断提高员工的满意度,并使他们与企业的发展和需求统一起来,需要制定并协调有关员工个人的成长和发展与企业的需求和发展相结合的规划。员工职业发展规划的主要内容是企业对员工个人在使用、培养等方面的特殊安排。

6. 薪酬福利规划

薪酬福利规划是为了调动广大员工工作的积极性、主动性和创造性,鼓舞士气,减少人才流失,提高企业效益而制定的薪酬福利政策、激励政策。具体包括绩效标准及其衡量方法、薪酬结构、工资总额、分配方式、分配标准、工资关系、福利项目,以及绩效与薪酬相对应的关系、激励范围、激励程度等。

7. 劳动关系规划

劳动关系规划是为了减少员工的投诉与不满、降低非期望离职率、预防劳动争议、改善劳资双方的关系而制订的计划,可以通过让员工参与管理、加强彼此沟通、获得认同感等方法加以改进。

8.1.3 物流企业人力资源规划的作用

物流企业人力资源规划具备以下5个方面的作用。

1. 先导作用

物流企业人力资源规划能预先掌握企业发展对人才需求的动向,可以及早引导企业开展相应的人事工作,以免面对环境的变化措手不及。因此,物流人力资源规划可以把握企业的发展趋向,引导企业的人事决策,有助于企业帮助员工开展职业生涯设计和职业生涯发展计划。

2. 保障作用

物流企业人力资源规划为企业在生存发展过程中对人力的需求从数量、质量、结构上

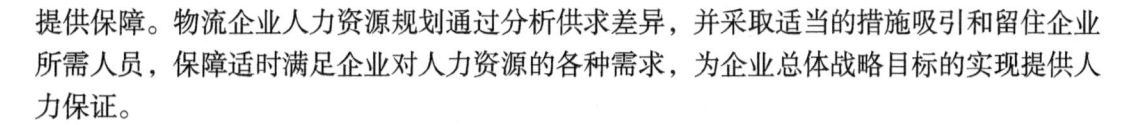

提供保障。物流企业人力资源规划通过分析供求差异,并采取适当的措施吸引和留住企业所需人员,保障适时满足企业对人力资源的各种需求,为企业总体战略目标的实现提供人力保证。

3. 控制作用

物流企业人力资源规划可以使企业及时预见人力资源的潜在问题,控制企业现有结构人员匹配中知识、技能、个性、年龄结构、性别比例等方面的种种不合理搭配,控制人工成本,促进企业人力资源的合理使用。

4. 激励作用

物流企业人力资源规划有助于调动员工的积极性,通过合理的人员培训和调配规划,可以让员工找到适合自己的岗位,充分发挥自己的潜能;通过晋升和薪酬规划,使员工可以看到自己的发展前景,从而积极地创造条件努力争取。这一切都会激励员工更努力地工作,实现自我价值。

5. 协调作用

物流企业人力资源的开发与管理是一个包括工作分析、人力资源规划、人员招聘和选拔、人力资源开发、绩效管理、薪酬与福利等内容的系统过程,有利于协调各方面的关系,有效地开发、利用人力资源。

8.1.4 物流企业人力资源规划的流程

制定人力资源规划,要在坚持实事求是、科学性、可行性和内外部一致性等原则的基础上,按照以下流程进行。

1. 盘点物流企业现有的人力资源

在制定人力资源规划之前,首先要弄清物流企业现有的人力资源状况,如员工数量、职务结构、专业结构、工资水平及每个员工的工作能力和工作绩效等。对物流企业现有人力资源进行客观、全面、科学的评估是制定科学合理的物流企业人力资源规划的基础和前提。

2. 预测物流企业未来对人才的需求

根据物流企业内外部环境的变化,采用以定量分析为主、定性分析与定量分析相结合的方法对企业未来人才的需求进行预测,包括人才所需数量、专业、学历、职称及到岗时间等。对人才需求预测的准确程度直接决定了人力资源规划的成败,是物流企业整个人力资源规划中最困难同时也是最关键的工作。

3. 预测物流企业未来人力资源的供给

在预测物流企业未来的人力资源供给时,要考虑宏观经济发展形势和人才市场的供求状况,同时还要结合本行业的特点。人力资源的供给预测包括两部分:一是内部预测,即根据物流企业现有人力资源状况及其未来变动情况,预测企业未来的员工供给;二是外部预测,即根据外部环境的变化预测未来人才市场上的人才供给状况。

4. 制定物流企业人力资源规划

物流企业人力资源规划的制定包括总体规划的制定和业务规划的制定。在制定总体规划时，要充分考虑物流企业人力资源的外部环境和内部环境。无论是总体规划还是业务规划，在制定过程中都要遵循前瞻性、科学性等原则。

5. 评估物流企业人力资源规划

物流企业人力资源规划是一个动态的开放系统，应对其过程和结果进行监督、评价，一定要在客观、公正和准确的基础上进行成本效益分析，审核规划的有效性，同时还要重视信息的反馈并予以调整完善，使其更切合实际，更好地实现物流企业的目标。

视野拓展 8-1

人力资源业务外包

人力资源外包就是与外部的专业公司签订合同，由这些专业的人力资源管理咨询公司来负责本企业的招聘、薪酬和技术平台建设。那么，企业如何判断是否将人力资源业务外包呢？应思考以下几个问题。

① 企业的人力资源部门是否侧重于企业核心业务来开展工作？
② 企业是否经历了快速的增长，从而导致自己处于一个非常复杂的过程中？
③ 企业的预算是否比较紧张，从而不能及时更新人力资源平台？

如果企业对以上 3 个问题的回答都是"是"的话，那么企业可能就需要接触一些专业的人力资源管理咨询公司来探讨人力资源业务外包事宜。

8.2 物流企业员工的招聘和录用

物流企业在完成对人员需求的供给和预测，从总体和结构上加以平衡，并编制出物流企业人力资源规划后，对物流企业人员的来源和招聘便有了基本轮廓。在此基础上，物流企业就可以进行员工的招聘和录用工作。

8.2.1 物流企业员工招聘和录用的含义

员工招聘和录用是人力资源管理的起点。物流企业员工招聘和录用是指为实现企业的既定目标和持续发展，运用科学的方法，采取各种手段，通过内部和外部多种途径，把企业所需人力资源吸引并选拔、录用进来的一个活动过程。物流企业员工招聘和录用工作的质量对企业发展的影响是长期的、根本性的，甚至有时候是决定性的。

8.2.2 物流企业员工招聘和录用的原则

物流企业在开展员工招聘和录用工作时，要坚持 6 个原则，如图 8-1 所示。

1. 合法性原则

合法性原则即物流企业进行招聘时，要遵循国家相关的法律、法规和政策。例如，禁止未成年人就业、照顾特殊群众、保护儿童妇女的合法权益等。

图 8-1　物流企业员工招聘和录用的原则

合法性原则　公开、公平、公正、竞争上岗原则　因事设岗、因岗择人原则　宁缺毋滥原则　能级原则　全面考核原则

2．公开、公平、公正、竞争上岗原则

公开是指把招聘企业、职务种类、招聘人数、应聘资格、应聘方式、应聘时间均面向社会公告周知，公开进行；公平、公正是指招聘员工时，在同等条件下不得搞种族歧视、性别歧视，对内部和外部应聘人员应一视同仁；竞争上岗是指通过考试竞争和考核鉴别，以确定人员的优劣和人选的取舍，做到任人唯贤，择优录用。

3．因事设岗、因岗择人原则

从企业的角度讲，在出现岗位空缺或因某种原因造成人力资源需求时，物流企业要以人力资源规划和空缺岗位职务说明为依据，吸收合适的人才。虽然聘来的人才可能不是最优秀的，但一定要是最合适的，确保录用工作的质量。

4．宁缺毋滥原则

物流企业在招聘和录用过程中可能会遇见没有人、人员很少或人员和岗位不匹配的情况，此时物流企业应坚持宁可暂时空缺岗位，也不要让不适合的人占据岗位的原则。

5．能级原则

人的能量有大小，本领有高低，工作有难易，要求有区别，因此物流企业在招聘和录用员工时应量才录用，做到人尽其才，用其所长。

6．全面考核原则

物流企业要对求职者从品德、知识、能力、智力、心理、过去的工作经验和业绩等方面进行全面考核和考察，进行综合分析和考虑，从总体上对求职者做出判断。

8.2.3　物流企业员工招聘和录用的渠道

物流企业招聘和录用员工的主要目的是以较小的代价获得能满足企业各岗位需要的合格员工。物流企业员工招聘的渠道不外乎两种：内部招聘和外部招聘。

1．内部招聘

所谓内部招聘是指从物流企业内部选拔所需人才。内部招聘的方法一般包括员工推荐、张榜公布和建立人才储备库等。

（1）员工推荐

员工推荐即在人力资源部门将内部招聘办法和空缺的职位信息公布出来之后，物流企业员工可以毛遂自荐，也可以互相推荐，人力资源部门在收到相关人员的信息后，采取公开竞争的方式，选拔该岗位的人才。

（2）张榜公布

张榜公布即当物流企业出现岗位空缺时，可将空缺的职位和招聘告示张贴在内部公共布告栏上，吸引内部人员应聘。张榜公布的最大好处就是公平、透明，为每个员工都提供了职业发展和平等竞争的机会。

（3）建立内部人才储备库

建立内部人才储备库即物流企业根据自己的人力资源信息系统建立人才储备库，在库中记录了企业每个在职员工的相关信息，并且这些信息随着员工的发展不断更新。一旦组织出现岗位空缺，可以在内部人才储备库中寻找满足空缺岗位招聘要求的员工。

内部招聘的优点是：节省时间和成本；所招聘员工熟悉企业经营状况和企业文化，不需要磨合的过程便能融入企业。缺点是：所招聘员工的思维方式、经营理念都深深地打着本企业的烙印，很难给企业带来技术、观念和方法上的创新。

2．外部招聘

当企业处于高速成长期或需要大量用人的时候，需要经常不断地从外部招聘员工。物流企业外部招聘的方法主要有校园招聘、招聘会招聘、广告招聘、职业中介招聘、猎头公司招聘和网络招聘等。

（1）校园招聘

校园招聘是我国物流企业吸引优秀员工的主要途径之一。高校毕业生文化素质高、专业基础好，企业的选择余地大，每年的大、中专毕业生供需见面会是物流企业招聘所需专业技术人员和管理人员的主要渠道。

（2）招聘会招聘

通过参加招聘会，物流企业的招聘人员不仅可以了解当前人力资源的素质和走向，还可以了解同行业其他企业的人事政策和人才需求情况。同时企业和求职者可以进行面对面的交流，立即填补职位空缺。

（3）广告招聘

广告招聘是借助广播、电视、杂志、网站等媒介来招聘企业所需人才的方法，是物流企业对外招聘经常采用的一种方法。广告招聘的优势在于借助媒体传播范围广、影响大。

（4）职业中介招聘

职业中介绍招聘是指物流企业通过人才交流中心、职业介绍所、劳动就业服务中心等各种形式的职业中介机构来招聘人才。这种方法具有针对性强、时间短、费用低廉等优点。

（5）猎头公司招聘

猎头公司拥有专业、广泛的人力资源网络，有的还建有人才储备库，可以快速找到企业所需人才。物流企业在招聘急需的高级管理人员和技术人员时，可以考虑与猎头公司合作。

（6）网络招聘

物流企业可以在人才就业网站或本企业的网站上发布招聘信息，求职者将自己的资料通过电子邮件发送给企业，企业经过筛选之后再对求职者进行面试。网络招聘的优点是成本低。

第 8 章 物流企业的人力资源管理

知识链接 8-1

猎　　头

"猎头"一词引自国外，英文为 Headhunter，意为"网罗高级人才或挖掘高端人才"。国内译为"猎头"，"头"指智慧、才能集中之所在，"猎头"则指发现、追踪、评价、甄选和提供高级人才的行为。在国外，这是一种十分流行的人才招聘方式。

8.2.4 物流企业员工招聘和录用的程序

物流企业员工的招聘和录用是一项十分复杂的工作，涉及面广、影响大，必须高度重视，有计划、有目的、有步骤地进行，其一般程序如图 8-2 所示。

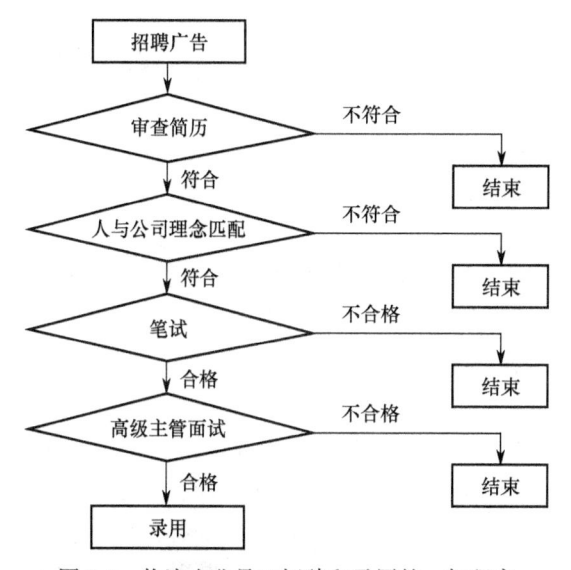

```
      招聘广告
         ↓
      审查简历 ——不符合——→ 结束
         ↓符合
     人与公司理念匹配 ——不符合——→ 结束
         ↓符合
        笔试 ——不合格——→ 结束
         ↓合格
      高级主管面试 ——不合格——→ 结束
         ↓合格
        录用
```

图 8-2　物流企业员工招聘和录用的一般程序

1. 发布招聘广告

确定人员需求，拟订具体的人员招聘和录用计划，发布招聘和录用信息。

2. 审查简历材料，评价求职申请表

求职者通常需要填写求职申请表，提交个人资料。求职申请表中应包括求职者的受教育程度、工作经历及有关具体工作任务的信息。人力资源管理部门可根据简历和求职申请表提供的资料，对求职者进行初选。

3. 笔试

笔试是让求职者在试卷上笔答事先拟好的试题，然后由主考人员根据求职者解答的正确程度予以评定成绩的一种测试方法。通过笔试，企业可以测验求职者对基本知识、专业知识、管理知识等的掌握情况，以及其综合分析问题和文字表达的能力等。

4. 面试

面试是获取求职者有关个人资料最常见的方法之一，是企业通过面对面交谈、亲身观察来审核求职者的方法。一般说来,面试不仅是企业获得求职者个人资料的方法,也是求职者了解企业有关情况的方法。因此,面试也可以说是双向的沟通。

5. 工作样本测试

工作样本测试即让求职者实际操作工作的某一部分或某一段落,以事实说明其工作的能力,如司机的驾驶执照考试和打字员的打字测验等。物流企业的技术性岗位普遍采用这种方法。

6. 测评甄选,核实求职者信息、体检、录用、签订劳动合同

物流企业采用笔试、面试、心理测试等方式对求职者进行测试,同时对求职者的履历和背景资料进行审查,目的是更全面地了解求职者的情况,以确定最终录用人选。

7. 招聘和录用评价

招聘和录用评价即物流企业对本次招聘和录用活动进行总结,并从成本收益的角度进行评价。

8.3 物流企业员工的培训

从市场竞争的角度来看,市场竞争的关键是人,只有掌握最新技术的人才能不断地研制出市场需要的新产品;只有掌握技术知识的人才能生产出高质量的符合顾客需要的产品。先进的技术知识只有通过培训才能使员工掌握。

8.3.1 物流企业员工培训的含义

物流企业员工培训是指物流企业为实现自身目标和员工个人的发展目标,采取一定的方式,有计划、有目的、系统地对员工进行培养和训练,使员工在知识技术能力和工作态度等方面有所改进,达到工作岗位的要求,进而使其融入企业文化,促进企业发展的一种活动过程。

物流企业培训的直接目的是提高员工的素质,使之适应和胜任工作岗位,从而有效地履行工作职责和完成工作任务;最终目的是实现企业和员工个人的发展目标。同时,物流企业在实施员工培训时要坚持学以致用原则、全员培训与重点提高原则、激励原则和因材施教原则。

8.3.2 物流企业员工培训的方式

物流企业员工培训的方式多种多样,常见的有如下几种。

1. 在职培训

在职培训是指物流企业为在职员工在不离开岗位的情况下提供的各种培训,一般是指为使下级具备有效完成工作所需的知识技能和态度,在工作进行中,由上级有计划地对下级进行的教育培训。学徒制和职业指导训练是常用的在职培训方式。

2. 脱产培训

脱产培训是指物流企业员工离开工作现场，接受履行职务所必需的基础的、共同的知识、技能和态度等方面的教育训练。例如，员工上岗前培训、选择优秀员工参加相关专业的进修学习等就是典型的脱产培训方式。

3. 直接传授式培训

直接传授式培训是指培训对象被动接受知识信息的培训方式。其具体形式主要有：①个别指导，类似于传统的"师傅带徒弟"；②开办讲座，主要是向众多培训对象同时介绍同一个专题的知识。

4. 参与式培训

参与式培训的主要特征是每个培训对象都能从亲身参与的培训活动中获得知识和技能。物流企业常用的参与式培训方式主要有：①讨论会；②案例教学；③团体培训；④角色扮演；⑤仿真训练；⑥参观访问；⑦事务处理训练，等等。

另外，还有许多物流企业已开始或打算采用新技术进行员工培训，如多媒体培训、网络培训、远程学习、专家系统及电子会议软件等。

8.3.3 物流企业员工培训的内容

一般来说，物流企业员工的培训针对两种人：一种是新录用的员工；另一种是现有的员工。员工培训的完整内容应该是通过各种教导或经验的方式，在知识、技能、态度等方面改进员工的行为方式，以达到期望的标准。物流企业完整的员工培训内容应包括3个方面，如图8-3所示。

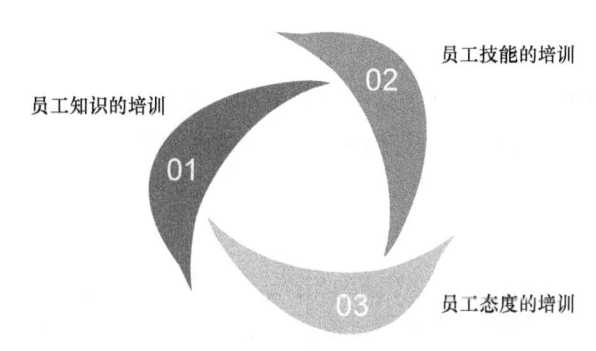

图 8-3 物流企业完整的员工培训的内容

1. 员工知识的培训

通过培训，应使员工具备完成本职工作所必需的基本知识，还应让员工了解物流企业经营的基本情况，如物流企业的发展战略、发展目标、经营方针、经营状况、规章制度等，便于员工参与物流企业活动，增强员工的主人翁精神。

2. 员工技能的培训

通过培训，应使员工掌握完成本职工作所必备的技能，如谈判技能、操作技能、人际关系技能等，并培养、开发员工的潜能。

3. 员工态度的培训

员工态度对员工的士气和物流企业的绩效影响很大。通过培训可以建立物流企业与员工之间的相互信任，提升员工对物流企业的忠诚度，端正员工的工作态度，增强物流企业员工的集体主人翁精神。

> **视野拓展 8-2**
>
> **中通快递业务员收派工作的培训内容**
>
> 中通快递业务员收派工作的培训内容包括 9 个方面的内容：①整体快件流程；②快件收取流程；③收件前的准备工作；④派送员快件收取；⑤快件运费的计算和收取；⑥快件的包装；⑦取件路单的填写；⑧取件信息的核对；⑨取件后的交接工作。

8.3.4 物流企业员工培训的流程

物流企业员工培训的流程一般有以下 5 个阶段。

1. 培训需求分析阶段

在培训活动中，培训的组织者应考虑受训者的培训需求。需求分析关系到培训的方向，对培训的质量起着决定性的作用。一般来说，培训需求分析包括 3 项内容：组织分析、任务分析和人员分析。

2. 培训设计阶段

培训设计一般集中在以下 3 个方面：培训目标、受训者的意愿和准备、学习原则。其中的关键是培训目标。培训需求确定之后，就应据此确定培训目标，培训目标可以指导培训内容、培训方法和评价方法的开发。

3. 培训实施阶段

确定培训内容后，就要选择适当的培训方法。采用"请进来、走出去"的方法，不断加大培训工作力度，培养企业人才。物流企业一般采取的培训方法有授课、学徒制、讨论会、录像、模拟、内部网培训、远程教育等。

4. 培训评估阶段

培训评估是指从员工的学习反应、学习效果、行为和结果等方面对培训进行评估。评估员工学习反应的具体做法是在培训结束时请员工填写一份简短的问卷；学习效果即考察员工对培训内容的掌握程度，可以用培训前和培训后所举行的书面考试或操作测试来衡量学习效果；行为即考察员工接受培训后在工作行为上的变化，由员工自己或上司、同事等进行评定；结果即培训带来的企业产出的变化，如主管参加培训后其所负责的团队生产效率的变化。

5. 培训反馈阶段

培训反馈是指培训结束后,对培训工作进行总结,吸取经验和教训并反馈给有关部门,以利于指导下次培训工作的开展。

8.4 物流企业员工的绩效评估

所谓绩效,是指员工在预定期间实际完成的工作成果。绩效评估虽然只是围绕着员工的工作实际成绩进行的评估,但对组织管理、控制和决策体系而言十分重要,合理有效的考核体系能够促进物流企业更好地发展。

8.4.1 物流企业员工绩效评估的含义

物流企业员工绩效评估是指对员工在工作过程中表现出来的工作业绩、工作能力、工作态度及个人品德等进行评价,并以此作为判断员工是否与岗位相称的标准。物流企业员工绩效评估是物流企业进行人员聘用、员工职务升降、员工培训和确定员工劳动报酬的重要依据。

8.4.2 物流企业员工绩效评估的原则

1. 透明、客观、公正原则

物流企业在进行绩效评估前要公布评估依据、标准,让员工知道评估的条件和过程,对评估工作产生信任感,对评估结果抱着理解、接受的态度。在制定绩效评估标准时,应从客观、公正的原则出发,坚持定量与定性相结合的方法,建立科学适用的绩效评估指标体系。制定绩效评估标准时应尽量减少个人主观臆断的影响,用事实说话,切忌主观武断。

2. 具体、可衡量原则

物流企业的绩效评估指标要具体明确,绝不含糊。例如,对销售人员进行评估时,评估销售成果显然不如评估销售货款回收额、客户回访次数、新客户接待率等指标更具体。

3. 反馈原则

物流企业员工的绩效评估是与员工薪酬水平挂钩的,可以改善员工的工作绩效,使员工认识到工作上的不足,并加以改善。因此,绩效评估结果应直接反馈给员工,使其明确努力方向。

4. 定期化与制度化原则

物流企业的绩效评估既是对员工能力、绩效、工作态度的评价,也是对他们未来行为表现的一种预测,是一种连续性的管理过程,因此必须定期化、制度化。

视野拓展 8-3

评估工作注意事项

在工作实践中我们不难发现,无论选择哪种绩效评估类型,都无法对员工进行全面的考评，因为企业要从多个方面对员工进行考评，既要考评员工的工作行为，又要考评员工的工作效果，还要考评他们在工作中的素质，也就是既要定量又要定性。因此，在实际绩效评估过程中，要对被考评人做全面的评价，同时针对不同的考评对象，根据其工作性质有所侧重（赋予不同的权重）。这种考评内容的设计既客观、合理、全面，又易于对不同岗位的考评进行统一管理。

8.4.3 物流企业员工绩效评估的流程

一般来说，物流企业员工绩效评估的流程包括以下几个步骤。

1. 制定绩效评估标准

物流企业应制定合理的绩效标准，以职务规范和职务说明为依据，做到管理者与被评估者沟通，得到评估者和被评估者的共同认可。绩效评估标准的内容必须准确化、具体化和定量化。

2. 评定绩效

物流企业需要将员工的实际工作绩效与企业的期望进行对比和衡量，然后依据对比的结果来评定员工的工作绩效。

3. 绩效评估反馈

物流企业需要将评估结果反馈给被评估者。首先，评估者将书面的评估意见反馈给被评估者，由被评估者予以同意认可。其次，通过绩效评估的反馈面谈，评估者与被评估者可以就评估结果、评估过程中不明确或不理解之处进行解释、沟通，这样有助于被评估者接受评估结果。同时，通过反馈，评估者与被评估者可以共同探讨工作的最佳改进方案。

4. 评估结果的运用

物流企业员工绩效评估的一个重要任务就是分析绩效形成的原因，把握其内在规律，寻找提高绩效的方法，从而使员工工作得以改进。对管理者而言，评估结果可以作为对员工进行选拔任用的依据，作为升、降、去、留的重要参照。对员工个人而言，评估结果是企业对其工作成效的评定，是员工绩效津贴发放、下一轮岗位聘任的重要依据。

8.4.4 物流企业员工绩效评估的典型模式

绩效评估的典型模式有很多，各种模式都有其适用范围，都有各自的优点和局限性。下面介绍几种常用的绩效评估模式。在实际绩效评估中经常将这几种评估模式结合起来运用。

1. 排序模式

排序模式是一种比较古老的评估模式。它是根据某一评估维度或被评估者的总体表现，将全体被评估者的工作绩效从最好到最差依次进行排列。这种模式在工作绩效评估中，并不要求评估者把每个被评估者的工作表现都与具体标准逐一对照，而是在被评估者中进行相互比较。例如，要对5个被评估者进行评估，评估者从这5个被评估者中挑选出一个工作表现最好的和一个工作表现最差的,接着排出第二好的和第二差的,以此类推。排序模式是一种很简单也很粗糙的绩效评估模式。

2. 等级模式

等级模式是绩效评估中最常用的一种模式。等级模式事先制定具体的衡量标准,在进行工作绩效评估时,用这些衡量标准来评估每个人各方面的工作绩效。等级评估模式为了在各个相关方面明确地制定出具体的衡量标准和要求,必须首先明确哪些方面的表现是与工作绩效密切相关的。等级模式比排序模式要科学得多,适用于对同一种或类似工种的人员的评估。

3. 目标管理模式

德鲁克认为:"每项工作都必须为达到总目标而展开。"衡量一个员工是否合格,关键要看他对企业目标实现的贡献如何。目标管理模式是根据被评估者对工作目标的完成情况来进行考核的一种绩效评估方式,是目前比较流行的一种绩效评估模式。

4. 因素比较模式

因素比较模式又称要素比较模式或等级评估模式,是目前应用最为普遍的考核模式之一。因素比较模式把被评估者的工作表现分为若干因素或项目,考虑不同考核因素的重要性,确定一定的权重,再将每个因素或项目的评分分成若干等级,一般分为3个或5个等级(3个等级即好、中、差;5个等级即优、良、中、及格、差)。评估者根据对被评估者的了解,在每个因素或项目中,选择一个最符合被评估者实际情况的评分,最后计算综合得分。

5. 关键事件模式

关键事件模式是客观评价体系中最简单的一种模式。在应用这种模式时,负责评估的主管把员工在完成工作任务时所表现出来的特别有效的行为记录下来,形成书面报告。每隔一段时间,主管与员工面谈一次,根据所记录的特殊事件来讨论员工的工作业绩。这种模式在认定员工良好表现和劣等表现方面十分有效,并且对于制定改善不良绩效的计划十分方便。关键事件模式可以与其他绝大多数绩效评估模式结合使用。

6. 自我-他人评价模式

自我-他人评价模式是指在绩效评估过程中,首先由被评估者本人对自己在某一时期内(如一年或半年)的工作表现情况进行自我对照总结和自我评价,然后由被评估者的直属上司根据其对被评估者的了解,对被评估者的自评提出意见,然后由上一级主管人员根据被评估者的自评和其直接上司的意见提出最后的评估意见。

8.5　物流企业员工的薪酬管理

薪酬管理是物流企业人力资源管理的核心内容,也是高级管理者最关注的领域之一。随着新经济时代的来临,人力资源成本在物流企业活动成本中所占份额不断增加,使物流企业更加重视对人力资源的管理。

8.5.1 物流企业员工薪酬管理的含义

物流企业员工薪酬管理是指物流企业根据员工所提供的服务来确定他们应当得到的报酬总额及报酬结构和报酬形式的过程。在这个过程中,物流企业要就薪酬水平、薪酬结构、特殊员工群体的薪酬做出决策。同时,作为一种持续的管理过程,物流企业还要持续不断地调整、改善薪酬计划,拟订薪酬预算,就薪酬管理问题与员工进行沟通。

物流企业员工的薪酬管理具备敏感性、特权性、特殊性的特征。其中,敏感性体现为薪酬管理涉及企业每个员工的切身利益,不仅能够起激励作用,还可能起消极作用;特权性体现为薪酬管理是员工参与程度最低的人力资源管理工作,几乎是物流企业法定代表人的特权;特殊性体现为物流企业员工的薪酬水平、薪酬结构不仅取决于行业水平和行业特色,还取决于企业自身的实力,不同物流企业在薪酬制度上差别很大。

8.5.2 物流企业员工薪酬管理的内容

不同企业由于薪酬制度不同,薪酬管理也不尽相同。一般来说,物流企业员工的薪酬管理包括3个方面的内容:薪酬水平管理、薪酬结构管理和薪酬体系管理。

1. 薪酬水平管理

薪酬水平是指物流企业所有在编员工年薪的平均数,它决定了物流企业薪酬的外部竞争力。薪酬水平管理是指对物流企业总的薪酬水平、不同部门岗位的薪酬水平的确定和调整。薪酬水平管理要满足企业内部的一致性和外部的竞争性要求,并依据员工的工作绩效、工作能力和行为态度对薪酬水平进行动态调整。

2. 薪酬结构管理

薪酬结构是指物流企业内部不同的岗位薪酬之间的相互关系,是由物流企业的纵向薪级与横向薪档组成的薪酬矩阵。薪酬结构管理是指物流企业正确划分合理的薪级和薪档、确定合理的级差和等差、确定合理的工资带宽等工作,主要涉及薪酬的内部一致性问题。

3. 薪酬体系管理

薪酬体系是指由不同计薪方式(计时工资、计件工资等)组成的体系。薪酬体系管理是指物流企业要明确企业的基本薪酬是以什么为基础的,是职位薪酬体系、技能薪酬体系还是能力薪酬体系,还是三者都包含等。

> **§ 知识链接 8-2**
>
> **薪 酬**
>
> 薪酬,由薪和酬组成。在现实的企业管理环境中,往往将两者融合在一起运用。
>
> 薪,指薪水,又称薪金、薪资,所有可以用现金、物质来衡量的个人回报都可以称为薪。也就是说,薪是可以数据化的,企业发给员工的工资、保险、实物福利、奖金、提成等都是薪。做工资、人工成本预算时,预计的数额都是"薪"。

> 酬，指报酬、报答、酬谢，是一种着眼于精神层面的酬劳。有很多企业给员工的工资不低，福利不错，员工却还对企业有诸多不满，到处说企业坏话；而有些企业给员工的工资并不高，工作量不小，员工很辛苦，但员工很快乐，为什么呢？究其原因，还是在付"酬"上有区别。当企业没有精神、没有情感时，员工感觉没有梦想，没有前途，没有安全感，就只能跟企业谈钱，员工与企业之间变成单纯的交换关系，这样单纯的"薪"给付关系是不会让员工产生归属感的。

8.5.3 物流企业员工薪酬管理的目标

物流企业员工薪酬管理要发挥应有的作用，主要实现 3 个目标，即效率、公平、合法。其中，效率和公平能够促进薪酬激励作用的实现；合法是薪酬管理的基本要求，是物流企业存在和发展的基础。

1. 效率目标

物流企业员工薪酬管理的效率目标主要体现为两个方面：一是从产出的角度来说，薪酬能够给物流企业的绩效带来最大的价值；二是从投入的角度来说，薪酬管理能够很好地实现物流企业的薪酬成本控制。

2. 公平目标

物流企业员工薪酬管理要实现薪酬的分配公平、过程公平和机会公平。分配公平是指物流企业在进行人事决策、决定各种奖励措施时，应符合公平要求。分配公平一般包含自我公平、内部公平和外部公平。过程公平是指物流企业在决定任何奖惩决策时，所依据的决策标准或方法都应符合公正性原则，程序公平一致，标准明确，过程公开。机会公平是指物流企业赋予所有员工同样的发展机会，包括企业在决策前与员工沟通、组织决策时考虑员工的意见、主管考虑员工的立场、建立员工申诉机制等。

3. 合法目标

物流企业员工薪酬管理的最基本前提是合法，要求物流企业实施的薪酬制度符合国家、地方的法律法规和政策条例的要求。例如，薪酬管理不能违反最低工资制度、法定保险福利、薪酬指导线制度等的规定。

8.5.4 物流企业员工薪酬管理基本工资制

在企业薪酬管理实践中，根据薪酬支付依据的不同，薪酬有岗位工资、职务工资、技能工资、绩效工资、工龄工资、薪级工资等构成元素。通常企业选择一个或两个构成元素为主要形式，选择其他构成元素为辅助形式。选择并确定工资制度形式是很关键的，这体现了物流企业的一种价值导向。物流企业员工薪酬管理的基本工资制如图 8-4 所示。

1. 基于职位的基本工资制

（1）岗位工资制

岗位工资制是根据员工在企业中的岗位确定工资等级和工资标准的一种工资制度。岗位工资制的理念是：不同的岗位创造不同的价值，因此不同的岗位应给予不同的工资报酬；物流企业要将合适的人放在合适的岗位上，使员工的能力素质与岗位要求相匹配。岗位工资制鼓励员工通过岗位晋升来获取更多的报酬。

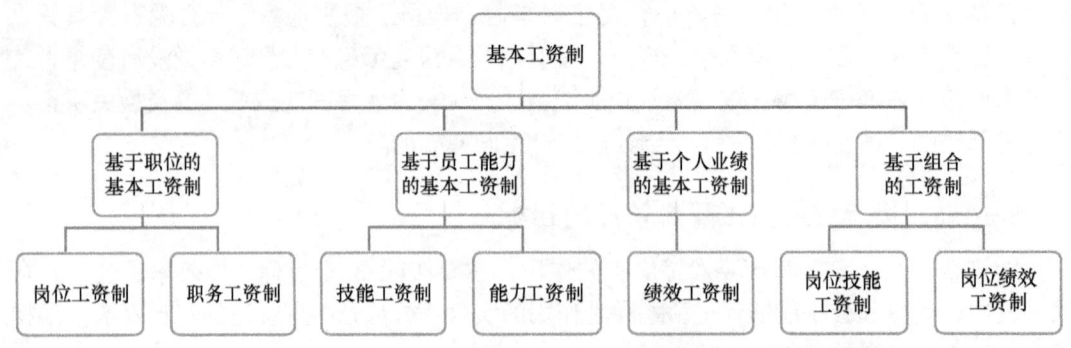

```
                              基本工资制
        ┌──────────────┬──────────────┬──────────────┐
   基于职位的      基于员工能力      基于个人业绩      基于组合
   基本工资制      的基本工资制      的基本工资制      的工资制
   ┌────┬────┐   ┌────┬────┐        │          ┌────┬────┐
 岗位  职务    技能   能力        绩效        岗位技能  岗位绩效
 工资制 工资制  工资制 工资制      工资制       工资制    工资制
```

图 8-4 物流企业员工薪酬管理的基本工资制

（2）职务工资制

职务工资制是简化了的岗位工资制。岗位工资制不仅要体现出层级，还要表达出工作性质，职务工资制只需要体现出层级，是典型的等级制工资制。职务工资制最大的特点是：根据职务级别定薪酬，某些人可能没有从事什么岗位工作，但只要到了某个级别就可以享受相应的工资待遇，这是对内部公平的最大挑战。

2. 基于员工能力的基本工资制

（1）技能工资制

技能工资制是指根据员工所具备的技能向员工支付工资，技能等级不同，薪酬支付标准也不同。物流企业关注的技能主要包含 3 个方面：深度技能、广度技能和垂直技能，如表 8-1 所示。

表 8-1 物流企业员工技能要求

技能名称	技能要求
深度技能	指与所从事的岗位工作有关的知识和技能，表现在能力的纵向结构上；强调员工在某项能力上不断提高，鼓励员工成为专家
广度技能	指与所从事的岗位工作有关的知识和技能，表现在能力的横向结构上；提倡员工掌握更多的技能，鼓励员工成为通才
垂直技能	指员工进行自我管理，掌握与工作有关的计划、领导、团队合作等技能；鼓励员工成为更高层级的管理者

（2）能力工资制

能力工资制是指根据员工所具备的能力向员工支付工资，员工能力不同，薪酬支付标准也不同。能力多指一种胜任力和胜任特征，是员工具备的能够达成某种特定绩效或表现出某种有利于绩效达成的行为能力。其中，"能力冰山模型"指出，个人绩效能力由知识、技能、自我认知、品质和动机五大要素构成。

3．基于个人业绩的基本工资制

绩效工资制是以个人业绩为付酬依据的薪酬制度，核心在于建立公平合理的绩效评估系统。绩效工资制的优点是：给予员工一定的压力和动力，有利于个人和组织绩效的提高；打破"大锅饭"，鼓励多劳多得，有利于实现薪酬内部公平和效率目标；给予业绩低下者较低的薪酬或淘汰业绩低下者，从而大大降低工资成本。缺点是：容易出现短视行为，出现员工忠诚度不足的情况。

4．基于组合的工资制

（1）岗位技能工资制

岗位技能工资制是以按劳分配为原则，以劳动技能、劳动责任、劳动强度和劳动条件等基本劳动要素为基础，以岗位工资和技能工资为主要内容的企业基本工资制度。岗位工资与劳动责任、劳动强度、劳动条件 3 个要素相对应，依据这 3 个劳动要素评价的总分数，划分几类岗位工资的标准，并设置相应的档次；技能工资主要与劳动技能要素相对应，其确定依据是岗位、职务对劳动技能的要求，以及员工个人所具备的劳动技能水平。目前大部分物流企业在进行岗位技能工资制改革时，除技能和岗位两个元素外，还添加了工龄、效益和其他津贴等元素。

（2）岗位绩效工资制

岗位绩效工资一般由岗位工资、工龄工资、绩效工资和津贴补贴 4 部分构成。其中，工龄工资根据任职者工龄、任本岗位年限及岗位等级来确定，其实质是对岗位工资进行修正，对经验丰富者给予更多的报酬，保护老员工的切身利益，鼓励员工长期稳定地为企业工作。绩效工资一般由上级主管部门核定绩效工资总量，由各单位自主制定绩效工资分配方案，可以采取灵活多样的分配形式和办法。

课后习题

一、判断题

1．人力资源规划不是为了实现企业目标，而是为了实现个人目标。（　　）
2．人员编制规划要做到事得其人、人适其位、人事相宜。（　　）
3．内部招聘是指从企业内部选拔所需人才，是企业常用的招聘方法。（　　）
4．所谓绩效，是指员工在预定期间实际完成的工作成果。（　　）
5．薪酬管理已成为人力资源管理的重要内容。（　　）

二、单项选择题

1．由职业介绍机构专门为企业招聘高层经理人才和高级专业技术人才的招聘方式是（　　）。

A．校园招聘　　　B．实习　　　C．猎头公司招聘　　D．业务规划

2．（　　）是物流企业薪酬管理的核心内容。

A．合理的基本工资制度　　　　B．公司的管理制度
C．提拔制度　　　　　　　　　D．员工自主努力

3．在物流企业员工绩效评估的典型模式中，最常用的一种模式是（　　）。
　　A．排序模式　　　　B．等级模式　　　C．目标管理模式　　D．因素比较模式
4．薪酬水平是指企业员工的（　　）。
　　A．技术等级工资制　　　　　　　B．绩效工资制
　　C．结构工资制　　　　　　　　　D．平均年薪
5．物流企业员工绩效评估流程的第一步是（　　）。
　　A．评定绩效　　　　　　　　　　B．绩效评估反馈
　　C．制定绩效评估标准　　　　　　D．评估结果的运用

三、多项选择题

1．物流企业人力资源规划主要包括（　　）两个层次。
　　A．总体规划　　　B．组织规划　　　C．战略规划　　　D．业务规划
2．物流企业内部招聘的方式有（　　）。
　　A．员工推荐　　　B．校园招聘　　　C．张榜公示　　　D．广告招聘
3．物流企业外部招聘常用的方式有（　　）。
　　A．广告招聘　　　B．招聘会　　　　C．校园招聘　　　D．张榜公示
4．物流企业员工培训的方式有（　　）。
　　A．在职培训　　　　　　　　　　B．脱产培训
　　C．直接传授式培训　　　　　　　D．参与式培训
5．物流企业员工培训的内容有（　　）。
　　A．知识培训　　　B．经济培训　　　C．技能培训　　　D．态度培训

四、简答题

1．物流企业人力资源规划的流程是什么？
2．物流企业员工招聘和录用的原则有哪些？
3．物流企业完整的员工培训工作应包括哪3个方面的内容？
4．物流企业员工绩效评估的流程是什么？
5．物流企业可以采用的基本工资制度有哪些？

任务实训

1．实训目的

理解人力资源规划和管理在现代企业发展中的重要地位，物流企业应制定必要的政策和措施以确保自己在需要的时间和需要的岗位上获得各种需要的人才，并使企业和个人得到长期、持续的发展和利益。

2．背景材料

沃尔玛人力资源的人性化管理

精诚合作的团队精神是企业成功的重要保证。沃尔玛的企业文化崇尚"尊重个人"：不

只强调尊重顾客，为顾客提供一流的服务，还强调尊重公司里的每个人。沃尔玛是全球最大的私人雇主之一，但公司不把员工当作"雇员"来看待，而是视为"合伙人"和"同事"。即使是沃尔玛的创始人沃尔顿在称呼下属时，也称他们为"同事"。沃尔玛各级职员分工明确，很少有歧视现象。领导、员工和顾客之间是倒金字塔的关系，顾客居于首位，员工居于中间，领导则居于底层。员工为顾客服务，领导则为员工服务。"接触顾客的是一线员工，而不是坐在办公室里的官僚"，员工作为直接与顾客接触的人，其工作质量至关重要。领导的工作是给予员工足够的指导、关心和支持，以便员工更好地服务顾客。在沃尔玛，所有员工包括总裁佩戴的工牌上都写着"我们的同事创造非凡"。除此之外，工牌上没有标明任何职务。公司内部没有上下级之分，下属对上级也直呼其名，营造了一种上下平等、随意亲切的氛围。这让员工意识到，自己和上司都是公司内平等且重要的一员，只是分工不同而已，从而全心全意地投入到工作中，为公司、也为自己谋求更大的利益。

在沃尔玛，管理者必须以真诚的尊敬和亲切对待下属，不能靠恐吓和训斥来领导员工。沃尔顿认为，好的领导者要在带人和业务的所有方面都加入人的因素。如果通过制造恐怖来经营企业，那么员工就会紧张，有问题也不会提出来，结果只会把问题变得更糟。管理者必须了解员工的为人及其家庭，还有他们的困难和希望，尊重他们，表现出对他们的关心，这样才能帮助他们成长和发展。沃尔顿自己就是一个好表率。《华尔街日报》曾报道，沃尔顿有一次在凌晨两点半结束工作后，途经公司的一个发货中心，和一些刚从装卸码头回来的工人聊了一会儿，之后他为工人改善了沐浴设施，员工们都深为感动。

沃尔玛对员工利益的关心有一套详细而具体的实施方案。公司将员工是"合伙人"这一概念具体转化为3个互相补充的计划：利润分享计划、员工购股计划和损耗奖励计划。员工工作一年以上或每年至少工作10小时，就有资格分享公司的利润，通过一个与利润相关的公式，把每个员工的工资按一定比例放入这个计划，员工离开公司时可以取走相应份额的现金或股票。沃尔玛还让员工通过工资扣除的方式，以低于市价的价格购买公司股票。另外，沃尔玛还对有效控制损耗的分店和员工进行奖励，从而有效控制了经营中的损耗。

沃尔玛的员工可以在任何时间、任何地点以口头或书面形式与管理人员乃至总裁进行沟通，提出自己的建议或投诉，并且不必担心受到报复。对于可行的建议，公司会积极采纳并实施。公司还会利用股东会议和卫星系统与员工的沟通，公司愿意让所有员工共同掌握公司的业务指标，每件有关公司的事都可以公开。每个分店的利润、进货、销售和减价情况，都向所有员工公布，鼓励他们争取好成绩，从而让员工有责任感和参与感，意识到自己的工作在公司中的重要性，觉得自己受到了公司的尊重和信任。

沃尔玛给每位应聘者提供相等的就业机会，并为每个员工提供良好的工作环境、完善的薪酬福利计划和广阔的人生发展空间。同时员工的成长都伴随着相应的培训，常用的培训方法是交叉培训，让不同部门的员工交叉上岗，获得更多的职业技能，同时提高团队的灵活性和适应性。通过适当的岗位轮换和职务调动，有助于消除等级分化，提高员工的工作积极性；有助于员工从不同视角考虑其他部门的实际情况，减少公司内耗，增强员工的全局观念。

沃尔玛通过人性化管理，员工与公司融为一体，为公司发展竭尽全力。沃尔玛的业绩和资产总值在世界 500 强企业中一直排在前列，并在多个国家被评为"最受赞赏企业"和"最适合工作的企业"。

3．实训任务
① 沃尔玛人力资源管理的主要特点是什么？
② 沃尔玛的人力资源管理对你有何启发？
③ 沃尔玛的人力资源管理经验在我国是否可行？

4．实训步骤
（1）个人阅读/小组分组

老师督促学生进行个人阅读，并让其在课前完成。建议 3~5 人一组，老师监督分组情况和任务进度。针对学生的特点，在课堂上老师再花费 5~10 分钟对案例学习要点及相关背景进行简单的陈述。

（2）案例开场白

沃尔玛人力资源管理的主要特点是什么？

（3）小组讨论/报告

该步骤主要在课堂上进行，持续 20~30 分钟，主要围绕实训任务中的 3 个问题展开，学生也可自行增加感兴趣的部分。小组报告的内容应尽可能是小组成员达成共识的内容，对于未达成共识的内容可以单独提出讨论。每个小组将讨论要点的关键词按小组抄写在黑板上的指定位置并进行简要报告，便于课堂上的互动。

（4）师生互动

该步骤主要在课堂上进行，持续 30~40 分钟，老师针对学生的报告和问题与学生互动，同时带领学生对本章关键知识点进行回顾，并了解学生还有哪些问题或困惑，激发学生的学习兴趣，使学生自觉在课后进一步查询相关资料并进行系统的回顾与总结。

（5）课后作业

根据课堂讨论，要求每位学生进一步回顾本章知识点，以小组为单位形成正式的实训报告。报告要观点鲜明、思路清晰、逻辑严密、论证翔实。

（6）考核

老师根据学生的课堂表现和实训报告质量，评定实训成绩。

第 9 章

物流企业的信息管理

学习目标

- 掌握物流企业信息管理的含义、内容及功能。
- 了解物流企业信息管理系统的含义、功能和建设。
- 掌握物流企业信息管理的经济效益分析原理及测定方法。

引 例

圆通速递的信息化建设之路

上海圆通速递有限公司（以下简称圆通速递）成立于 2005 年 5 月 28 日，是国内知名快递品牌企业。圆通速递以"创民族品牌"为己任，以实现"中国人的快递"为奋斗目标，不断改革创新，坚持不懈地为广大客户提供优质的快递服务。

从建立之初，公司总裁喻渭蛟就意识到，快递公司要提供一流的物流服务，需要有一流的信息系统作为支撑。经过多方面的考虑，集成化程度更高的 ERP 系统提上了圆通速递领导和信息化部门的议事日程。ERP 系统能把公司各部门的现有资源进行整合，固化企业管理模式，降低成本，提高效率，实现企业经济效益的最大化。

经过多方考量，圆通速递选择将该系统外包给 IBM 公司。2010 年 1 月 11 日，圆通速递与 IBM 公司全球企业咨询服务部共同宣布，双方签署一项"管理优化及信息化建设战略合作"协议，旨在帮助圆通速递突破快速发展过程中的瓶颈，全面提升圆通速递的企业管理水平，提升其综合竞争力。圆通速递和 IBM 公司共同制定了实施三年规划的"四步走"阶段，分解了目标和任务，加强了管控。信息化系统的建设和实施给圆通速递带来的不仅是信息化，更是一种新的管理方式和管理理念，这能够帮助圆通速递打破发展瓶颈，实现长远目标。

辩证与思考：
圆通速递为什么要进行信息化建设？

> **答案解析：**
> "创民族品牌"是圆通速递长期以来的奋斗目标。圆通速递旨在提供一流的物流服务，赢得国内市场，并参与全球竞争，实现发展蓝图。当前圆通速递亟须突破快速发展过程中的瓶颈，全面提升企业的管理水平，提高综合竞争力。正是在这种情况下，圆通速递总裁意识到需要加大信息化建设，建设一流的信息系统，帮助圆通速递突破当前的瓶颈，为圆通速递未来更长远的发展提供策略性指导，实现其长远目标。

在现代物流中，信息起着非常关键的作用。通过信息在物流系统中快速、准确和实时的流动，可使企业迅速地对市场做出及时的反应，从而实现商流、信息流、资金流的良性循环。高效的信息管理能够促进物流企业的快速发展，并使其从传统物流企业向智慧型信息化物流企业转型。

9.1 物流企业信息管理概述

信息是普遍存在的。物流企业信息是反映物流企业活动中各种相关内容的图像、数据、文件、资料等的总称，一般包含企业内部信息和企业外部信息。其中，企业内部信息是由企业内部所产生的反映企业基本现状和企业经济活动的信息；企业外部信息来源于企业外部，主要有宏观社会环境信息、科技发展信息、生产运作资源分布信息、市场信息等与企业运行环境相关的各种外部信息。物流企业的内外部信息如表9-1所示。

表9-1 物流企业的内外部信息

企业外部信息	宏观社会环境信息	政治、经济、文化、社会状况、法律环境等
	科技发展信息	与企业经营相关的科技和产品发展方向的信息
	生产运作资源分布信息	生产所需设备、原料、外购器部件、能源供应和来源
	市场信息	市场需求信息：市场现有需求和预测需求
		竞争信息：市场竞争状况
		用户信息：订单
		预测信息：市场预测
		网络信息：企业网络系统、结构、规模
企业内部信息	企业状况信息	财务信息：资金运动信息
		人力资源信息：反映企业人才结构及分布使用情况的信息
		设施设备信息：企业设施设备的配备、使用、维修、改造信息
	企业经济活动信息	运作过程信息：业务开发、作业、经销、库存信息
		工艺、流程、技术信息：工艺、流程标准
		营销信息：订单、装运、收款、账单等

9.1.1 物流企业信息管理的含义及特征

1. 物流企业信息管理的含义

信息管理是人类为了有效地开发和利用信息，以现代信息技术为手段，对信息进行计划、组织、领导和控制的社会活动，其根本目的是控制信息流向，实现信息的效用和价值。物流企业的信息管理不仅对包括物资采购、存储、配送、运输等物流活动的信息管理，还包括对物流过程中的各种决策活动（如采购计划、销售计划、供应商的选择、客户分析等）提供支持的活动。物流企业信息管理能够充分利用计算机的强大功能，汇总和分析企业信息数据，帮助企业做出更好的决策。

2. 物流企业信息管理的特征

（1）信息量大、信息分散

物流企业活动中的运输、储存、包装、装卸搬运、流通加工等各个子系统都会产生大量的物流信息。各个子系统工作时存在时间上和空间上的差异，这些物流信息被分散在物流系统的各个子系统之中。另外，随着物流企业之间合作的增加和现代信息技术的发展，物流企业信息管理的信息量会越来越大。

（2）信息动态性强、更新快

物流企业在实际运营过程中，各个作业环节、各个决策环节都会产生大量信息，并且这些信息都在不断变化。例如，配送订单的接单、处理，货物装卸的数量变更等，这些信息每天甚至每小时都在发生变化。

（3）信息来源多样化

物流企业会广泛采用新技术、新装备，这些新技术和新装备会产生更多样的物流信息。同时，物流企业广泛与供应商、生产商、经销商合作，共同建设供应链系统，使物流信息的来源呈现多源性，使物流企业信息管理的内容增加。

（4）信息流控制物流和资金流

物流企业中的信息管理能够决定企业的物流和资金流的流向。与传统物流不同，在现代物流中，信息流是能够控制物流和资金流的。

9.1.2 物流企业信息管理的内容

物流企业信息管理是对企业信息资源进行统一规划和组织，并对信息应用的全过程进行控制，使物流企业运营各个环节协调一致，达到提高物流企业竞争力的目的。其主要内容如下。

1. 物流企业信息管理的政策制定

物流企业信息管理的政策制定是实现物流企业信息管理的基础。为了实现不同组织间信息的相互识别和利用，以及企业供应链信息的通畅传递与共享，必须确定一系列共同遵守和认同的企业信息规则或规范，如信息的格式与精度、信息传递的协议、信息共享的规则、信息安全的标准、信息存储的要求等。

2. 物流企业信息的规划

物流企业信息的规划是从物流企业的战略高度出发，对信息的管理、开发、利用进行长远的计划，确定信息管理工作的目标与方向，制定不同阶段的任务，指导数据库系统的建立和信息系统的开发，保证信息管理工作有条不紊地进行。

3. 物流企业信息的收集

物流企业信息的收集是指应用各种手段、通过各种渠道进行企业信息的采集，以反映物流企业信息管理系统及其所处环境情况，为企业信息管理提供素材和原料。信息的收集是整个企业信息管理中工作量最大、最费时间、最占人力的环节。

4. 物流企业信息的处理

物流企业信息的处理是指物流企业对收集的信息进行筛选、分类、加工及存储等活动，生成对企业有用的信息。信息处理一般包括信息分类及汇总、信息编码、信息存储、信息更新、数据挖掘等内容。

5. 物流企业信息的传递

信息传递是指信息从信息源发出，经过适当的媒介和信息通道传输给接收者的过程。物流企业信息的传递方式有许多种，如表9-2所示。

表9-2 物流企业信息的传递方式

传递视角	传递方式	含 义
信息传递方向不同	单向信息传递	信息发出者只向信息接收者传递信息，而不双向沟通交流信息
	双向信息传递	信息发出者与信息接收者双方相互交流，信息流呈双向传递
信息传递层次不同	直接传递	信息发出者与信息接收者之间的信息是直接传递的
	间接传递	信息发出者与信息接收者之间的信息是经其他人员或组织进行传递的
信息传递时空不同	时间传递	信息的纵向传递，即信息流在时间上连续的传递
	空间传递	信息在空间范围内的广泛传递
信息传递媒介不同	人工传递	由人来承担信息传递工作
	非人工传递	通过媒体来代替人承担信息传递工作

6. 物流企业的信息服务应用

信息的重要特性就是服务和应用，物流企业的信息管理要将信息提供给有关方面使用。物流企业的信息服务工作主要包括信息发布和传播服务、信息交换服务、信息技术服务和信息咨询服务等。

§ 知识链接 9-1

数据挖掘任务

信息可区分为显性信息和隐性信息。显性信息是可以用语言明确表达出来的、可编码化的信息；隐性信息是存在于人头脑中的个人经验、观念等隐含化的信息，往往很难以某种方式直接表达出来或直接发现，也难以传递与交流，但具有可直接转化为有效行动的重要作用，其价值高于和广于显性信息。因此，为了充分发挥信息的作用，需要对显性信息进行分析、加工和提取等，挖掘出隐藏在其背后的隐性信息，这就是数据挖掘的任务。

9.1.3 物流企业信息管理的功能

1. 记录交易活动功能

记录交易活动功能就是记录物流企业交易活动的基本过程和内容，主要包括采购过程、价格制定、人员安排、供求信息查询、储运任务分配、生产作业流程操作、销售等一系列企业交易活动内容的记录和保存。

2. 业务服务功能

业务服务功能可以对物流企业服务的水平和质量、现有人员和资源进行管理。物流企业信息管理通过充分利用计算机的强大功能，汇总和分析各种数据，形成信息资源，为物流企业的运营管理及业务活动提供信息服务，帮助管理者做出合适的决策，增强物流企业的竞争优势。

3. 作业工序协调功能

物流企业信息管理可对企业的各道作业工序进行协调。物流企业信息管理可以加强信息的集成与传递，有利于保障工作的时效性，提高工作的质量与效率。

4. 支持物流决策和战略功能

物流企业信息管理能够协调物流企业的工作人员和管理人员，通过其服务功能，可以充分利用内、外部物流数据信息资源，进行物流活动的评估和成本收益分析，从而帮助物流企业做出更好的物流决策，制定更有效的战略。

9.2 物流企业的信息管理系统

在物流企业的信息管理过程中，存在大量的信息，这些信息是企业最重要的资源之一。要想有效地采集、处理和运用这些信息，需要有合适的信息管理系统。具备完善的系统功能、层次分明的系统结构的信息管理系统对物流企业来说至关重要。

9.2.1 物流企业信息管理系统的含义与目标

1. 物流企业信息管理系统的含义

物流企业信息管理系统是物流企业按照现代管理思想、理念，以信息技术为支撑所开发的信息系统。可以将物流企业信息管理系统理解为一种用系统的概念、思想和方法，以电子计算机为基本信息处理手段，以现代通信设备为基本传输工具，通过对物流企业相关的信息进行加工处理，达到对企业物流、商流、资金流的有效控制和管理，并为物流企业提供信息服务和决策支持的人机系统。

2. 物流企业信息管理系统的目标

现代物流企业作为一种服务性企业，其所提供的服务必须满足社会经济发展的需要。因此，实施信息管理系统设计的长期战略目标就是帮助物流企业适应激烈的市场竞争环境和物流产业的进步，满足全球经济一体化和电子商务发展对企业的要求，整合物流信息资源和社会物流资源。具体来说，在系统分析的基础上设计的信息管理系统应实现如下预期目标。

① 大幅提升企业形象，建立企业的现代化信息管理体制。

② 促进各部门之间的协同作业，规范并优化企业内部各办事机构的业务流程，实现无纸化办公。

③ 明确各业务与作业环节负责人的责任和义务，达到企业内部各部门、员工权限明晰的目的，杜绝互相推诿的现象。

④ 有效管理各业务流程，提供各业务管理与作业的信息和数据，实现库存最小化，并保证实物配送等物流环节之间的协调一致，全面降低企业运作成本，提高企业的整体经济效益，大幅拓展物流业务，争取企业利润最大化，进一步提高企业的竞争力。

⑤ 实现对物流全过程的监控，可方便地提供货物跟踪信息，及时掌握物流运营状况，提高企业对异常物流业务的应变能力。

⑥ 开发决策支持系统，为企业决策层提供图形化、报表化的业务分析数据，能够对企业未来的业务发展、客户需求发展、市场发展做出预测。

⑦ 建设企业 Internet/Intranet 平台，通过 Internet 实现全天候实时服务，实现平台使用者之间信息的共享和高速传递，充分满足客户的各种需求，使客户能够方便、及时地通过 Internet 在线查询业务状态，大大加强与客户联系的紧密度，全面提高客户服务水平。

⑧ 预留标准的 EDI 数据接口和其他各种接口，实现与海关、货主等关系部门的数据共享和交换，实现物流系统和 GPS 系统、专业的企业财务管理系统、企业 ERP 系统等的对接。

视野拓展 9-1

FedEx 的信息管理系统

总部位于美国田纳西州的 FedEx 是全球规模最大的快递公司之一。该公司的员工数量超过 14.5 万人，拥有 648 架货运飞机、4.45 万辆货运汽车、4.35 万个送货点。FedEx 的物流网络覆盖了全球绝大多数国家和地区，在全球 366 个大小机场拥有航权。该公司营运的主要特点是充分利用并发挥电子信息与网络化技术的优势。公司在全球范围内使用统一的 FedEx 物流管理软件，拥有 Powerships、FedEx Ships 和 InterNetShips 3 个信息系统。其中投入使用的 Powerships 系统超过 10 万套，FedEx Ships 和 InterNetShips 系统则超过 100 万套。该公司通过这些信息系统与全球上百万名客户保持密切的联系。每天的货运量约为 1 202 万千克，平均每天处理的货件量超过 330 万件，平均处理通信次数达 50 万次/天，平均电子传输量达 6 300 万份/天，24～48 小时为客户提供户到户送货服务并保证准时的清关服务。

9.2.2 物流企业信息管理系统的功能及层次

作为物流企业进行事务处理、为管理决策者提供信息支持的物流企业信息管理系统，应当具备开放性、可扩展性、灵活性、安全性、协同性、动态性、快速反应、信息集成性、支持远程处理、检测、预警等特征。因此，物流企业信息管理系统要实现对物流企业业务服务全过程的管理。

1. 物流企业信息管理系统的主要功能

物流企业信息管理系统以运输和仓储为主线，管理取货、集货、包装、库存、装卸、分货、配货、加工、信息服务、送货等业务服务的各环节，控制物流服务的全过程。具体而言，物流企业信息管理系统具备以下功能。

（1）集中控制功能

集中控制功能主要对企业业务全过程进行监控，具体包括业务流程的集中管理、各环节的收费管理、各环节的责任管理、各环节的结算管理、各环节的成本管理、运输环节的管理、仓储环节的管理、统计报表系统等，通过对各环节数据进行统计与分析，得出指导企业运营的依据。

（2）运输流程管理功能

运输流程管理功能主要是针对运输流程的各个环节而实施的接单管理、发运管理、到站管理、签收管理和运输过程的单证管理，如路单管理、报关单管理、联运提单管理和海运提单管理等。

（3）车、货调度管理功能

车、货调度管理功能可以解决运输过程中的货物配载、车辆调度、车辆返空等问题。通过使用该功能，物流企业能够更好地利用集装箱的运输空间，更合理地进行车辆的调度，并能圆满地解决大型运输集团中各分公司的车辆返空问题。

（4）仓储管理功能

仓储管理功能针对货物的入库、出库、在库进行管理。其中，在库管理是指对库中作业的管理，特指货物的包装、拆卸、库中调配、配货、拣选等典型的物流服务。通过对出入库货物数量进行计算，可以得出准确的货物结存量。此外，还可以根据物流订单信息进行库存的预测管理。

（5）统计报表管理功能

统计报表管理功能是物流企业信息系统中最主要的信息输出手段，是企业决策者和客户了解业务状况的依据。它既可以提供动态的统计报表，也可以提供多种特定的统计报表，如货物完整率报表、时间达标率报表、延期签收统计报表、业务量分析图、财务结算统计表、物流企业年度经营情况总结报表等。

（6）财务管理功能

财务管理功能是指物流企业对业务中与费用相关的各种数据的管理，并建立物流系统和专业财务系统的数据接口。

（7）客户查询功能

客户查询功能为客户提供灵活多样的查询条件，使客户可以共享物流企业的信息资源，如货物的物流分配状况、货物的在途运输情况、实时的货物跟踪、货物的库存情况、货物的结存情况、货物的残损情况、货物的签收情况等。

（8）客户管理功能

物流业务服务是以客户为中心的服务，因此对任何一个物流企业来说，客户管理系统都是必不可少的。客户管理系统主要由以下3部分组成：托运人管理系统、收件人管理系统、中间承运人管理系统。

2. 物流企业信息管理系统的层次

物流企业信息管理系统是把各种业务活动联结在一起的通道，一般包含4个层次，即数据库管理层、管理控制层、决策分析层和战略管理层，如图9-1所示。

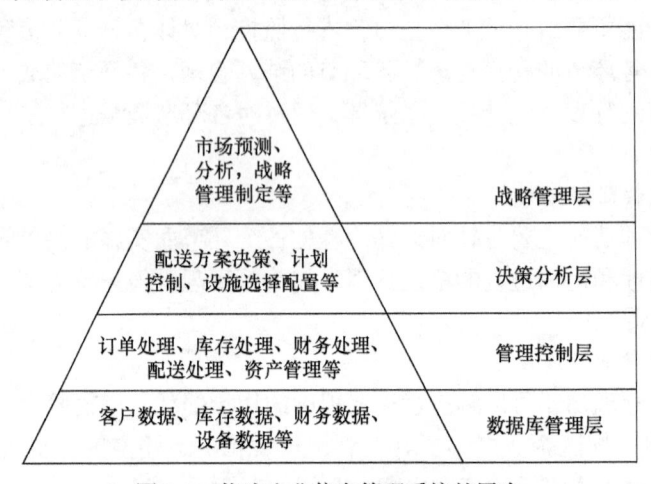

图9-1 物流企业信息管理系统的层次

（1）数据库管理层

对现代物流企业而言，其数据库系统是物流信息系统启动物流活动的最基本的层次。物流企业信息管理系统每天都要产生和处理大量的数据。在数据的使用过程中，有的数据使用后仍有价值，特别是经过处理的数据，如需再次使用则需要储存。数据库的功能是将收集加工的物流信息以数据库的形式加以储存。

（2）管理控制层

管理控制层的主要精力集中在功能衡量报告上。普通的功能衡量包括财务成本分析、顾客服务评价、作业衡量、质量指标等。功能衡量对物流企业非常重要，一般客户都希望通过物流企业的服务，对物流系统进行综合分析，使其提供更多的物流信息并与客户共享，客户可以把这些信息与自身的信息系统集成，为企业决策提供市场和物流信息。

（3）决策分析层

决策分析是指信息系统需要辅助物流企业决策，以协助管理人员鉴别、评估和比较物流战略或策略上的可选方案。典型的决策分析功能包括车辆日常工作计划、存货管理、设施选址、作业比较和成本效益评价。

（4）战略管理层

战略管理层的主要精力集中在信息支持上，包括共同开发和提炼企业战略，这也是决策分析的延伸。物流企业信息管理系统要制定战略层次的内容，必须把其他3个较低层次的数据与企业外部环境反映的各种信息相结合，以评估各种战略的利弊和前景。

9.2.3 物流企业信息管理系统的建设

物流企业信息管理系统是一个动态的、开放的系统，从信息流的角度反映企业的管理，其开发建设需要遵循系统的原则，运用系统的思想。

1. 物流企业信息管理系统建设的原则

物流企业信息管理系统的建设应遵循如下几个指导性原则。

（1）领导者支持原则

物流企业信息管理系统涉及企业的各个部门和作业环节，需要企业人力、物力、财力的配合。这就要求物流企业的领导者参与协调各方面的关系，以确保系统开发的顺利进行。

（2）面向用户原则

建成的物流企业信息管理系统是要由用户来使用的，系统开发的成败与否取决于系统能否被用户接受，是否符合用户的需求，整个系统的操作是否简单明确。这就要求开发者不断与用户进行沟通，及时了解用户的要求和意见。

（3）整体性原则

系统的整体性主要体现在功能目标的一致性和系统结构的有机化上。物流企业信息管理系统不能模拟过去的人工处理形式，而是将各部门分散的信息处理形式整合为一个整体，实现信息资源共享。

（4）相关性原则

物流企业信息管理系统是由多个子系统构成的，各个子系统既有其独立的功能，又相互联系、相互作用。如果一个子系统发生了变化，则其他子系统也要做出相应的改变或调整。

（5）动态适应性原则

物流企业本身是随着市场的变化而不断变化的，物流企业信息管理系统必须具有良好的可扩展性和易维护性，以适应不断变化的企业。因此，物流企业信息管理系统的开发应该具有超前意识和开放性。

（6）工程化与标准化原则

物流企业信息管理系统的开发是一个系统的工程，因此开发者要按照工程化和标准化的方法对开发工作进行管理。例如，科学地划分工作阶段，制定阶段性考核标准，分步组织实施，技术文件和成果按标准存档，系统中所用的各种符号标识要符合相关标准，等等。

2. 物流企业信息管理系统建设的内容

物流企业信息管理系统建设包含两部分内容：硬件部分和软件部分。其中，硬件部分包含计算机/网络通信基础设施和各种物流工具；软件部分包含操作系统及通信协议、数据库和业务处理系统等，运行在底层的硬件设施和各种物流工具之上。物流企业信息管理系统的软件部分又可分为物流企业子系统、运输工具子系统、现场子系统、用户子系统、行业管理子系统等。物流企业信息管理系统建设的内容如图 9-2 所示。

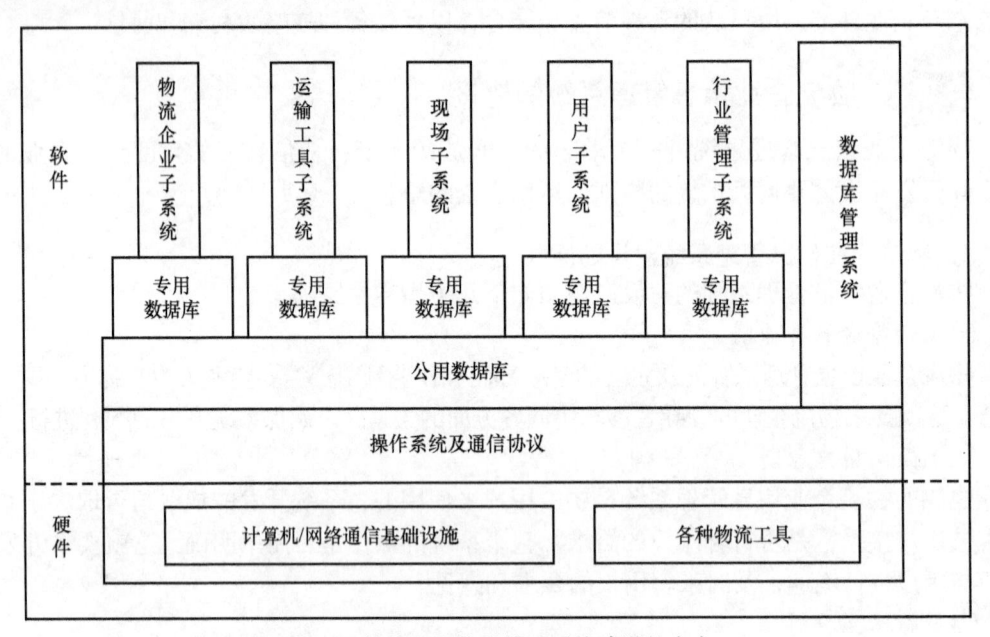

图 9-2　物流企业信息管理系统建设的内容

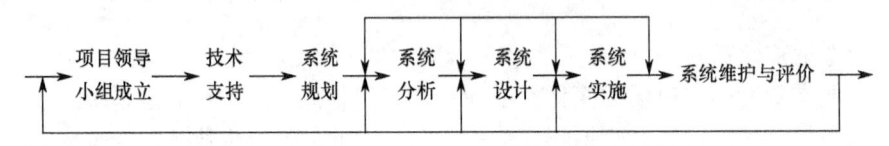

3. 物流企业信息管理系统建设的一般过程

物流企业信息管理系统的建设是一项系统性相当强的工作，其建设过程涉及人、财、物等资源的合理组织、调度和使用，涉及组织管理工作的改进和工作模式的变迁。对于任何一个项目，都有一个从问题的提出、论证到问题的分析、方案的设计，直到方案的实施和评价的过程，物流企业信息管理系统的建设也有其一般过程，如图 9-3 所示。

图 9-3　物流企业信息管理系统建设的一般过程

物流企业信息管理系统的建设是一个动态的过程。系统建设中每一步骤的输出都作为下一步骤的输入，同时作为前面步骤的动态反馈。物流企业信息管理系统就是在这种运动过程中进行动态调整，不断提高和完善的。

9.3　物流企业信息管理的经济效益分析

物流企业信息管理的经济效益是指物流企业信息管理系统带来的货币成果与为此所付出的资源费用的比值或差值。在具体分析物流企业信息管理的经济效益时，一般应从信息管理系统的成本和经济收益两个方面来测定其经济效益状况，进而提出明确的建设、开发、运行、管理措施和手段。

9.3.1 物流企业信息管理系统的成本及其测定

物流企业信息管理系统的建设、开发、维护呈现周期性特点，为了保证系统的功能，必须保证其开发、运行、维护费用，以促进企业生产、经营活动的持续运转。一般而言，物流企业信息管理系统的成本由下列4项构成。

1. 硬件成本

硬件成本是指物流企业购置计算机系统的一次性购置费用或租赁费用。这些设备按固定资产形式管理，以折旧的方式摊入成本。这种分摊以各应用部门对硬件资源的占用情况进行分配，包括对主机外部存储器、通信设施和线路的占用，以及对终端和其他外部设备的占用等。设备折旧的期限按照计算机的估计寿命来确定。

在具体计算物流企业信息管理系统的硬件成本时，可利用结构化方法完成系统硬件成本的测算。根据系统不同阶段、不同部门对硬件功能的要求，分别测算系统各不同部分的硬件成本，再采用自下而上、逐级汇总的方法，得到系统硬件的总成本。

2. 软件成本

软件成本包括物流企业外购软件和自行开发软件所需的费用。国外一些企业在财务管理中把管理信息系统的软件成本列入"无形资产"一类，与有形资产的效用和处理方法相似。我国一些企业直接将开发或购买软件时花费的资金作为计算软件成本的依据。

3. 维护与维修成本

物流企业信息管理系统的维护与维修成本可根据经验做一般的预算估计。对用户而言，类似于预提成本。理论上也可按一定时期的实际发生额来核算，但这会造成成本较大的波动，不利于系统开发者和用户双方的控制与管理。在具体核算物流企业信息管理系统的维护与维修成本时，可根据企业的财务报表来测算。

4. 运行成本

运行成本是指物流企业信息管理系统的操作、运行及人员费用。这部分费用主要包括系统运行中发生的各项易耗品的损耗，如打印纸、墨粉等，以及人员的管理费用。物流企业信息管理系统的运行成本是保证整个系统正常运行不可或缺的一部分。在具体计算这部分成本时，也可根据企业的财务报表来测算。

目前，随着信息处理技术的不断发展和进步，物流企业信息管理系统的总成本趋势是硬件成本所占比重逐步下降，软件成本和服务成本的比重逐步上升。

9.3.2 物流企业信息管理系统的经济收益及其测定

物流企业信息管理系统的经济收益是指在物流企业信息管理系统开发、运行过程中的产出，它反映了物流企业信息管理系统整体效益的状态，是物流企业信息管理系统开发、建设的重要参考。物流企业信息管理系统的经济收益主要包括以下内容。

1. 财务收益

物流企业信息管理系统的财务收益是指物流企业信息管理系统实施后，在运行过程中能够以货币度量的产出。其主要来源有 3 个方面：①物流企业信息管理系统实施后，由于物流企业生产的产品产量的增加而带来的收益；②物流企业信息管理系统实施后，新的业务开展所带来的收益；③物流企业信息管理系统实施后，可使整个物流企业的生产科学化、合理化，降低整个物流企业的产品成本，由此带来的收益。

在具体计算物流企业信息管理系统的财务收益时，可采用马克·尤里·波拉特（Marc U. Porat）的信息管理系统收益基本理论，完成财务收益的核算。波拉特将信息管理系统的财务收益分为两部分：一级信息部门所创造的价值和二级信息部门所创造的价值，如表 9-3 所示。

表 9-3 波拉特信息管理系统的财务收益

分类	一级信息部门	二级信息部门
含义	直接从事信息系统操作、维护的部门	未直接从事信息系统操作的部门
收益	一级信息部门的人员所处理的业务，直接为物流企业增加了经济效益，因而成为信息管理系统增加值的重要组成部分	二级信息部门的人员虽未直接从事信息管理系统实施后的有关经营活动，但由于信息管理系统的实施提高了其工作效率，因此也能产生经济效益

另外，在核算物流企业信息管理系统的财务收益时，应以系统实施后 5~8 年内物流企业累计收入的百分比进行折算。一般来说，物流企业信息管理系统实施后，将为物流企业提高 5%~15%的效率，在进行收入核算时，可参照这一比例。

2. 管理收益

物流企业信息管理系统的管理收益是指物流企业信息管理系统实施后，由于管理技术和手段的进一步提高和推陈出新，提高了物流企业的生产效率、生产组织的协调性和科学性，由此带来的收益。这部分产出没有一定的实物形态可以参照，往往难以用货币直接加以度量。管理收益的主要来源有：管理手段的不断提高带来的收益、专业化水平的不断改进带来的收益、生产组织的科学化和协调化带来的收益、决策的科学化带来的收益。

物流企业信息管理系统实施后，物流企业的组织机构、组织管理形式也必定有相应的调整，以适应信息管理系统的运行要求，提高物流企业的数据处理速度及业务处理能力，加强物流企业信息共享的广度，促进决策的科学化、合理化。

在具体核算物流企业信息管理系统的管理收益时，在数量上难以将其量化，普遍的核算方法是将其进行折算，一般的折算比例为 5%~15%。

9.3.3 物流企业信息管理系统经济效益的评价

物流企业对信息管理系统经济效益的正确评价，可以为企业决策者提供大量的关键信息，有利于企业根据不同情况采取行之有效的措施，提高企业的整体盈利能力。物流企业信息管理系统经济效益的正确评价务必包含完整的评价内容、全面的评价指标和科学的评价方法。

1. 物流企业信息管理系统经济效益评价内容的确定

根据结构化分析方法确定要评价的内容，主要包括以下 3 个方面。

（1）物流企业信息管理系统开发阶段经济效益的评价

物流企业信息管理系统开发阶段主要是根据物流企业的发展规划选择合适的技术标准，完成物流企业信息管理系统的论证、分析、实施工作。这一阶段的主要分析内容是物流企业信息管理系统的成本，即针对物流企业在投资建设过程中所实现的目标，分析物流企业信息管理系统的投资成本是否符合物流企业目标的实现。这一阶段的经济效益主要体现为物流企业信息管理系统成本消耗是否与企业目标匹配，有没有不必要的资金消耗和浪费。

（2）物流企业信息管理系统运行阶段经济效益的评价

物流企业信息管理系统运行过程中所体现的经济效益主要有：物流企业通过信息管理系统的运行，使企业整体产品成本下降、产品产量增加、产品质量提高、资金周转效率不断加快，由此取得的经济效益；物流企业信息管理系统的实施，促进了管理组织的合理化，管理方法的规范化、科学化，提高了生产效率和管理效率，由此取得的经济效益。

（3）物流企业信息管理系统管理经济效益的评价

物流企业信息管理系统的实施整合了物流企业内部与外部的资源，扩大了信息共享的广度，使物流企业生产的科学化程度逐步提高，增强了物流企业的盈利能力。在物流企业开发、实施、运行的不同阶段，通过实施不同的管理策略，可有效提升物流企业的经济效益。

2. 物流企业信息管理系统经济效益评价指标体系的设计

物流企业信息管理系统经济效益评价指标体系的设计应根据实际情况对不同的评价对象和评价目的进行灵活处理。一般而言，评价指标体系设计主要包括以下内容。

（1）明确评价对象和评价目的

这是评价指标体系设计的首要任务。这里研究的是物流企业信息管理系统的经济效益，在设定指标时，应体现出物流企业信息管理系统的经济效益状况。

（2）设定评价指标体系的边界

在明确了评价对象和评价目的后，就要设定评价指标体系的边界，即拟订指标的层次及各层次指标的数量。并不是指标的层次和数量越多越好，有时指标的层次和数量太多，反而会降低评价的精度，也会增加评价的工作量。因此，必须设定一个恰当的层次和数量边界。

（3）设计评价指标

这一步要求必须对物流企业信息管理系统有深入的了解和研究。在充分分析物流企业信息管理系统运行、管理的基础之上，提出反映物流企业信息管理系统经济效益的各项指标。

（4）确定指标体系的结构

在得到各项指标后，要进一步确定各指标之间的相互关系，然后对指标进行筛选，将相关性较强的指标排除，以确保指标之间具有不包容性。同时，对那些评价价值较低的指标也予以排除，只保留重要指标。

（5）运行、检验和修正

将所构造的评价指标体系放在实践中运行，予以检验，并根据检验情况进行必要的修正，最后得到完整的评价指标体系。

3. 物流企业信息管理系统经济效益的评价方法

物流企业可根据层次分析理论，利用物流企业信息管理系统层次模型，使用层次分析法进行经济效益评价。层次分析法的过程如表9-4所示。

表9-4　层次分析法的过程

序号	步骤	内容
1	计算各指标得分	根据层次分析法的结构模型设计调查表，向该领域专家发放调查表，请各位专家对该信息管理系统经济效益评价指标体系各层次指标的相对重要程度做出判定
2	得出各指标权重	根据构造判断矩阵的原则及层次分析理论，计算得到各指标对应的权重
3	一致性检验	根据层次分析理论，对所构造的判断矩阵进行一致性检验，一致性比率小于10%，说明各不同判断矩阵通过一致性检验
4	建立层次模型	对通过检验的各项指标建立层次分析模型
5	计算评价值	利用评价值可确定信息管理系统经济效益的等级值，从而实现对信息管理系统的评价

视野拓展 9-2

安吉物流公司的 IT 系统

安吉物流公司是为客户提供一体化、技术化、网络化、透明化的汽车物流供应链服务的第三方物流供应商，其业务包含整车物流、零部件物流、口岸物流、航运物流、国际物流及信息技术六大板块，是目前国内最大的汽车物流服务供应商之一。

"IT 系统支撑下的物流服务商，能给客户提供更好的服务，让他们觉得我们确实比只简单提供仓库和车辆资源的物流企业有价值。"安吉物流公司信息技术部经理说道。在整车物流时代，IT 系统已成为安吉物流公司的核心竞争力之一。IT 系统不仅支持了安吉物流公司的业务延展，还为其带来了直接效益。

在满足客户差异化需求的同时，安吉物流公司还利用 IT 系统中的物流信息，给整车厂提供更深层次的数据服务。这一由 IT 系统产生的"副产品"成为安吉物流公司追求差异化竞争的核心竞争力之一。整车厂都非常渴望获取第一手数据，如未调度订单、在途商品、未结算订单、运输公司负荷情况、运输工具使用情况、质损订单、库存状况等信息。安吉物流公司将继续做深层次的数据挖掘。这块市场的前景很好，已经有多家整车厂对安吉物流公司的信息管理模式感兴趣，吸引它们的正是安吉物流公司的供应链信息服务。

课后习题

一、判断题

1. 物流企业信息是反映物流企业活动中各种相关内容的图像、数据、文件、资料等的总称，一般包括企业内部信息和企业外部信息。（   ）
2. 信息管理的根本目的是控制信息流向，实现信息的效用和价值。（   ）
3. 信息的收集是整个企业信息管理中工作量最小、最不占人力的环节。（   ）
4. 时间传递是指信息在空间范围内的广泛传递。（   ）
5. 物流企业信息管理系统建设的内容包括硬件部分和软件部分。（   ）

二、单项选择题

1. 企业外部信息不包括（   ）。
   A．政治信息　　　B．财务信息　　　C．经济信息　　　D．科技发展信息
2. 以下不属于物流企业信息管理特征的是（   ）。
   A．物流控制信息流　　　　　　　B．信息量大
   C．信息动态性强　　　　　　　　D．信息来源多样化
3. 依据信息传递的层次不同，可以将信息传递方式分为（   ）。
   A．单向传递和双向传递　　　　　B．直接传递和间接传递
   C．时间传递和空间传递　　　　　D．人工传递和非人工传递
4. 客户管理功能不包括（   ）。
   A．托运人管理　　　　　　　　　B．收件人管理
   C．中间承运人管理　　　　　　　D．客户查询
5. 物流企业信息管理系统的建设原则有（   ）。
   A．领导者支持原则　B．面向用户原则　C．整体性原则　D．以上都是

三、多项选择题

1. 物流企业的内部信息包括（   ）。
   A．财务信息　　　B．竞争信息　　　C．人力资源信息　D．设施设备信息
2. 物流企业信息管理系统的成本包括（   ）。
   A．硬件成本　　　　　　　　　　B．软件成本
   C．维护与维修成本　　　　　　　D．运行成本
3. 物流企业信息管理系统的经济收益包括（   ）。
   A．财务收益　　　　　　　　　　B．产品收益
   C．服务收益　　　　　　　　　　D．管理收益
4. 物流企业信息管理系统的软件层包括（   ）。
   A．企业子系统　　　　　　　　　B．运输工具子系统
   C．现场子系统　　　　　　　　　D．用户子系统
5. 企业经济活动的信息包括（   ）。

A．企业状况信息　　　　　　　B．运作过程信息
C．工艺、流程、技术信息　　　D．营销信息

四、简答题

1．物流企业的信息有哪些？
2．物流企业信息管理的特征是什么？
3．物流企业信息管理系统建设的原则有哪些？
4．物流企业信息管理系统经济效益分析的含义是什么？
5．物流企业信息管理系统经济效益评价的内容有哪些？

任务实训

1．实训目的

理解物流企业信息管理可以为物流企业管理者及其他组织管理人员提供战略、战术及运作决策的支持，以达到组织的战略竞优，提高物流运作的效率与效益。

2．背景材料

海尔集团的信息化管理

海尔集团借助全面的信息化管理手段，整合全球资源，快速响应市场，取得了极大的成功。海尔集团借助先进的信息技术，发动了一场管理革命：以市场链为纽带，以订单信息流为中心，带动物流和资金流的运动。通过整合全球资源和用户资源，海尔集团逐步向"零库存、零营运资本和（与用户）零距离"的终极目标迈进。

（1）以市场链为纽带重构业务流程

海尔集团现有10 800多个产品品种，平均每天开发1.3个新产品，每天有5万个产品出库；每年的资金运作进出达996亿元，平均每天需做2.76亿元结算、1 800多笔账；在全球有近1 000家供方（其中世界500强企业44个），营销网络53 000多个；拥有15个设计中心和3 000多名海外经理人。如此庞大的业务体系，依靠传统的金字塔式管理架构或矩阵式模式，很难维持海尔集团的正常运转，业务流程重组势在必行。经过总结多年的管理经验，海尔集团探索出了一套市场链管理模式。简单地说，市场链就是把外部市场效益内部化。过去，企业和市场之间有条鸿沟，在企业内部，员工之间的关系也只是上下级或同事关系。如果被市场投诉了，或者产品滞销了，最着急的是企业领导人。下面的员工可能也很着急，但是使不上劲。海尔集团不仅让整个企业面对市场，而且让企业里的每个员工都面对市场，把市场机制成功地导入企业的内部管理，把员工之间的上下级和同事关系转变为市场关系，形成内部的市场链机制。员工之间实施SST，即索赔、索酬、跳闸：如果你的服务好，下道工序会给你报酬，否则会向你索赔或"亮红牌"。

结合市场链模式，海尔集团对组织结构和业务流程进行了调整，把原来各事业部的业务全部分离出来，整合成商流推进本部、海外推进本部、资金流推进本部，实行全集团统

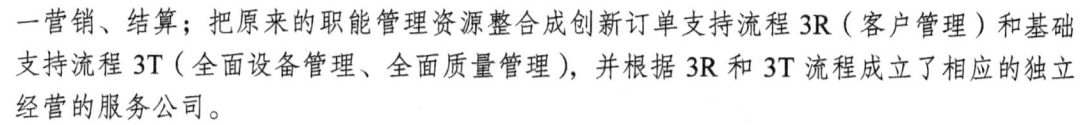

一营销、结算；把原来的职能管理资源整合成创新订单支持流程 3R（客户管理）和基础支持流程 3T（全面设备管理、全面质量管理），并根据 3R 和 3T 流程成立了相应的独立经营的服务公司。

（2）快速响应客户需求

在业务流程再造的基础上，海尔集团形成了"前台一张网，后台一条链"（前台一张网是指海尔集团的客户关系管理网站，后台一条链是指海尔集团的市场链）的闭环系统，构筑了企业内部供应链系统、ERP 系统、物流配送系统、资金流管理结算系统和遍布全国各地的分销管理系统及客户服务响应系统，并形成了以订单信息流为核心的各子系统之间无缝衔接的系统集成。海尔集团的 ERP 系统和 CRM 系统的目标是一致的，都是快速响应市场和客户的需求。前台的客户关系管理网站作为与客户快速沟通的桥梁，快速收集、反馈客户的需求，实现与客户的零距离沟通；后台的 ERP 系统可以将客户的需求快速传递到供应链系统、物流配送系统、财务结算系统和客户服务系统等流程系统，实现对客户需求的协同服务，大大缩短了对客户需求的响应时间。海尔集团于 2000 年 3 月 10 日投资成立海尔电子商务有限公司，全面开展面对面的 B2B 业务和针对消费者个性化需求的 B2C 业务。通过电子商务平台和定制平台与终端建立紧密的互联网关系，海尔集团建立了动态企业联盟，以达到双赢的目标，提高双方的市场竞争力。在海尔集团搭建的电子商务平台上，企业和消费者可实现互动沟通，使信息增值。面对个人消费者，海尔集团可以实现全国范围内的网上业务。消费者可以在海尔集团的网站上浏览商品、选购商品、支付，然后在家里静候海尔集团的快捷配送及安装服务。

3．实训任务

① 为什么海尔集团的业务管理可以带来新的改变和成功？
② 试分析海尔集团的信息化管理"闭环系统"的优势。

4．实训步骤

（1）个人阅读/小组分组

老师督促学生进行个人阅读，并让其在课前完成。建议 3～5 人一组，老师监督分组情况和任务进度。针对学生的特点，在课堂上老师再花费 5～10 分钟对案例学习要点及相关背景进行简单的陈述。

（2）案例开场白

为什么海尔集团的业务管理可以带来新的改变和成功？

（3）小组讨论/报告

该步骤主要在课堂上进行，持续 20～30 分钟，主要围绕实训任务中的两个问题展开，学生也可自行增加感兴趣的部分。小组报告的内容应尽可能是小组成员达成共识的内容，对于未达成共识的内容可以单独提出讨论。每个小组将讨论要点的关键词按小组抄写在黑板上的指定位置并进行简要报告，便于课堂上的互动。

（4）师生互动

该步骤主要在课堂上进行，持续 30～40 分钟，老师针对学生的报告和问题与学生互动，同时带领学生对本章关键知识点进行回顾，并了解学生还有哪些问题或困惑，激发学生的学习兴趣，使学生自觉在课后进一步查询相关资料并进行系统的回顾与总结。

（5）课后作业

根据课堂讨论，要求每位学生进一步回顾本章知识点，以小组为单位形成正式的实训报告。报告要观点鲜明、思路清晰、逻辑严密、论证翔实。

（6）考核

老师根据学生的课堂表现和实训报告质量，评定实训成绩。

第 10 章
物流企业的现代化管理

学习目标

- 掌握物流企业观念现代化的含义、意义和内容。
- 了解物流企业的组织现代化、物流一体化、供应链一体化及国际化的内容。
- 掌握物流企业技术现代化的含义、应用和研发趋势。
- 了解物流企业的管理标准、管理手段和管理系统的现代化。

引 例

易流公司的物流"透明革命"

深圳市易流科技股份有限公司（以下简称易流公司）是中国领先的供应链物流数字化服务运营商，助推物流产业数字化转型，致力于构建供应链物流行业数字化的基础设施。易流公司的服务包括：①针对供应链物流企业提供全方位供应链物联网（Internet of Things，IoT）物流透明数字化解决方案；②针对供应链物流企业提供以 IoT 物流透明数字化为基础的物流数字化公共服务；③针对政府行业主管部门提供 IoT 数字化行业监管平台开发和运营维护服务；④针对中小物流 IoT 生态伙伴，提供全方位技术赋能；⑤针对行业协会，提供 IoT 数字化物流供应链协同平台开发和运营维护。

作为物流透明理论的提出者和践行者、物流透明服务专家，易流公司已为全国 40 000 多家物流企业和 3 000 多家货主企业提供了物流透明服务。通过提供软硬件一体化的技术和服务，易流公司实现了物流基础设施的 IoT 化，供应链全链条的数字化和物流全场景的智能化，打造物流透明生态体系，在安全、效率、成本和体验 4 个方面赋能供应链物流数字化升级。易流公司的云平台目前拥有 160 多万辆在线车辆、170 多万名司机用户，在制造、冷链、快递、新零售、餐饮、商超等多个细分领域占据行业重要地位。其中在冷链领域，易流公司已经连接了超过 5 万辆冷链运输车辆，全国覆盖率达 30%以上，拥有领先的市场地位。2018 年，菜鸟网络战略投资易流公司，双方达成深度战略合作关系。易流公司以技术赋能者的身份参与建设国家智能物流骨干网，与菜鸟网络携手助推中国供应链物流行业的数字化进程。

辩证与思考：

易流公司为什么要提出以透明物流改变传统物流？

答案解析：

易流公司提出以透明物流改变传统物流的原因可以从以下4个方面分析。

（1）行业背景

当前，我国社会物流总费用占GDP的比例接近20%，而发达国家不到10%。我国卡车日行里程数约为300千米，而在发达国家，这个数字基本达到1 000千米。不得不说，国内的公路物流效率低下，是造成中国物流发展落后的一大因素。低下的运输效率又将直接导致企业回报率降低。

（2）安全问题

研究发现，影响我国公路运输效率的因素之一是生产企业自身对产成品的运输过程缺乏一定的规划与监督，容易造成车辆"失控"。例如，一些司机与不法分子相互勾结，利用假冒和高仿产品掉包合格产品，从中赚取差价，牟取私利。虽然企业可以制定一些规则杜绝此类事情的发生，但是由于缺乏相应的监督机制，使这些规则根本无法真正落实。

（3）效率问题

影响我国公路运输效率的另一因素主要集中在企业产品的验货入库环节。例如，在运输过程中，车辆除了行驶时间，其他时间多半处在验货入库的等待中。如果可以通过某种手段缩短此环节的操作时间，必然会大大提高车辆的运输效率。

（4）市场需求

传统物流模式存在安全、效率等诸多问题，已经无法满足物流市场的发展需求，改革传统物流模式势在必行。导致传统物流模式存在诸多问题的主要原因是信息的不对称与不透明，因此，物流的"透明革命"应运而生。

在物流行业，物流管理不仅是生产中的某个环节，还是连接生产企业和消费者的纽带。在社会及经济快速发展的趋势下，物流管理的模式正在发生深刻的变革，不论是从前还是当下，变革都是时代的重要话题。如今，传统的物流管理模式已无法满足当下社会发展的各方面需求，物流管理现代化变革的发生是无法避免的，也是自然而然的。

10.1 物流企业的观念现代化

物流企业在实践中形成了新的思维，人们认识到物流管理对企业制定战略、形成竞争优势、降低物流成本、提高服务水平、提高企业竞争力有很大的助力。在这种思维的转变过程中，物流外部委托与第四方物流逐渐兴起。同时，供应商、制造商和分销商构成了战略联盟伙伴关系，物流企业超越了组织机构的界限，促进了物流企业专业化、现代化的发展。

10.1.1 物流企业观念现代化的含义

物流企业的观念是指物流企业运营管理的哲学和思维方式。物流企业观念的现代化指的是，从事企业管理的人员应当认识到，知识成为物流企业中最重要的生产要素，信息技术成为物流企业的物质基础，技术创新成为物流企业发展的内在动力源，科技化人力资源成为物流企业发展的核心力量。

10.1.2 物流企业观念现代化的意义

随着现代科技和全球经济一体化的发展，现代物流业已成为各国大力发展的黄金产业。现代物流在经济社会发展进程中所起的作用越来越明显，物流企业观念现代化对于大力发展现代物流具有重要的意义。

1. 物流企业观念现代化是提升产业化水平、推进产业现代化的必然要求

物流是指原材料、产成品从起点至终点及相关信息有效流动的过程。物流企业观念现代化是运用全新的管理理念，通过对物流全过程及多要素的计划、实施和控制，将运输、仓储、装卸、加工、整理、配送、信息处理等环节有机结合，形成完整的供应链，从而为客户提供高效率、多功能、一体化的综合性服务。

2. 物流企业观念现代化是提高企业经营效率和市场竞争力的重要保障

落后的物流企业观念和巨大的库存占压资金，使我国众多物流企业资本周转缓慢；同时传统物流"大而全""小而全"的经营方式，让各种物流方式之间互不关联，导致物流过程中的物品损耗严重。物流企业观念现代化促进现代物流产业发展，可以大大降低物流费用，一方面可以极大地减少库存占压资金，另一方面有助于减少由于低水平、条块分割的传统物流方式造成的大量物耗。

3. 物流企业观念现代化是一个国家产业化水平和综合竞争力的重要内容

从世界经济发展过程来看，物流的高度发展与工业化发展的过程是一致的。英国工业革命后"世界工厂"的形成、日本经济奇迹及其工业化进程都得益于先进的物流系统。物流企业观念现代化是建立和运用先进物流体系、提高综合竞争力的重要构成。

10.1.3 物流企业观念现代化的内容

无论是物流企业、从业人员，还是政府主管部门，都要以先进的观念来武装自己。特别是物流企业，要摈弃狭隘、自私、落后的传统观念，代之以系统思维、创新精神、长远眼光、全球视角、开放意识，以满足客户需求为价值取向，追求客户的最佳体验。

1. 知识成为物流企业最重要的生产要素

知识是推动企业和社会经济增长的"发动机"。物流企业要实现高效、优化的组织管理，首先要掌握科学的管理知识，一切以市场为导向，以服务为中心，优化物流企业内外部经营环境，加快流通速度，不断调整资源配置的变化方向，促进企业的良性发展。

2. 信息技术成为物流企业的物质基础

现代物流与传统运输、仓储之间的一个很大区别在于对信息技术的应用。信息技术使物流企业处于一种动态的自动化、电子化关系之中。信息网络技术的功能在很大程度上抵消了单个物流企业规模经济的优势。即使是一个大型物流企业，如果没有信息技术的支持，也无法高效率地发挥其功能。相反，一个小型物流企业，只要加入社会信息流动或与其他企业结成战略联盟，从企业外部获得足够的信息与技术支持，同样能够充分发挥其功能。

3. 技术创新成为物流企业发展的内在动力

物流企业面临的市场环境正在发生巨大的变革，客户的物流需求向物流企业提出了许多新的课题，要求物流企业在引入新技术的同时不断创新。在技术的企业化过程中会存在一些难以解决的瓶颈问题，而技术创新的本质特征就在于将研究开发与经济发展有效地结合起来。

4. 人力资源科技化成为物流企业发展的核心力量

在知识密集型产业中，最重要的生产要素是劳动者的知识水平。在物流服务业发展中，科技人员在劳动力中所占比例明显上升，成为物流企业发展过程中的核心力量。物流企业的发展要求人才的专业化程度不断加深，要求人才能够全面发展，以适应多变的外部环境。物流企业要迎接时代的挑战，就必须广泛吸引各种高科技人才并给予其施展才华的机会。

> **视野拓展 10-1**
>
> **"快递柜双雄"丰巢和中邮智递合并**
>
> 2020年5月5日，顺丰控股发布公告宣布，丰巢拟与中邮智递进行股权重组，丰巢与中邮智递及其股东中邮资本、三泰控股、浙江驿宝、明德控股拟签署一揽子交易协议。至此，中邮智递将成为丰巢集团的全资子公司。
>
> 在新冠肺炎疫情防控期间，"无接触配送"几乎成为物流行业的标配，快递柜、无人机、智能配送机器人等概念又"火"了起来。快递"最后一公里"的覆盖是社会资本聚焦的重点，尤其是智能快递柜的布局。目前，丰巢快递柜已在超过100个重点城市联手5.7万多家物业企业，完成了超过17万个网点布局，累计服务于全国200万名收派员，触达2亿名消费者。

10.2 物流企业的结构现代化

很多在计划经济时期创立的企业，当前正面临资产重组和企业再造，这正是将物流业务进行重新调整的最好时机，即把企业的物流业务交给专业的物流公司。这一现状迫使物流企业向现代化不断迈进。

10.2.1 物流企业的组织现代化

传统物流企业的组织结构具有管理严密、分工细致的优点。但是，随着管理层级的增加，信息沟通日益复杂，花在管理层级间协商的费用大增，金字塔底层员工的积极性、创造性受到严重影响。伴随着科技的进步和时间成本的增加，过度的层级化成为许多传统物流企业的发展瓶颈，简化组织结构成为物流企业组织现代化的基本思路，组织的灵活性、适应性日益成为物流企业生存的基本条件。

物流企业组织的现代化不仅在于能够建成一种新的结构，还在于能适应人们的心理需要，形成全力，从而提高组织效率，尽快完成组织目标。

由于技术的发展和劳动队伍的专业化、知识化，物流企业组织必须以信息为中心，原来由管理人员完成的许多任务，可以交给信息系统去完成。因此，组织的层级减少了，各层级之间的通信节点和环节削减了，但每一通信渠道的信息传递量增加了，每一中层管理节点对下层的监控范围扩大了，物流企业高层领导与下层经理之间的合作与协调关系加强了。传统的管理幅度原则正在被新的信息沟通幅度原则取代。

现代社会的一个发展趋势是综合化。协同工作可以集中不同职业、不同专长的人的意见，从而提高工作质量和工作效率，使改进不断进行。物流企业不仅要在内部协同工作，还要在外部与供应商、客户协同工作；同时，现代化的通信手段是有关各方相互沟通、实现协同工作的重要物质保障。

10.2.2 物流企业的物流一体化

1. 物流一体化的含义

物流一体化（Integrated Logistics）是指将原料、半成品和成品的生产、供应、销售结合成有机整体，实现流通与生产的纽带和促进关系。物流一体化应用系统的方法，充分考虑整个物流过程及影响此过程的各种环境因素，对商品的实物流动进行整体规划和运行。物流一体化的目标是将市场、分销网络、制造过程和采购活动联系起来，以实现客户服务的高水平和低成本，从而获得竞争优势。

最初的物流一体化主要针对企业内部的各职能部门的协调，是对实物配送、生产支持和采购业务的资源的计划、分配和控制过程进行系统的管理。20 世纪 80 年代以后，物流管理的重点由物资储运管理转变为物流战略管理，企业超越了现有的组织机构界限，将供货商和客户纳入管理范围，作为物流管理的中心内容，利用物流的自身条件建立和发展与供货商、客户的合作关系，形成一种联合力量，以获得竞争优势。

2. 物流一体化的优势

物流的关键是在从原材料到客户的整个过程中管理商品的流动。物流管理需要把所有连接供需市场的活动作为相互联系的系统对待。物流一体化的重点是从狭窄的功能定位转向价值增值服务市场。实践证明，价值增值的管理是最有效的，它关注的是商品的流动而不是传统观念的功能分割或局部效率。物流一体化的优点如下。

（1）有利于重建产销关系

物流一体化把生产与流通结合成为经济利益共同体，可扭转生产行业与流通行业的利益对立状况，形成生产与流通相互调控、自觉合作的利益机制，从经济利益上激发商品流通部门参与生产的积极性，通过开拓市场来引导生产，通过组织规模流通促进规模生产，建立流通对生产的引导地位，重建产、供、销关系。

（2）有利于发挥"蓄水池"作用

物流一体化可促使流通部门从共同利益出发，协调产、供、销矛盾，平衡市场供应。通过旺收淡放、滞储畅销，在更大程度上发挥流通对生产的引导作用。

（3）有利于优化运营环境

物流一体化通过相互参股等形式，不仅可以达到优化社会资源配置的效果，还可以达到优化社会整体经济运行环境的功能，使市场真正"活起来"，使宏观调控更加有效和畅通。

10.2.3 物流企业的供应链一体化

1. 供应链一体化的含义

随着物流一体化的深入发展，物流的范围不断扩大。迈克尔·波特最先提出了"价值链"的概念，在此基础上形成了比较完整的供应链理论。供应链包括物流一体化，又超越了物流本身，向着物流、商流、信息流、价值流的方向同时发展，形成了一套相对独立的体系。供应链包括4个并行的分链：物流链、信息链、价值链和技术链。因此，供应链管理包括4个部分：物流管理、信息管理、价值（资金）管理和服务（技术）管理，这4个部分是综合的有机整体，这种管理是一个集成化管理。

供应链一体化是指在将产品与服务提供给最终客户的过程中，由所有参与活动的上下游企业构成的网络。在供应链管理架构下，供应链一体化强调跨企业的整合，使客户关系的维护与管理变得越来越重要。

2. 供应链一体化的实现条件

供应链一体化的实现，需要上下游企业内部广泛合作，即在产品的生产和流通过程中所涉及的原材料供应商、生产企业、批发商、零售商和最终客户之间，通过密切合作，实现以最小的成本为客户提供最优质的服务并实现最大的商品购买价值。

供应链一体化特别强调核心企业与相关企业的协调关系，通过信息共享、技术扩散、资源优化配置和有效的价值链激励机制等方法来实现供应链一体化。

10.2.4 物流企业的国际化

经济全球化进程的加快对整个世界的经济结构和产业结构都产生了重大影响。全球贸易的发展、对外直接投资的增加、跨国公司的国际渗透，再加上20世纪60年代以来的金融创新等因素的协力作用，最终形成了经济全球化格局。经济全球化最大的特点就是生产经营活动和资源配置的过程是在世界范围内进行的，这是物流国际化的重要基础。

1. 物流企业国际化的发展趋势

全球资本市场的成长和整合、信息和通信技术的进步，创造了一个正在成长的全球市场。物流企业的国际化是指为获得竞争优势并增加盈利，在全球范围内协调生产和流通活动，对物流企业的国际化活动进行有效管理，是物流企业国际化经营成功的关键。目前，物流企业国际化发展趋势体现为服务化、信息化、智能化和环保化，如图 10-1 所示。

图 10-1 物流企业国际化发展趋势

2. 物流企业国际化面临的问题

① 物流环境适应性要求高，风险大。物流企业的国际化要面对一个很复杂的问题，就是各国物流环境的差异，尤其是物流软环境的差异。

② 物流系统范围广，需要国际服务业的支持。物流的功能要素、系统及与外界的沟通本身就很复杂，国际化运作的物流企业在这些问题的基础上还要考虑不同国家的情况。

③ 必须有国际化信息系统的支持。国际化信息系统是国际物流尤其是国际联运非常重要的支持手段。

④ 物流的标准化要求较高。要使国际间物流畅通起来，统一标准是非常重要的。

> **§知识链接 10-1**
>
> **物流企业国际化的两种进入方式**
>
> 物流企业国际化包括主动进入和追随进入两种方式。出于占领新兴区域市场、完善业务网络的考虑，跨国物流企业往往采取主动进入的方式。作为第三产业，物流产业的市场规模取决于第一产业和第二产业的发展水平，这使经济获得快速发展的地区成为物流企业争夺的市场。
>
> 由于文化背景、经济运行模式不同，具有东方文化背景的物流企业更多地采取追随进入方式。例如，在日本制造业对华投资的推动下，大批日本物流企业追随制造企业进入中国市场，相继在上海、广东设立物流配送中心，为在华日资企业和日本企业在华采购提供物流服务，形成了日资体系的配套产业集群。相对于主动进入，追随进入对市场营销能力要求较低，不存在与客户企业的文化差异，风险相对较低，但失去了获得先进优势的机会。

10.3 物流企业的技术现代化

物流企业总是在客户先导和客户满意的思想的指导下，不断以先进、适用的物流技术和物流方法取代或改造传统或落后的物流技术和物流方法，提高物流作业的可靠性、效率和效益。

10.3.1 物流企业技术现代化的含义

物流企业技术现代化是指物流企业在物流运作过程中拥有现代物流信息技术和现代物流作业技术。

1. 现代物流信息技术

从系统论的角度来看,整个物流过程是一个多环节的复杂系统,物流系统中的各个子系统通过物质实体的运动联系在一起。合理组织企业物流活动,就是要使物流各个环节相互协调,根据总目标的需要,适时、适量地调度系统内的基本资源。而物流系统中各个环节之间的相互衔接是通过信息的流通来实现的,基本资源的调度也是通过信息的传递来实现的。因此,物流企业的内控和物流活动的系统化管理必须以物流信息化为基础,而物流企业信息化的实现,又需要信息技术的强力支持。

物流信息是与物流企业的物流活动同时发生的。物流的各种功能都是使运输、保管、装卸、配送圆满化的必不可缺的条件。在物流活动中,按照所起的作用不同,可将物流信息分为订货信息、库存信息、生产指示信息(采购指示信息)、发货信息、物流管理信息。

现代物流信息技术是对物流信息进行科学、系统的管理的技术,主要包括电子数据交换技术、计算机网络技术、智能标签技术、信息交换技术、数据库技术、条形码与射频技术、地理信息技术和全球卫星定位技术等。在这些信息技术的支撑下,形成了将移动通信、资源管理、监控调度管理、自动化仓储管理等多种业务一体化的现代物流信息系统。该系统对物流信息的质量要求较高,即信息要充足、准确,通信要顺畅。

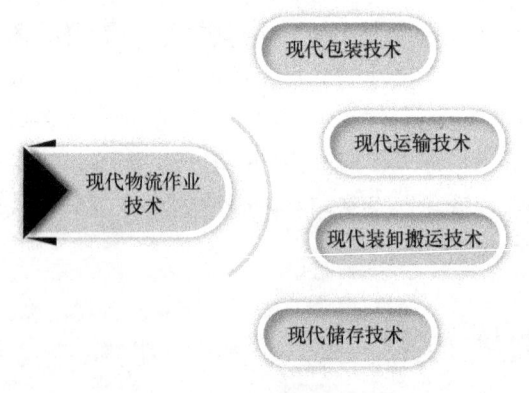

2. 现代物流作业技术

物流作业技术是指与物流作业活动有关的所有专业技术的总称。物流企业的物流作业水平的高低直接关系到物流活动各功能完善和全面落实的程度,影响物流企业物流服务水平和物流活动的最终效果。现代物流作业技术主要包括4种,如图10-2所示。

图 10-2 现代物流作业技术

(1) 现代包装技术

合理的包装、先进的包装技术和包装材料的运用，对节省包装费用、保护产品和促进物流系统的合理化发挥着重要的作用。现代物流的发展要求包装集装化，集装化又称组合化或单元化，通常是指将一定数量的散装或零星成件物组合在一起，在装卸、保管、运输等物流环节作为一个整体，进行技术和业务上的包装处理。通过货物的集装化，可使散杂货物的运输效率显著提高，同时也有利于实现物流的标准化。集装化是物流现代化的标志，其实质是形成集装化系统，即由货物组合、集装器具、物流搬运技术装备设备和输送设备等组成的，为高效、快速地进行物流功能运作而设立的系统。

(2) 现代运输技术

运输在企业物流中扮演核心角色，其成本占物流总成本的比例往往超过30%。交通运输技术装备是交通运输经营活动的物质基础。交通能力的提高一方面需要基础设施总量规模的支持，另一方面受技术装备水平的制约。当前，随着世界新技术革命的发展，运输广泛采用新技术，实现了运输工具和运输设施的现代化。伴随着运输方式的多样化和运输过程的统一化，各种运输方式朝着分工协作、协调配合的方向发展，即朝着建立铁路、公路、水路、空运与管道的综合运输体系发展。

(3) 现代装卸搬运技术

现代装卸搬运技术是传统搬运机械作业方法与高科技装卸搬运方式的结合。传统的搬运机械有门式起重机、通用桥式起重机、甲板起重机、流动起重机、叉车、带式输送机、辊子输送机、链斗式提升机、悬挂式输送机、埋刮板式输送机、螺旋式输送机等近千种。为了使装卸机械适应各种工作环境和作业要求，人们将现代化科学技术运用到装卸搬运工具中，出现了一系列新型设备，如运用激光技术的激光导引运输车，运用自动化控制技术的巷道堆垛机、堆码机器人等。

(4) 现代储存技术

随着物流技术的发展，传统的仓库概念已不能适应现代企业的生产要求，先进的仓储技术成为当代物流系统的重要组成部分。仓储技术首先要解决信息现代化问题，包括信息的自动识别、自动交换和自动处理，以及实现物资出入库和储存保管的机械化和自动化。储存设备多样化是指储存设备朝着省地、省力、多功能方向发展，推行集装化、托盘化，发展各类集合包装和结构先进实用的货架，实现包装标准化、一体化。现代储存技术是以自动化仓库为代表的先进储存技术。

10.3.2 物流企业对现代信息技术的应用

1. 条形码、POS 系统

条形码（Bar Code）技术是现代物流系统中非常重要的能大量、快速采集信息的技术，能适应物流大量化和高速化的要求，大幅提高物流效率。

销售时点资讯管理系统（Point of Sales System，POS 系统）是利用第三类收款机进行销售数据的实时输入、销售业务的实时处理，并进行经营业务分析的管理信息系统。

条形码在物流系统中应用广泛，主要表现为：利用 POS 系统，在商品上贴上条形码，能快速、准确地利用计算机进行销售和配送管理；在配送和仓库出货时，如果采用分货、拣选方式，需要快速处理大量的货物，利用条形码技术可自动进行分货拣选，并实现有效的管理。

> **§知识链接 10-2**
>
> 条形码的分类
>
> 按照条形码的码制不同分类，目前世界上流行的条形码有几十种，如 UPC 条码、EAN 条码、三九条码、库德巴条码、二五条码（ITF 条码）、四九条码、11 条码、128 条码等。现在通用的专门用于表示物流编码的条形码码制主要有 EAN 消费单元商品条码、储运单元条码和贸易单元 128 条形码等。

2. EDI 系统

EDI 系统是对信息进行交换和处理的网络自动化系统。该系统将远程通信、计算机和数据库三者之间有机集成在一个系统中，是能够实现数据交换、数据资源共享的一种信息系统。这个系统也可以作为管理信息系统和决策支持系统的重要组成部分。物流数据交换是指利用计算机化的网络系统，在物流企业内部与供应商、运输企业、客户之间交换物流信息。

3. 供应链系统中的 EDI

供应链中的不确定因素是最终消费者的需求，必须对最终消费者的需求做出尽可能准确的预测，供应链中的需求信息都源于而且依赖这种需求预测。利用 EDI 相关数据进行预测，可以减少供应链系统的冗余性。要提供最佳的后勤服务，物流企业管理必须有良好的信息处理和传输系统。

10.3.3 物流企业对现代物流作业技术的应用

1. 交互式包装

交互式包装是指通过包装材料和包装手段的实施，在产品和消费者之间建立一种紧密联系。交互式包装的诞生，进一步说明了包装与产品的关系，强调了包装是产品的一部分，甚至就是产品本身。随着经济的发展和科技的进步，商品的种类更加繁多，包装的作用已远远超过传统包装的含义。现在消费者在关注产品本身的同时，也在体验包装本身的功用。

2. 多式联运

运输体系主要由铁路、水运、公路、航空、管道 5 种运输方式组成。由两种及两种以上的交通工具相互衔接、转运而共同完成的运输过程统称为多式联运。多式联运的货物主要是集装箱货物，具有集装箱运输的特点，是一票到底、实行单一运费率的运输，全程运输均由多式联运经营人组织完成。这种运输组织形式可综合利用各种运输方式的优点，充分体现社会化大生产、大交通的特点。

3. AGV

自动导引运输车(Automated Guided Vehicle,AGV)是指装备有电磁或光学等自动导航装置,能够沿规定的导航路径行驶,具有安全保护及各种移载功能的运输车。其显著特点是无人驾驶。AGV 上装备有自动导向系统,可以保障系统在不需要人工引航的情况下就能够沿预定的路线自动行驶,将货物或物料自动从起始点运送到目的地。AGV 的另一个特点是柔性好、自动化程度高和智能化水平高。AGV 的行驶路径可以根据仓储货位要求、生产工艺流程等的改变而灵活改变,并且运行路径改变的费用与传统的输送带和刚性的传送线相比非常低廉。AGV 一般配备有装卸机构,可以与其他物流设备自动接口,实现货物和物料装卸搬运全过程的自动化。此外,AGV 还具有清洁生产的特点。AGV 依靠自带的蓄电池提供动力,在运行过程中无噪声、无污染,可以应用在许多要求工作环境清洁的场所。

4. 自动化仓库

自动化仓库是指在不直接进行人工干预的情况下,能自动地存储和取出物料的系统。自动化仓库由多层货架构成,通常将物料存放在标准的料箱或托盘内,然后由巷道式堆垛起重机对任意货位实现物料的存取操作,并利用计算机系统实现对物料的自动存取控制和管理。自动化仓库的优点有:①可以节省劳动力,节约占地;②出入库作业迅速、准确,缩短了作业时间;③提高了仓库的管理水平;④有利于商品的保管。

10.3.4 物流企业对新技术的研发趋势

新零售环境下,消费和产业迅速升级,技术迅猛发展,物流企业的物流技术研发出现了许多新的趋势。

1. 集成化物流系统开发

集成化物流系统开发的趋势是将企业内部的物流系统向前与供应商的物流系统连接,向后与销售体系的物流集成在一起,使社会物流与生产物流融合在一起。企业对储运系统和生产系统的基础要求越来越高,促使集成化物流系统软件不断发展。

2. 虚拟物流系统的运用

随着虚拟企业、虚拟制造技术的不断发展,虚拟物流系统已成为企业内部虚拟制造系统的一个重要组成部分。物流仿真系统软件成为虚拟制造系统的重要组成部分。例如,玉溪红塔山烟草集团引进的美国集成化物流系统就具有在线监控仿真和离线设计仿真功能,并与企业信息管理系统集成。

3. 电子商务新技术的广泛运用

电子商务是用于描述构建无纸化商业环境所使用的广泛的工具和技术。相对于传统的零售交易,电子商务交易更快速、更便捷。当前,网络销售、招标等各种电子商务形式已经出现在传统商业领域的各个角落,电子商务和信息技术的结合再塑了物流管理系统,加上射频技术、全球卫星定位系统等技术的应用,使物流信息具有高度可视性,提高了物流系统的敏捷性和灵活性,加速了全球供应链的发展。

4. 物流系统的灵活化

随着市场变化的加剧，产品生命周期正在逐步缩短，制造业实现了规模化和多样化。多样化、个性化的需求会加剧市场竞争，导致小批量、多品种的企业生产。在企业灵活生产、制造的条件下，需要与之相适应的企业内部和外部的灵活化物流。多样化、个性化生产制造要求整个供应链环节物流管理的灵活化。

10.4 物流企业的管理现代化

物流企业的管理现代化包括管理标准的现代化、管理手段的现代化和管理系统的现代化等内容。

10.4.1 物流企业管理标准的现代化

1. 物流企业管理标准现代化的含义

物流企业管理标准的现代化是指以物流系统为对象，围绕运输、储存、装卸、包装及物流信息处理等物流活动，制定、发布和实施有关技术和工作方面的标准，并按照技术标准和工作标准的综合要求，统一整个物流系统的标准工程。

2. 制定物流企业管理标准的必要性

① 随着我国物流业的发展，需要有明确的物流行业标准来指导物流业的发展。在明确物流市场、物流业务范围的基础上，需要正确评估我国物流市场的现状、市场总值，评估各家物流公司在物流市场中的定位，以及其所提供的是全面的、全过程的服务还是部分的、区域性的服务等。

② 物流业是以物流活动为共同点的行业，涉及交通运输业、储运业、配送业等，这种综合性、跨行业的特点为物流企业的管理增加了很大的难度。为了规范物流业的健康运作，使其有标准可依，便于行业监管和自律，要求建立物流标准体系。

③ 伴随着我国加入世界贸易组织，我国物流业迫切需要与国际接轨，迫切需要有一套规范化、全面化的标准来指导我国物流业的发展。只有这样，我国物流业才能更好地参与国际竞争，进军国际市场。

④ 完善现有标准，便于政府宏观管理的需要。物流业在我国是一个新兴的综合性行业，目前处于发展初期，几乎没有统一、完善的标准。只有制定明确的标准，政府才能在物流业的规划建设中有清晰的思路，才能制定符合物流行业发展方向的政策。

3. 制定物流企业管理标准的指导思想和原则

物流企业管理标准需要依据《标准体系构建原则和要求》（GB/T 13016—2018）制定。其指导思想是：立足现状，兼顾前沿，形成一组核心标准，保证专业标准全面成套且思路全面。原则是：全面性、系统性、先进性、预见性和可扩充性。

10.4.2 物流企业管理手段的现代化

物流企业管理手段的现代化是指物流企业要实现以应用信息技术为主要标志的管理技

术装备的现代化。在商流、物流、信息流方面，国际上已将信息技术广泛应用于物资计划、采购、供应和销售的各个环节，以及文件编印、数据传输、市场信息联网、汇集与分析等过程中，并拥有现代化仓库管理的电子控制系统，运输、装卸的电子调度指挥系统等。而我国物流企业还存在机械设备性能落后，物流管理系统的硬件品种不全、软件开发滞后等缺点，制约了我国物流企业管理手段的现代化水平，我国物流企业应努力改变这种现状。

伴随着信息技术的不断发展，电子商务将改变物流的运作方式。首先，电子商务可以使物流实现网络的实时控制；其次，网络对物流的实时控制是以整体物流进行的。

10.4.3　物流企业管理系统的现代化

1．物流企业管理系统的特征

物流企业管理系统是一个复杂、庞大的系统。在这个大系统中有众多子系统，各子系统之间具有广泛的横向和纵向联系。物流企业管理系统除具有一般系统所共有的特点（整体性、相关性、目的性、环境适应性）外，还表现为一个人机系统，是一个可分的系统、动态的系统，并且具有复杂性等特征。

2．物流企业管理系统现代化的目标

（1）系统规模适当

在新建物流企业管理系统时，需要对物流企业所处的地理位置、周围环境、服务对象，特别是物流量的多少，包括货物品名、数量、流向等，进行详细的调查和预测，综合分析研究，以确定物流系统的规模。若物流系统规模设计较大，而物流量较小，就会导致一部分物流设施、技术装备闲置，不仅白白浪费了投资，而且影响物流的经济效益；若物流系统规模设计较小，而物流量太大，与其业务活动不匹配，就满足不了客户的需要。

（2）运送准确及时

在建设物流企业管理系统时，必须很好地考虑运输、配送功能，如运输工具的配备、运输线路的选择、运输环节的安排；保证能够根据客户的要求，及时运输和配送，按客户指定的时间和地点，把商品迅速运送到收货地或客户手中，以赢得信誉。

（3）库存合理化

物流企业管理系统必须充分重视合理数量的库存。在生产物流中，工厂要储存一定数量的原材料。如果原材料供应不上，生产就中断了；如果原材料储存过多，就会造成积压，占用库房，浪费资金，影响企业的经济效益。在销售物流中，批发企业或物流中心必须保持一定的合理库存量。如果商品储存过多，会造成积压，占压资金；如果商品储存过少，又会产生脱销，并失去销售机会，也会影响企业的经济效益。

（4）费用支出较低

在物流企业管理系统设计过程中，不论是对系统整体还是对各个子系统来说，一切物流业务活动都要求节省费用支出。一般来说，在物流组织合理、运输方式和路线选择适当、库存合理的情况下，物流费用支出就会少一些。但是，在物流活动中，存储、运输、包装、流通加工等各环节之间存在相互矛盾、相互制约的关系，普遍存在减少某一环节费用支出，必然会增加另一环节的费用支出的情况，这就要求物流企业管理系统在信息收集方面更加全面，在物流过程了解方面更透彻，在物流协调和控制能力方面更强大。

（5）经济效益较好

物流企业管理系统现代化的最终目标是取得最佳的经济效益，即以最少的投入取得同样的产出，或者以同样的投入取得最大的产出。因此，在物流企业管理系统现代化建设过程中，必须把物流经济效益放在首位。

3. 物流企业管理系统现代化的实施步骤

物流企业管理系统现代化的实施步骤大体可以分为3个阶段：系统调研阶段、系统设计阶段和系统应用阶段。每个阶段又包括若干内容。

（1）系统调研阶段

系统调研阶段的内容包括研究与分析物流企业的发展现状、找出问题和确定目标。这要从全局出发，运用系统的方法，正确确定物流企业管理系统研究的对象和范围，然后通过资料的收集和加工整理，对实际部门的调查和各种相关因素进行分析，以透彻地了解物流企业的发展现状和存在的关键问题，在此基础上确定预期的改进目标，并为进一步制定新的方案拟订必需的若干原则。

（2）系统设计阶段

系统设计阶段的内容包括改革方案的构思、判断、选择和细化。在这一阶段，要对各种可能的改革方案进行深入细致的比较和分析，确定各自在技术上的优劣和经济上的可行性，进而做出正确的选择。

（3）系统应用阶段

系统应用阶段是改革方案的全面实施阶段。在这一阶段，要采取相应的配套措施和保证措施，以确保方案的顺利实施和系统化的实现。

视野拓展 10-2

国药集团赛飞供应链管理云平台

赛飞供应链管理云平台（以下简称赛飞平台）是国药集团医药物流有限公司信息系统建设的核心内容。该平台通过运营服务体系、物流服务体系和数据服务体系实现了需求预测、分布式入库策略、分布式出库策略及自动补货等功能。

（1）运营服务体系

赛飞平台可将不同公司的仓库、车辆等设施设备，通过仓储与运输管理系统进行信息化管理，形成规模化的物流资源池；通过运作中心整合物流资源，形成独立的对外运营主体；从货主和物流需求的实际出发，全面统筹物流资源，形成以区域运营中心为核心，多个物流作业单位协同作业的独立物流运营体系。

（2）物流服务体系

赛飞平台通过仓库管理系统（Warehouse Management System，WMS）和运输管理系统（Transportation Management System，TMS）所记录的实时作业动作和作业时间，调取对应的温湿度监控探头和出库箱内的温湿度跟踪仪的读数，最终汇总形成整个订单作业过程中各个节点的温湿度。赛飞门户网站通过对外公开，对整个物流执行过程进行透明化监控。同时，赛飞平台可根据订单对仓配的不同协同要求，分发控制、调度、拣配的优先顺序。

（3）数据服务体系

赛飞平台可为货主提供完整的数据服务功能，具体包括：主数据管理、对码及物流属性数据的具象化和整理归纳；通过底层执行系统（如 WMS、TMS 等）展现关键绩效指标；通过可配置的货主计费模板完成计费结算、成本分析；提供商业流向数据，包括产品、产品组维度、各层级库存、出/入库量、在途数量；提供数据分析、钻取、挖掘服务，如通过地理信息系统得到医院布点、药房布点、销售热区等信息。

课后习题

一、判断题

1．物流企业的观念是指物流企业运营管理的哲学和思维方式。　　　　　　　（　　）
2．物流企业观念现代化是提升产业化水平、推进产业现代化的必然要求。　　（　　）
3．人力资源科技化成为物流企业发展的核心力量。　　　　　　　　　　　　（　　）
4．供应链一体化是指在将产品与服务提供给最终客户的过程中，由所有参与活动的上下游企业构成的网络。　　　　　　　　　　　　　　　　　　　　　　　　　（　　）
5．物流作业技术是指与物流作业活动无关的所有专业技术的总称。　　　　　（　　）

二、单项选择题

1．物流企业中最重要的生产要素是（　　）。
　A．知识　　　　　　B．信息技术　　　C．技术创新　　　D．科技化人力资源
2．物流信息系统对信息的质量有很高的要求，主要表现为信息要充足、准确，（　　）。
　A．通信工具要优良　　　　　　　　B．通信要顺畅
　C．使用者素质要高　　　　　　　　D．智能化水平要高
3．物流企业对现代信息技术的应用有（　　）。
　A．交互式包装　　B．多式联运　　　C．EDI 系统　　　D．自动化仓库
4．物流企业对现代物流作业技术的应用有（　　）。
　A．条形码、POS 系统　　　　　　　B．多式联运
　C．EDI 系统　　　　　　　　　　　D．供应链系统中的 EDI
5．物流企业管理手段的现代化，是指物流企业要实现以（　　）为主要标志的管理技术装备的现代化。
　A．应用信息技术　　B．配送现代化　　C．通信技术　　　D．计算机技术

三、多项选择题

1．现代物流作业技术主要包括（　　）。
　A．现代包装技术　　　　　　　　　B．现代运输技术

  C．现代装卸搬运技术   D．现代储存技术
2．EDI 系统是将（　　）有机集成在一个系统中，实现数据交换和数据资源共享。
  A．远程通信   B．计算机   C．数据库   D．物流企业
3．物流企业技术现代化包括（　　）。
  A．现代物流信息技术   B．管理手段现代化
  C．现代物流作业技术   D．管理系统现代化
4．传统的搬运机械有（　　）。
  A．门式起重机   B．甲板起重机   C．叉车   D．螺旋式输送机
5．物流企业国际化面临的问题包括（　　）。
  A．物流环境适应性要求高   B．物流系统范围广
  C．必须有国际化信息系统的支持   D．物流的标准化要求较高

四、简答题

1．物流企业观念现代化的含义是什么？
2．简述物流一体化的优势。
3．物流企业技术现代化的含义是什么？
4．简述物流企业管理标准制定的指导思想和原则。
5．简述物流企业管理系统现代化的必要性。

任务实训

1．实训目的

  理解物流企业现代化的概念和重要性，了解物流企业现代化的途径，分析物流企业现代化的发展状况。

2．背景材料

西南仓储公司的现代物流之路

  西南仓储公司是一家位于四川省成都市的国有商业储运公司。随着市场经济的深入发展，西南仓储公司原有的业务资源逐渐减少，在生存和发展过程中，经历了由专业储运公司到非专业储运公司再到专业储运公司的发展过程。

  那么，西南仓储公司是如何发展区域物流的呢？

（1）专业化

  当仓储资源重新得到充分利用的时候，西南仓储公司并没有得到更多利益。经过市场调查和分析研究，西南仓储公司最后决定立足于自己的老本行，发展以家用电器为主的仓储业务。一方面，在家用电器仓储上加大投入和加强管理，加强与国内外知名家用电器厂商的联系，向这些客户和潜在客户介绍自己面向家用电器仓储的专业化发展方向，吸引家电企业加入。另一方面，与原有的非家用电器企业客户协商，建议其转库，同时将自己的非家用电器客户主动介绍给其他同行。

（2）延伸服务

在家用电器的运输和使用过程中，经常出现被损坏的家用电器，以往都是由各家生产商自己维修，办公场所和人力方面的成本很高。经过与客户协商，在得到大多数生产商认可的情况下，西南仓储公司在库内开启了家用电器的维修业务，既解决了生产商售后服务的实际问题，也节省了维修品往返运输的成本和时间，并分流了公司内部的富余人员。

（3）多样化

除了为客户提供仓储服务，西南仓储公司还为较大的客户提供办公服务，为这些客户的市场销售部门提供办公场所，为其营造前店后厂的工作环境，大大提高了客户满意度。

（4）区域性物流配送

经过几年的发展，西南仓储公司的经营管理水平不断提高，公司内部的资源得到了充分的挖掘。但同时公司的仓储资源和其他资源也已经处于饱和状态。资源饱和了，收入增加从何而来？在国内发展现代物流的形势下，西南仓储公司认识到只有走出库区，走向社会，发展物流，才能提高自己的经济效益和实力。那么，发展物流应从何处做起？经过调查和分析，西南仓储公司决定从学习入手，向那些先进的公司学习，逐步进入现代物流领域。经过多方努力，西南仓储公司找到了一家第三方物流企业。在对方的指导下，西南仓储公司通过与当地几家运输企业合作（外包运输），开始了区域内的家用电器物流配送业务，并为一家跨国公司提供物流服务。现在西南仓储公司家用电器的物流配送范围已经覆盖了四川（成都市）、贵州和云南。

3．实训任务

① 通过案例分析说明传统物流与现代物流的区别。

② 为什么当西南仓储公司的仓储资源重新得到充分利用的时候，该公司并没有得到更多利益？

4．实训步骤

（1）个人阅读/小组分组

老师督促学生进行个人阅读，并让其在课前完成。建议 3～5 人一组，老师监督分组情况和任务进度。针对学生的特点，在课堂上老师再花费 5～10 分钟对案例学习要点及相关背景进行简单的陈述。

（2）案例开场白

通过案例分析说明传统物流与现代物流的区别。

（3）小组讨论/报告

该步骤主要在课堂上进行，持续 20～30 分钟，主要围绕实训任务中的两个问题展开，学生也可自行增加感兴趣的部分。小组报告的内容应尽可能是小组成员达成共识的内容，对于未达成共识的内容可以单独提出讨论。每个小组将讨论要点的关键词按小组抄写在黑板上的指定位置并进行简要报告，便于课堂上的互动。

（4）师生互动

该步骤主要在课堂上进行，持续 30～40 分钟，老师针对学生的报告和问题与学生互动，同时带领学生对本章关键知识点进行回顾，并了解学生还有哪些问题或困惑，激发学生的学习兴趣，使学生自觉在课后进一步查询相关资料并进行系统的回顾与总结。

（5）课后作业

根据课堂讨论，要求每位学生进一步回顾本章知识点，以小组为单位形成正式的实训报告。报告要观点鲜明、思路清晰、逻辑严密、论证翔实。

（6）考核

老师根据学生的课堂表现和实训报告质量，评定实训成绩。

参 考 文 献

[1] 万立军，闫秀荣，郭淑红，牟向阳. 物流企业管理（第 2 版）[M]. 北京：清华大学出版社，2017.
[2] 张静雅，王欢，侯思萌，高慧. 物流企业管理[M]. 北京：清华大学出版社，2013.
[3] 王伟，韩珂. 物流管理概述（第 3 版）[M]. 北京：中国铁道出版社，2021.
[4] 刘徐方，李耀华. 物流与供应链管理[M]. 北京：清华大学出版社，2019.
[5] 霍红，詹帅，王作铁，张静. 物流企业管理[M]. 北京：人民邮电出版社，2017.
[6] 施学良，胡歌. 第三方物流综合运营（第 3 版）[M]. 北京：北京大学出版社，2021.
[7] 阮喜珍. 物流企业管理实务[M]. 武汉：武汉大学出版社，2015.
[8] 刘丹. 物流企业管理（第三版）[M]. 北京：科学出版社，2018.
[9] 陆毅，王贵斌，梁蓓蓓，庞永春. 物流企业管理[M]. 北京：电子工业出版社，2010.
[10] 于宝琴，李晓龙，杨宝祥. 现代物流企业管理[M]. 北京：北京大学出版社，2010.
[11] 周兴建，冷凯君. 现代仓储管理与实务[M]. 北京：北京大学出版社，2021.
[12] 刘五平. 物流企业管理[M]. 北京：机械工业出版社 2014.
[13] 苗长川，靳鸿. 物流企业管理[M]. 北京：北京交通大学出版社 2012.
[14] 田振中，王红梅. 国际物流与货运代理（第 2 版）[M]. 北京：清华大学出版社，2019.
[15] 李柏洲，郭韬. 管理学[M]. 哈尔滨：哈尔滨工程大学出版社，2017.
[16] 王凤娟. 物流企业成本核算与案例分析[M]. 北京：清华大学出版社，2020.
[17] 戴国武，戴卫平，毕佳佳. 现代物流企业管理[M]. 北京：中国财富出版社，2012.
[18] 李济球，周传蛟. 物流企业管理与运作[M]. 北京：中国人民大学出版社，2015.
[19] 真虹，张婕姝，胡蓉. 物流企业仓储管理与实务[M]. 北京：中国财富出版社，2015.
[20] 杜学森，吴雅萍. 企业物流管理实务[M]. 北京：首都经济贸易大学出版社，2017.

反侵权盗版声明

电子工业出版社依法对本作品享有专有出版权。任何未经权利人书面许可，复制、销售或通过信息网络传播本作品的行为；歪曲、篡改、剽窃本作品的行为，均违反《中华人民共和国著作权法》，其行为人应承担相应的民事责任和行政责任，构成犯罪的，将被依法追究刑事责任。

为了维护市场秩序，保护权利人的合法权益，我社将依法查处和打击侵权盗版的单位和个人。欢迎社会各界人士积极举报侵权盗版行为，本社将奖励举报有功人员，并保证举报人的信息不被泄露。

举报电话：（010）88254396；（010）88258888
传　　真：（010）88254397
E-mail：dbqq@phei.com.cn
通信地址：北京市万寿路173信箱
　　　　　电子工业出版社总编办公室
邮　　编：100036